내일
학교

교육을 바꾸는
디자인의 힘

내일
학교

교육을 바꾸는
디자인의 힘

프라카시 나이르·로니 짐머 닥터리·리처드 엘모어 지음
유명희 옮김

창비

모든 이의 어린 시절에는
색들이 빛을 발하고 부드러운 공기가 불어오며
그 어느 때보다 향기로운 아침이 찾아오는
매혹적인 장소로서의 정원이 존재한다.

엘리자베스 로렌스
Elizabeth Lawrence

차례

1부　　　　교육을 바꾸는 디자인

2부   내일 학교를 향한 여정

● 일러두기

원주는 본래 전부 각주였으나 미주로 옮겼다. 본문의 이해를 돕기 위해 추가한 역자주 역시 미주로 달았으며, 이 경우 (역자주)라고 표기했다.

외국어는 국립국어원의 외래어 표기법에 준하여 표기하되 일부 굳어진 표현은 관용을 따랐다.

우리는 모두 건축가이다!
우리는 모두 교육자이다!

하이디 헤이스 제이콥스 Heidi Hayes Jacobs

프라카시 나이르Prakash Nair와 로니 짐머 닥터리Roni Zimmer Doctori는 자신들의 신념과 경험을 바탕으로 당신의 손에 있는 책『내일 학교(원제: Learning by design)』에서 디자이너이자 전문가로서의 전망을 전할 것이라 선언한다. 이들은 열의와 실용주의적 사고, 상상력을 바탕으로 우리로 하여금 동시대 학습자들을 위한 가능성을 탐구하는 보람된 일에 뛰어들도록 이끈다. 또한 재구상된 학교 환경 안에서 현대의 학습이 무엇을 할 수 있는지, 또 어떤 모습이어야 하는지를 상상하도록 우리를 자극한다.

건축가라는 저자들의 남다른 전문성을 감안할 때, 이들의 디자인적 사고와 경험이 책의 구성에 반영된 모습은 신선해 보인다. 이들은 좋은 공간 디자인의 구성 요소에 대한 전체적인 상과 함께, 새로운 학교 디자인의 패러다임을 생각해 보게 하는 네 부문의 전환에 대한 탐구로 논의의 무대를 설정한다.

- 교수 관행: 혼자에서 협력하는 팀으로

- 교수법: 교사 주도에서 학생 주도로

- 교육 과정: 개별 교과목에서 교과 간 통합 과정으로

- 커뮤니티: 교실에서 네트워크로

이러한 전환은 우리로 하여금 학습자의 세계를 생각하게 한다. 특히 신선하다고 느낀 점은 저자들이 인간으로서 배우고자 하는 우리의 타고난 욕망과 능력에 초점을 맞추었다는 것이다. 이들은 "우리는 학습하는 유기체이며 어떻게 배우는지 가르쳐야 할 필요가 없다."라고 말한다. 이러한 생각을 바탕으로, 나이르와 닥터리는 생활하기, 놀기, 참여하기, 창조하기라는 친숙하고 자연스러운 네 요소를 중심으로 그들의 비전을 제시한다.

이 책에는 교육 과정과 교육 계획에 있어서 각각의 기본 원칙들을 운용하는 방법이 담겨 있다. 이 책의 핵심은 아이들과 젊은이들의 세계에 생활하고 놀고 참여하고 창조할 수 있는 풍부한 기회를 만들어 주는 것이다. 저자들은 네 요소를 간결한 설명으로 풀어내고 다양한 사례와 실천 가능한 목록을 제시한다. 게임하기부터 친교하기, 먹기, 정원 가꾸기, 학구적으로 파고들기에 이르기까지의 모든 의사 결정이 어떻게 이 네 요소로부터 창발하고 그 과정에서 어떻게 학생들의 동기를 활용하는지를 확인할 수 있다.

그다음으로는 (아마도 당신이 설정한) 환경을 어떻게 변화시킬 수 있는지에 관한 내용이 직접적이고 매력적으로 제시된다. 저자들은 미국의 학교생활이 발전해 온 역사적 맥락에 대한 명료하고 통찰력 있는 논평을 통해, 현재의 상황이 한 세기가 넘도록 놀라울 만

큼 그대로 유지되고 있음을 상기시킨다.

　성장과 지각 변동의 기운이 무르익었다. 저자들은 우리로 하여금 진보적인 교육자로서 새로운 발상을 하게끔 독려한다. 나이르와 닥터리는 자본 지출을 변화의 촉매로 여기도록 제안하는 대담한 생각을 본보기로 제시한다. 그들은 고려할 만한 새로운 선택지를 탐색하고, 연구하고, 발견하는 '버스에 탈 적임자'를 참여시키는 체계적인 프로세스를 통해 이러한 변화가 어떻게 단계적으로 진행될 수 있는지 고찰한다.

　또한 기초적 구조부터 교육 과정 설계에 이르기까지의 모든 교육 계획을 역동적으로 포괄하는 종합 전략 계획이 상호 연계될 필요가 있음을 서술한다. 흥미로운 점은 생활하기, 놀기, 참여하기, 창조하기가 전략 계획상의 각 구성 요소에 어떻게 직접적으로 영향을 미칠 수 있으며 왜 영향을 미쳐야 하는지를 함께 다룬다는 것이다. 저자들은 시간이 지남에 따라 계획한 것들이 실제로 어떻게 점진적으로나마 꾸준히 구현되는지 살피고 그에 상응하는 거버넌스와 관리 방식이 변화할 필요가 있음을 확인한다. 후자에 관한 내용은 선도 과업에 관한 저자들의 기백을 엿볼 수 있는 제8장에서 자세히 다루어진다.

　나이르와 닥터리는 다양한 학교들의 사례를 제시하면서 실제 환경에서 일어날 수 있는 일에 대한 일련의 질문을 통해 우리를 생생한 현장으로 안내한다. 유연한 학습 환경이란 무엇인가? 그것은 학습에 어떤 영향을 미치는가? 어떻게 학습자들을 그룹화하고 그들의 시간을 구조화하는 동시에 학습자들을 유연한 공간과 연계시키는가? 이에 관한 근본적인 결정에 있어서 두 초점(학습 환경 대 학습자)은 책 전반부 모든 장의 내용을 하나로 통합한다. 이로써 우리는 학교를 현대화하는 일과 학습자를 존중하는 일이 동시에 가능하다는 것을 깨닫게 된다. 그들이 제공하는 사례 연구는 우리에게 희망과 영감을 준다.

여기서 끝이 아니다. 독창적이고 매력적인 책을 만들기 위한 시도로, 나이르와 닥터리는 국제적으로 존경받는 동료이자 교육 분야의 영향력 있는 사상가 중 한 명인 리처드 엘모어Richard F. Elmore 박사가 이 책의 피날레를 장식하게 하였다. '배움과 디자인의 과제'라는 장에서 엘모어는 우리로 하여금 '학습 조직'의 잠재력을 운용하도록 이끈다. 그는 다섯 가지 명제와, 학습 방식 및 맥락을 분석하기 위한 사분면의 프레임 워크를 중심으로 논의를 구성한 다음 나이르와 닥터리가 책의 앞부분에서 제안한 계획 과정을 강조하는 역동적인 설계 원칙들을 제시한다. 그는 능숙한 필치로 '교육과 배움의 관계를 뒤집을 때 우리의 굳어진 교육관이 어떻게 유연해지는지'를 조명한다. 이 책에 무게감을 주고 논의에 깊이를 더하는 그의 기여는 놀랍고 매력적이다.

이제 『내일 학교』라는 생동감 있고 실용적인 지침이 우리의 손에 들어왔다. 이 책은 교육자, 커뮤니티, 학습자에게 변화에 대한 영감을 주는 로드맵이 될 것이다.

미래로의 귀환

인터넷이 우리 존재의 필수적이고 되돌릴 수 없는 일부가 된 이후로, 학교가 더 이상 그 본래 목적인 '콘텐츠와 지식을 전달하는 장소'로서 존재할 수 없게 되었음은 자명한 사실이다. 다양한 그룹의 아이들에게 콘텐츠를 제공해야 하는 한 명의 교사가 온라인으로 누구나 만날 수 있는 세계적으로 유명한 전문가의 개인 맞춤형 학습과 어떻게 경쟁할 수 있겠는가?

학교의 존재 이유가 더 이상 일반적인 지식stuff을 가르치는 데 있지 않다면 학교는 대체 무엇을 위해 존재하는가? 학교의 사명 자체가 무의미해졌는데 왜 학교가 필요한가? 이는 한가한 수사학적 질문일 수 있다. 왜냐하면 사회 구조상 아이를 학교에 보내지 않고 집에서 교육할 여유가 있는 부모가 극히 소수라는 것은 부인할 수 없는 사실이기 때문이다. 대다수의 부모들에게는 여전히 직장에서 일하는 동안 아이들을 맡길 장소가 필요하다. 이는 학교가 적어도 이 한 가지 측면, 즉 아이들을 위한 보호 서비스를 수행한다는 것만으로도 현대 사회에서 계속해서 존재할 가치가 있음을 의미한다. 그렇다면 묻지 않을 수 없다. 아이들을 학교에 계속 두어야 한다면, 아이들이 아이다울 수 있는 학교는 어떤 장소일까?

인간 발달에 관해 지금까지 알려진 모든 것은 한 가지 간단한 사실을 가리킨다. 어린이는 작은 어른이 아니라는 것이다. 학교의 역할을 아이들이 미래의 삶을 준비하는 곳으로 국한하면 안 되는 이유는 학교는 지금 이 순간에도 아이들이 살아가는 곳이기 때문이다. 어른으로서 우리는 학교에서의 아이들의 삶을 가능한 한 좋게 만들어야 한다. 오늘 아이들을 행복하게 하는 길과 내일 그들을 성공적으로 만드는 길 가운데 하나를 선택해야 할 필요는 없다. 좋은 소식은, 행복하고 참여도가 높은 학생들은 사회의 생산적인 구성원으로서 행복하고 충만한 삶을 사는 데 필요한 기술을 익혀 학교를 떠나게 될 것이라는 사실이다.

신경 과학 분야에서의 가장 흥미로운 발견 중 하나는 학습이 교육의 직접적인 결과로 일어나지 않는다는 것이다. 이 책의 공동 저자이자 하버드 대학교 명예 교수인 리처드 엘모어에 따르면, 학습은 시간이 지남에 따라 경험과 지식이 쌓이는 가운데 이해, 태도, 신념을 의식적으로 수정할 수 있는 능력이다. 학습 역량은 호기심이라는 하나의 핵심 요소에서 나온다. 호기심은 학생들이 이해, 태도, 신념을 의식적으로 수정하도록 유도한다. 학생들은 1) 특정 주제나 사건에 대해 더 신뢰할 수 있는 또 다른 관점이 있다고 확신하거나 2) 그 대안적 관점이 무엇인지 알아볼 만큼 충분히 호기심이 생기고 동기가 부여되는 경우에만 기존의 세계관을 수정할 것

어린이는 작은 어른이 아니다. 학교의 주된 임무는 학생들에게 주변 세계를 발견할 수 있는 기회를 제공하는 것이다. 행복하고 참여도가 높은 학생들은 행복하고 충만한 삶을 사는 데 필요한 기술을 익혀 학교를 떠나게 될 것이다.

이다. 아이들이 스스로 답을 찾을 수 있도록 질문할 수 있는 여건을 조성해 주고 주변 세상을 탐험할 수 있는 자유를 주는 것은 어른들의 몫이다.

미래로의 귀환

이 책에 소개되는 학교들은 새로운 발명품이 아니다. 그것들은 지금 학교라고 불리는 모델이 발명되기 전에 배움이 일어나던 방식을 재현한다. 대부분의 사람들에게 익숙한 학교 형태인 '방과 종cells and bells 모델'(학생들이 학교생활을 방에서 시작하고 종이 울리면 똑같이 생긴 다른 방으로 이동하는 형태)은 사실 산업 혁명의 잔재이다. 이는 대학 진학이나 진로에 관한 준비를 마친 '교육된' 학생들을 배출하기 위해 교육이 공장과 같은 환경에서 대량 생산될 수 있다는 발상을 표명한다. 물론 이제는 이 모델에 근본적인 결함이 있다는 것을 모두가 알고 있다. 모든 학생은 저마다 다르기에 그들에게 동일한 프로세스를 적용한다고 해서 동일한 결과가 나오지 않을 것이기 때문이다. 이 같은 교육 방식의 실패는 대다수의 고등학교 학생들이 졸업 후에 공장 일자리를 얻던 시절에는 잘 드러나지 않았다. 그 일들은 매우 기초적인 수준의 기술만 있으면 할 수 있는 것들이었고, 고용주는 글은 거의 읽지 못해도 고분고분한 사람들을 노동력으로 확보함으로써 이익을 얻었다. 하지만 고등학교 졸업자들이 괜찮은 임금의 공장 일자리를 기대할 수 있는 세상은 더는 존재하지 않는다. 학교를 재정비해야 할 절박함이 그 어느 때보다 커졌다.

앞서 말한 바와 같이 우리가 이야기하는 새로운 모델은 공장식 학교 모델이 발명되기 전 수백 년 동안 존재했던 형태(마스터 교사로부터 인턴이 기능을 전수받는 방식)와 매우 흡사하다. 실재적이고 실용적이며 실체적인 기술을 습득하고 실연하고 마스터하는 학습이 이

학습 역량은 호기심이라는 핵심 요소에서 나온다. 학습 환경을 통해 아이들이 호기심을 충족할 수 있는 수많은 기회를 제공해 주어야 한다.
플로리다주 세인트피터즈버그에 위치한 쇼어크레스트 사립 학교 Shorecrest Prep School**의 아동 교육 센터**Early Childhood Center

실천은 가장 효과적인 학습의 형태이다. 아무리 어리다고 해도 아이들은 완수할 의미가 있는 과제를 받았을 때 무럭무럭 자란다. 학생들은 전문가인 성인과 함께 인턴으로 일하면서 자신이 배우는 기술을 마스터하고자 하는 동기를 얻는다.

전통적인 교실은 '방과 종 교육 모델'을 건축화한 것이다. 그와 같은 형태의 교실은 근대식 교육을 위한 장소로서, 교사 주도의 직접적인 지도 방식에 최적화되어 있기 때문에 학생들이 경험할 수 있는 학습 방식을 심각하게 제한한다는 점에서 근본적인 결함이 있다.

루어지는 학교 모델로 귀환하고 있는 것이다.

디자인으로 배우기

이 책의 원제 '러닝 바이 디자인Learning by Design'에는 배움과 디자인이라는 두 가지 핵심 주제가 담겨 있다. 디자인이라는 단어는 학교의 물리적 디자인 외에 '의도'라는 의미로도 이해할 수 있다. 우리는 교육의 미래에 대해 의도적이어야 하며 그 의도를 실현하는 데 필요한 다양한 요소를 모두 마련해야 한다. 교육적 경험에 있어서 가장 감수성이 예민한 시기인 인격 형성기의 아이들에게 가장 눈에 띄는 영향을 미칠 요소는 그들에게 제공되는 환경이다. 그럼에도 그룹 단위의 아이들을 교사와 함께 교실에 가두어 두는 학교의 설정 방식은 어른들이 학교에 기대하는 바를 단적으로 보여 준다. 우리는 교육자들이 아이들을 위해 필요하다고 주장하는 거의 모든 학습 목표를 물리적인 학교 환경이 원천적으로 차단하고 있다고 단언할 수 있다. 개인화와 협업이라는 두 가지 단어를 살펴보자. 교실은 학생들이 개인화된 학습이나 협업을 하기에 최악의 장소이다. 그리고 그 두 단어를 교사로까지 확장하여 생각해 보면, 교실 기반 학교 모델의 비참한 절망감은 더욱 명백해진다.

과거에 성과가 있었든 그렇지 못했든지와 관계없이, 교육 기득권층(옹호자들)은 학교가 아이들과 청소년들의 학습 요구에 가장 잘 부응함으로써 그들을 생산적인 사회 구성원으로 만들기 위해 존재한다고 주장해 왔다. 하지만 다른 대규모 사업들과 마찬가지로 교육 분야에도 광범위한 전문가들이 존재하며, 아마도 모두 같은 방향(이전과는 다른)을 지향하고 있을 것이다. 교육 분야의 많은 전문가들 중에는 교육이라는 세계 안에 거주하는 모든 존재들의 환경을 창조하는 역할을 하는 건축가도 있다.

인터넷에서 학습과 뇌에 관한 아주 기초적인 내용만 검색해 봐도, 특히 이 세상이 급변하고 있음을 감안하면 더더욱 아이들을 교육하는 방법에 대한 급진적인 재고가 필요하다는 것을 알 수 있다. 공간은 어떤 새로운 교육 모델이든 작동해야 하는 컨테이너이기 때문에, 우리는 '학습 연구'와 신경학이라는 완전히 새로운 세계에 대해 어느 정도 이해해야 할 필요가 있다고 느꼈다. 이것이 우리가 이 주제의 탁월한 권위자인 리처드 엘모어 박사에게 손을 내민 이유이다. 그는 공간 디자인의 관점에서 구성된 제1부 전반에 영감을 주었으며, 제2부에서는 교육의 미래를 뒷받침하는 아이디어를 제시하고, 앞으로 나아갈 방향을 '의도하는' 방법을 품격 있게 기술했다.

진정한 배움을 위해 학생들에게 필요한 공간을 고민할 때, 우리는 전 연령대의 아이들이 성장하고 번창하는 데 필요한 사회적·정서적·창의적 공간도 함께 이야기한다. 이런 종류의 '배움을 위한 공간'은 학교에서 진귀하게 여겨진다. 우리는 학교의 물리적 환경을 디자인하는 것이 사회적·정서적·창의적 공간을 더 잘 드러나게 할 뿐만 아니라 더 잘 사용하게 만들 수 있다고 믿는다. 이에 더해 학생들로 하여금 배움을 위한 공간이 있다고 진정으로 느끼게 하기 위해서는 학교가 학교의 전체 역학을 교사 중심에서 학생 중심으로 변화시키는 촉매로써 물리적 환경 디자인을 활용할 필요가 있다. 이에 관한 내용은 교육자의 관점에서 제시된 이 책의 2부에서 중점적으로 살펴볼 수 있다.

학교를 교사 중심에서 학생 중심으로 전환하면 행정, 운영 및 거버넌스에 관한 것뿐만 아니라 교육 과정, 교수법, 일과표, 학생 평가도 변화할 것이다. 처음에는 급진적으로 보일 수 있지만, 시간이 지날수록 더 자연스러워질 이러한 전환을 지원하는 시스템이 마련되어 있어야 한다. 이 책의 2부에서는 학교 캠퍼스의 물리적 디자인을 넘어 다른 공간 영역들이 갖춰야 할 성공 조건이 무엇인지 배우게 될 것이다. 1부는 물리적 디자인에 관한 매뉴얼의 역할을 할 수도 있겠지만 엘모어 박사의 2부는 단지 교육 매뉴얼로 쓰이기를 의도하지는 않았다. 우리 책에서 그의 영역은 더 중요한 목적을 가진다. 우리는 독자들이 그가 주장하는 바를 살펴보면서, 교육의 변화에 대해 말할 때는 전체론적 접근법holistic approach이 필수적임을, 그리고 학교 디자인은 그 자체만으로도 방정식의 필수적인 부분이면서도 여전히 전체 퍼즐의 일부분일 뿐이라는 것을 이해하기를 바란다.

진정한 배움을 위해 학생들에게 필요한 공간을 고민할 때, 우리는 전 연령대의 아이들이 성장하고 번창하는 데 필요한 사회적·정서적·창의적 공간도 함께 이야기한다.

플로리다주 루츠에 위치한 러닝 게이트 커뮤니티 학교Learning Gate Community School의 야외 카페

교육자와 학생의 목소리

이 책 전체에 걸쳐 우리는 교육자들과 학생들이 자신들이 거주하는 물리적 공간의 유효성에 관해 전해 준 이야기에 의존했다. 우리가 디자인한 공간은 건축가의 입장에서 우리가 예상했던 것과는 다르게 실제로는 시간이 지남에 따라 훨씬 다양하게 사용되고 있었다. 우리는 교사와 학생들이 학습 환경에서 직접 경험한 이야기들을 귀 기울여 들으면서 학교의 끊임없이 변화하는 요구에 유연하게 적응하는, 살아있는 건물을 만드는 방법을 배웠다.

교육과 학습뿐 아니라 젊은이들의 전반적인 발달에 미치는 공간의 지대한 영향력을 이해하고 있기에, 우리가 학습 공간을 넘어 학생 삶의 건축가로서 작은 역할을 할 수 있다는 것을 영광스럽게 생각한다. 우리는 이 책이 학교 시설을 만드는 일에 관련된 모든 이들에게 물리적 환경이 앞으로 30년, 50년, 심지어 100년 동안 수만 명 학생들의 삶에 얼마나 큰 영향을 미칠 수 있는지 일깨워 주기를 바란다.

책의 구성

처음부터 이 책이 두 개의 부로 나뉘어 있던 것은 아니다. 엘모어 박사와 더 많은 이야기를 나눌수록 우리는 걸러지지 않은 그의 생생한 생각과 견해를 독자들에게 전할 필요가 있다는 것을 깨달았다. 그의 논문을 읽고 나서 그의 글이 본래의 형식으로, 그리고 학교 디자인에 있어서 건축을 주제로 한 우리의 논의와는 별도로 제시되어야 한다고 판단했고 그에 따라 그의 글을 독립된 하나의 부로 수록하였다.

이 책에서 건축과 관련된 부분을 구성하는 방법에 직접적인 영향을 준 엘모어 박사의 핵심 원칙들을 그의 표현대로 요약하면 아래와 같다.[1]

인간은 학습하는 유기체이며 어떻게 배우는지 가르칠 필요가 없다.

인간이 스스로 학습을 관리할 능력이 없다고 믿게 만듦으로써 학습자로서의 인간을 무력하게 만드는, 성취 중심의 학교 교육 모델에서 벗어날 필요가 있다.

개인차가 원칙이고 표준화가 예외이다.

새로운 디자인은 개개인(어린이든 성인이든)이 발달적·경험적으로 서로 다른 시작점에서 학습 프로젝트를 접한다는 가정으로부터 출발해야 한다.

지식은 정보, 감응, 인지, 유창성의 총체이다.

유창하고 열정적인 학습자의 흡수 능력은 학습자가 마주하는 지식에 얼마나 흥미를 느끼는지, 그가 이전에 경험한 것과 지식의 영역이 얼마나 일치하는지, 그리고 새로운 지식을 습득하는 퍼즐을 푸는 데에 이전에 학습한 기술을 얼마나 잘 활용하는지에 따라 크게 달라지는 경향이 있다.

학교는 모든 학생이 나이에 상관없이 학습할 역량을 가지고 있고 자신의 학습을 관리할 수 있다는 가정에서 출발해야 한다. 효과적인 학생 중심 학습을 위해서는 공간의 구조, 시간, 교육 과정, 그리고 교사와 학생 간의 관계가 바뀌어야 한다.

콜로라도주 볼더 밸리의 메도라크 학교 Meadowlark Schoo

사진 © 프레드 J. 후르마이스터Fred J. Fuhrmeister

제한된 범위를 넘어선 깊이와 연속성

27살이던 어느 날, 나(엘모어)는 하버드 대학원에서 지금은 기억도 나지 않는 매우 애매한 주제에 관한 계량 경제학 강의를 듣고 나와 하버드 광장 근처의 매우 복잡한 교차로에 서 있었다. 그곳에서 문득 교차로를 지나는 운전자들이 스스로의 행동을 조율하고 있다는 사실을 발견했고, 그 순간 갑자기 번개를 맞은 듯한 충격과 함께 '수학은 어디에나 있다!'라는 생각이 들었다. 그리고 수학의 언어를 사용하여 내가 방금 본 것들을 설명할 수 있는 모델을 실제로 만들 수 있다는 것을 깨달았다.

배움과 디자인에 관한 어려운 질문과 잠정적 답변

불확실한 시기, 야심에 찬 모험은 명확한 답변보다는 어려운 질문에서 시작된다.

- 인간은 학습 관행의 변화에 어떻게 적응할 것인가?
- 학습 관행과 학습 환경 디자인은 전문성의 민주화에 어떻게 적응할 것인가?
- 사회는 제도화된 학습을 해빙하는 것과 더불어, 어린이와 청소년에 대한 돌봄의 의무와 사회화를 위한 책무를 어떻게 조율할 것인가?
- 학습 환경은 개인화라는 도전에 어떻게 대처할 것인가?

이러한 아이디어들은 우리의 삶과 경력, 그리고 우리 아이들의 교육적 경험의 맥락에서 이해되기 시작했다. 우리는 학교 밖에서 일어난 모든 학습이 오늘날 우리와 우리의 자식들이 누구로 살아가는지에 얼마나 큰 영향을 미쳤는지 생각해 보았다. 심지어 학교에서조차 쉬는 시간, 선생님의 직접적인 지도에서 벗어난 비밀의 순간들, 친구들과 보냈던 시간이 학창 시절의 가장 중요하고 의미 있는 추억으로 느껴진다. 관련 연구를 살펴보면서 우리는 이러한 주변적 경험들(교실 너머의 모든 것들)을 통해 실제로 가장 의미 있고 오래가는 배움이 일어난다는 것을 깨달았다. 다시 말해서, 학습 그 자체는 부차적인collateral 활동이며 우리가 무엇을 하든 항상 일어난다는 것이다. 엘모어 박사가 앞서 언급한 경험담에서 "아하!" 하고 수학적 깨달음을 얻은 때가 바로 배움이 일어나는 순간인 것이다.

이러한 깨달음은 이 책을 원래 계획했던 것과 조금 다른 구조로 만드는 동기가 되기도 했다. 학생들은 태생적으로 어른들이 강요하는 모든 것에 반항하기 때문에 학교가 학습에만 과도하게 집중하는 경우 역효과가 발생한다. 따라서 그보다는 학생들이 자연스럽게 하는 일들에 집중하는 것이 어떨까? 자신의 세계를 탐험하려는 그들의 타고난 욕구를 학교 경험의 기초로 이용하는 것은 어떨까? 학교를 학생들을 위한 풍부한 경험이 모인 장소로 만들 수 있다면, 더 나아가 학생들에게 풍요로운 배움의 기회도 제공해 줄 수 있을 것이다.

우리는 이러한 경험을 학교 밖에서의 생활과 나란히 두고, 학교생활에서 그와 동등한 경험들을 찾아 그것들에 초점을 맞추고자 했다. 이러한 사고방식에서 비롯하여 이 책의 구조는 생활하기, 놀기, 참여하기, 창조하기라는 주요 부분을 중심으로 이루어져 있다. 학생들은 이들 네 상태에서 존재하기Being와 실행하기Doing를 번갈아 함으로써 성공적인 어른의 역할을 수행하기 위해 필요한 모든 것들을 배울 수 있다.

생활하기, 놀기, 참여하기, 창조하기의 통합

이 책에서는 명확한 설명을 위해 생활하기, 놀기, 참여하기, 창조하기의 네 가지 요소를 따로따로 살펴보았다. 그러나 우리는 이들이 완전히 구별된 것이 아니라 통합된 전체의 일부임을 강조하고 싶다. 분석되는 맥락에 따라 각각의 요소는 그 안에 다른 요소들의 면모를 작거나 더 크게 가질 수 있다. 이는 분명히 '놀고 있는 학생도 생활하고, 참여하고, 창조하는 학생일 수 있다'는 것을 의미한다.

이 중요한 전제를 염두에 두고 이 책에 제시된 네 개의 부분에 관한 내용을 간략히 살펴보자.

생활하기

'생활하기'는 학교의 개인적·사회적 환경milieu에서 학생들과 관련된 학교 경험의 모든 측면을 다룬다. 이는 학생들이 정서적·영적 성장을 위한 자양분을 가장 많이 얻을 수 있는 부문이기도 하다. 다음은 '생활하기' 범주에서 다루는 영역이다.[2]

그룹으로 함께 일하기	정원 가꾸기
긴장 풀기	동물 돌보기
명상하기	신체 단련하기
친교하기	지역 사회에 봉사하기
먹기	

놀기

몇 가지 측면에서, 놀이는 금세기 들어 빠른 속도로 주된 배움의 형태가 되고 있다. 아주 어릴 때부터 아이들은 놀이를 하며 삶을 시뮬레이션한다. 자발적인 놀이의 특성에 대해 생각해 보라. 다음에 열거하는 항목들은 축구는 물론 체스 게임에도 적용된다. 1) 자연스럽다, 2) 역동적이다, 3) 창의적이다, 4) 전략이 필요하다, 5) 실수로부터 무언가를 배울 수 있다, 6) 매력적이고 흥미진진하다. 학습의 관점에서 볼 때, 놀이가 갖는 이러한 특성들이야말로 우리가 학교 경험 전반에서 기대하는 본질적인 것들이다. 다음은 '놀기' 범주에서 다루는 영역이다.

소셜 게임	컴퓨터 게임
교구를 활용하는 놀이	자연에서 놀기
신체 활동 놀이와 스포츠	
다양한 재료를 활용하는 창조적 놀이	

참여하기

'참여하기'는 우리가 일반적으로 학교, 주로 학문적인 성장 및 발달과 연관 지어 익숙하게 떠올리는 활동들에 관한 것이다. 아이러니하게도, 학교는 종종 학업에 과도하게 집중한 나머지 배움이 그 자체가 목적이 아니라 더 높은 목적을 위한 것임을 보여 줄 기회를 놓치곤 한다. 학생들이 이론과 실제 사이의 직접적인 연관성을 볼 수 있고, 학교에서 접하는 학문이 극히 개인적인 수준에서 어떤 이점이 있는지 이해할 수 있을 때, 학생들은 자신이 수행해야 하는 때로는 힘들고 흥미롭지 않은 일들의 장기적 가치에 대해 완전히 납득할 수 있다.

다시 말해서 학생들은 자신이 수행하는 학습의 진정한 가치를 실현하기 위해 온전히 '참여'해야 한다. 이때 학생들에게 주어지는 이점은 교사를 기쁘게 하고 싶거나 시험을 잘 보고 싶은 욕망을 훨씬 뛰어넘는 것이어야 한다. 이러한 맥락에서 학생들로 하여금 자신의 세계관을 수정하고 무언가에 대한 배움을 위한 서곡이 될 활동에 의식적으로 참여하길 요구하는, 학습에 대한 엘모어 교수의 정의를 다시 한번 떠올려 볼 필요가 있다. 이 책의 '참여하기' 범주에서 다루는 영역은 다음과 같다.

직접 교수	앙터프레너십(기업가 정신)
읽기	프레젠테이션
리서치	인턴십
실험	프로젝트
협동 학습	

창조하기

'창조하기'는 학교의 오늘과 내일에 관한 것이다. 잠시 멈춰서, 온라인에서 사용 가능한 수십억 페이지의 정보, 게임, 음악, 서비스, 강좌 및 기술 구축을 위한 특정 도구에 대해 생각해 보라. 이제, 학생들이 학교에 다니는 동안에 방대한 자원의 보고 중에서 얼마나 많은 것들을 생산하기보다 소비하는지를 자문해 보라.

전 세계 젊은이들이 창의적인 인터넷 자원을 만드는 데 많은 기여를 한 것은 맞지만, 그와 같은 기여가 그들이 학교에 있는 동안에는 거의 일어나지 않은 것도 사실이다. 학생들을 수동적인 소비자에서 인터넷에 적극적으로 공헌하는 사람으로 변화시킨다면 개발되지 않고 있던 젊은이들의 방대한 잠재력의 혜택을 전 세계가 누릴 수 있을 뿐만 아니라, 그들이 창조적이고 도전적인 삶과 진로를 더욱 잘 준비하고 성공적으로 진로를 탐색하도록 도울 수 있다. 다음은 '창조하기' 범주에서 다루는 영역이다.

음악	기술 지원 미디어
공연	글쓰기
미술	만들기와 짓기
요리와 제빵	

이 책의 기본 신념

학교는 가르치는 곳이 아니라 배우는 장소이다.

오스카 와일드Oscar Wilde는 "교육은 훌륭한 일이지만 때때로 정말 배울 가치가 있는 것은 가르칠 수 없다는 사실을 기억하는 것이 좋습니다."라고 말했다. 아마도 그는 '학교는 배우는 장소'라는 말의 의미를 이미 잘 알고 있었을지도 모르겠다. 불행히도, 학생들이 학교에서 경험하는 것은 많은 가르침이지 충분한 배움이 아니다. 그래서 학교는 아이들이 어른들이 일하는 것을 보러 가는 장소가 되곤 한다.

전통 교육은 모든 가르침에는 가르침을 받은 사람의 학습이 존재한다는 그릇된 가정을 한다. 그러나 우리가 학교에 다니기 전, 중, 후에 배운 대부분은 가르침 없이 배운 것들이다. 아이들은 걷는 법, 말하는 법, 먹는 법, 옷 입는 법 등 기본적인 것들을 가르치지 않아도 배운다. 성인은 직장이나 여가에서 사용하는 기술의 대부분을 직장에서나 여가 생활 중에 배운다. 교실 환경에서 가르치는 내용의 대부분은 학생들의 기억에서 사라지고, 그들의 기억에 남는 상당 부분은 가르치는 내용과 상관없는 것들이다.[3] 그렇다면 교사는 무엇을 하고 학교에서 교사가 필요한 이유는 무엇일까? 훌륭한 교사들은 학생들을 운전석에 앉게 하고 자신들은 나서지 않는 교묘한 방식으로 학습 경험을 설계한다.[4] 교사는 학생들에게 학습에 대한 영감을 주는 다양한 존재가 될 수 있다. 그들은 코치가 될 수 있고, 상담가가 될 수 있으며, 훌륭한 학습을 위한 롤 모델이 될 수도 있다. 그들이 하면 안 되는 것은 배움을 전달하는 방법으로써 가르치는 것에 집착하는 것이다.

교육은 그저 아는 것이 아닌 학습에 관한 것이어야 한다.

앎이 실제 학습 안에 포함되어 있기는 하지만, '학습하지 않고도 무언가를 아는 것'은 얼마든지 가능하다. 우리는 교재나 비디오를 통해 자동차 운전에 관한 모든 것을 알 수 있지만, 직접 운전석에 앉아 핸들을 잡기 전까지는 운전하는 법을 진정으로 배웠다고 할 수 없다. 따라서 진정한 학습은 이론과 실천(아는 것과 하는 것) 모두를 필요로 한다. 그러나 학교에서 하는 일의 대부분은 학생들

진정한 참여는 생활하고, 놀고, 창조하는 것이다.
플로리다주 세인트피터즈버그 쇼어크레스트 사립 학교의 아동 교육 센터

교사들이 멘토, 코치, 롤 모델이 될 때 최고의 학습이 이루어진다. 실제로 가르침에 대한 집착은 진정한 학습을 방해하는 가장 중대한 장애물이다.

이 진정으로 배웠는지 여부에 상관없이 교육 과정의 내용을 확실히 알도록 하는 것이다.

학교에서 미래를 준비한다는 강박 관념을 덜어 내야 한다.

유아기의 교육에서부터 고등학교, 대학교, 대학원 졸업, 그 이후까지의 모든 교육 시스템은 모두 다음에 올 일을 준비하는 데 맞춰져 있다. 어린이집 아동들에게는 유치원을, 유치원생들에게는 초등학교 1학년을 준비하는 것이 얼마나 중요한지 알려 주는 식이다. 바로 앞에 있지만 손이 닿지 않는 이 끝없는 일련의 이정표에는 많은 대가가 따른다. 이러한 강박 관념은 현실적이고 명백한 현재보다 모호하고 환상적인 미래를 우선시한다.

앨런 와츠Alan Watts는 다음과 같이 말했다. "만약 행복을 항상 미래의 어떤 것에서 찾는다면, 우리는 잡히지 않는 도깨비불을 좇다가 미래에는 결국 죽음의 심연으로 사라져 버릴 것이다."[5]

앨런 와츠는 수동적인 허무주의에 빠지는 대신 지금 여기 안에 존재해야 한다고 주장한다. 배움 그 자체를 위해 배워라! 영원은 지금이다. 이는 무엇을 배우든 간에 그 과정의 완전한 일부가 되는 것이며, 결코 달성하기 어려운 최종 목표에 초점을 맞추지 않는 것이다.[6]

이 책의 탄생 배경

이 책을 처음 계획하기 시작했던 2017년 초 무렵, 두 저자는 전문가로서 매우 다른 경력을 가지고 있었다. 한 사람(프라카시)은 전세계적으로 학교 설계 작업을 수행한 경력이 18년이 넘었고, 다른한 사람(로니)은 학교 디자이너로서 일하기 시작한 지 불과 두 해가 지났을 뿐이었다. 세 번째 핵심 저자인 리처드 엘모어의 경우 처음에는 그의 원고를 하나의 장으로 실으려고 했으나 막상 원고가 완성되고 보니 그것은 한 개의 장 이상의 가치가 있어 보였다. 그래서 우리는 학습과 디자인에 관한 그의 생각을 집중적으로 살펴보는 데에 이 책의 2부 전체(제11장)를 할애하기로 하였다.

세 사람의 공통점은 교육 기관 그리고 그 문제에 관심을 기울일 어떤 사람에게라도 계속 압력을 넣어 어린이 교육에 대한 새롭고

학습 경험

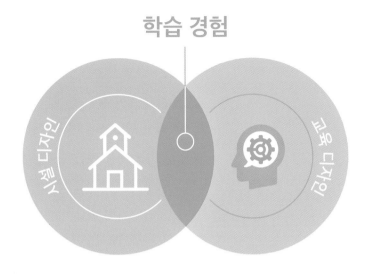

우리가 '학습'이라고 부르는 것은 무엇을 어떻게 배웠는지(공식 또는 비공식적 교육 과정)뿐만 아니라 어디서 학습하는지(학습 환경)를 포함한다. 우리가 학습이라고 부를 수 있는 전체론적인 경험은 실제로 교육 과정과 환경의 결합에 있다. 즉, 진정으로 풍부한 학습 경험은 훌륭한 환경과 매력적인 교육 과정의 결합에서 발생한다는 것이다.

더 나은 방법을 제시하려는 열정이 있다는 것이다. 이는 전 세계가 경험하고 있는 중대한 변화와 함께 해가 갈수록 더욱 절박해지는 책무이다. 교육에 대한 우리의 공통된 열정은 이 책을 저술하는 파트너십의 기초가 되었다.

세 사람의 삶과 경력의 경로가 매우 다른 상황에서 책의 주제에 관한 서로 다른 시각은 이 책에 보다 넓은 관점을 담을 수 있게 해 주었다. 출간과 관련된 대부분의 공동 작업은 원격으로 화상 회의를 통해 이루어졌다. 그러한 가운데 학교를 방문하여 교사 및 학생들과 직접 만나 대화한 시간은 최고의 아이디어를 낳게 했고 이 책을 쓰는 데 있어 우리에게 가장 큰 영감을 주었다.

이 책은 우리에게 놀라운 발견의 여정이었으며 독자들에게도 그러하기를 바란다. 우리가 방문한 모든 학교, 우리가 만난 모든 교육자, 그리고 우리와 대화를 나눈 모든 학생이 새로운 것을 가르쳐 주었다. 우리는 우선 기존의 교육 시설을 철거해야 그 자리에 새로운 교육 시설을 건설할 수 있을 것이라고 믿었었다. 이제는 반드시 그래야 할 필요가 없다는 것을 알고 있다. 이 책에서 우리는 학교 교육은 죽었지만 배움은 살아 있고 건재하다는 것을 보여 주기로 했다. 앞으로 몇 년 뒤에도 학교가 여전히 의미 있는 시설로 남아 있으려면 학교는 어떤 역할을 해야 하는가? 우리는 이 질문에 대한 답을 이 책에 담고자 했다.

우리는 확신한다. 풍부한 학습 경험은 훌륭한 환경과 매력적인 교육 과정의 결합에서 발생한다.

1부
교육을 바꾸는 디자인

1장

좋은 공간 디자인을 위한
교육의 토대

왜 학교 시설이 바뀌어야 하는가? 누군가는 현재의 학교 모델이 100년 넘게 잘 작동해 왔다고 주장할 수 있다. 이 기간 동안 다양한 교육 모델이 나타나고 사라졌지만, 전통적인 학교 건물 디자인은 계속 버텨 왔다. 그러니 굳이 바꿀 필요가 있을까? 자, 여기 그래야만 하는 가장 분명한 이유가 있다.

교육의 목적이 변했다.

교육은 지식을 심어 주는 일로 간주되어 왔다. 이는 교육의 주된 목적이 '학생들에게 어떤 것을 가르치는 데 있다'고 말하는 그럴듯한 방법이었다. 전통적인 교육 모델에서는 지식이 많을수록 더 많은 교육을 받은 것이 된다. 하지만 더는 지식을 얻기 위해 학교에 갈 필요가 없다. 바로 이용할 수 있는 모든 종류의 정보와 튜토리얼이 인터넷에서 나날이 늘어나고 있기에 원한다면 언제 어디서나 무엇이든 자유롭게 배울 수 있다. 이렇듯 지식이 쉽게 구할 수 있는 일용품이 되었으므로 교육은 이제 강력한 사회적·창의적·개념적 사고 능력과 인격, 모든 범위의 새로운 문해력을 구축하는 일에 관한 것이 되어야 한다. 세계 경제 포럼의 '일자리의 미래' 보고서에 실린 2020년 상위 10개의 직업 관련 기술은 다음과 같다.[1]

1. 복합 문제 해결 능력

2. 비판적 사고 능력

3. 창의력

4. 인적 자원 관리 능력

5. 협업 능력

6. 감성 지능

7. 판단 및 의사 결정 능력

8. 서비스 지향성

9. 협상 능력

10. 인지적 유연성

리처드 엘모어 박사는 "과제는 성과를 예견한다."라는 멋진 말을 남겼다. 이는 학생들이 우리가 그들에게 어른만큼 잘하기를 바라는 것들을 학교에서 해야 한다는 것을 의미한다. 미래를 위한 최고의 직업 기술이 무엇인지 알고 있다면 학생들이 이러한 기술을 연습하고 완벽하게 쓸 수 있도록 학교에서의 실습 경험student experiences을 설계해야 하지 않을까? 하지만 분명한 것은, 전통적인

콜로라도주 볼더 밸리에 있는 켄타우루스 고등학교Centaurus High School의 학생들은 시니어 학생 센터에서 다른 친구들과 시간을 보내거나 독립적으로 학습하면서 자신의 속도에 맞춰 과제를 완수할 수 있다.

교실은 물리적 디자인과 교사 주도 교수법으로 인한 한계 때문에 앞서 제시한 10가지 미래 기술들을 연습하고 완성할 기회를 학생들에게 거의 제공하지 못하고 있다.

교육 시스템의 4대 핵심 영역

교육 시스템의 4대 핵심 영역을 살펴보자. 대부분의 학교 개혁가들 사이에는 새 교육 모델을 가장 잘 구현하기 위해서는 각각의 영역에 급진적인 변화가 필요하다는 공감대가 형성되어 있다. 종합해 보면, 4대 핵심 영역의 변화는 완전히 새로운 교육 패러다임의 등장을 의미한다. 여기서 이야기하고 있는 것은 교육의 '소프트웨어'가 인터넷 시대가 도래한 이래로 지난 20년간 어떻게 급진적이고 돌이킬 수 없게 변화해 왔는지이다. 이는 새로운 소프트웨어를 실행할 수 있도록 교육의 '하드웨어(특히 교육이 이루어지는 건물)' 또한 바뀌어야 한다는 결론으로 이어진다.

우리는 이제 각 영역에서 일어난 변화의 성격에 대해 논의하고 전통적인 '방과 종' 형식의 학교 디자인이 변화를 수용하기에 부적합한 이유를 설명할 것이다. 그리고 그것을 바탕으로 새롭게 학교를 디자인할 때뿐만 아니라 기존 학교 건물을 리노베이션할 때에도 본보기로 삼을 수 있는 새로운 '러닝 커뮤니티learning community' 모델을 제시하고자 한다.

4대 교육 영역의 전환

교수 관행Teacher Practice — 단독에서 팀 협업으로

'학급 담임제'는 전 세계 교육 시스템의 주된 요소이다. 누군가는 이것이 우리가 학교라고 알고 있는 모든 것(나이와 학년에 따라 분류된 학생들로 가득 찬 방, 그리고 그 앞에 홀로 서 있는 성인)의 기반이라고 말할지도 모르겠다. 학교에서 가르치는 일은 대부분 교사 혼자서 수행해 왔으며, 이는 오늘날까지도 대부분의 교사들이 일하는 방식이다. 교사가 홀로 한 무리의 학생들과 방 안에 갇혀 학교 일과 시간의 대부분을 지내는 것은 교실을 기본 건축 단위로 하여 세

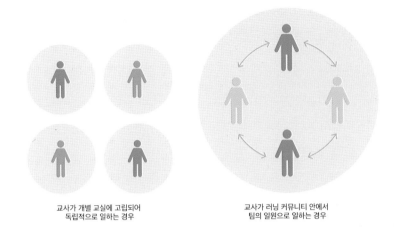

교사가 개별 교실에 고립되어   교사가 러닝 커뮤니티 안에서
독립적으로 일하는 경우   팀의 일원으로 일하는 경우

교사가 개별 교실에 갇혀 있으면 고정된 교사 대 학생 비율에 종속되기 때문에 개인화·차별화된 학습을
진행하는 것이 거의 불가능하다. 하지만 교사가 팀으로 일하면 개인화된 학습이 가능해진다. 즉, 교사가
팀으로 일하는 경우 여러 교사들이 학생들을 분담하여 지도하기 때문에 교사가 한 명의 학생이나 소규
모 그룹과 일대일로 수업하는 것이 가능해진다.

위진 학교의 불가피한 작동 방식이다.

    교사들이 (이상적으로는 학교 일과 시간 내내) 한 팀의 일원으로서
일할 기회를 더 많이 가지도록 교실 중심의 모델을 변화시켜야 하
는 강력한 교육적 근거가 있다. **연구 결과는 명확하다. 교사들이 협
력할 때 학생들의 성취도는 향상된다.** 스탠퍼드 대학교에서 실시
한 한 연구는 교사가 동료들과 빈번하게 교류하는 능력에 의해 측
정되는 '사회적 자본'이 교사의 전문성 개발을 위한 수업이나 자격
증 같은 '인적 자본'보다 학생 성취도 면에서 훨씬 더 가치가 크다
는 설득력 있는 주장을 하고 있다.[2] 교사에게 학교 일과 시간 동안
전공 분야의 최신 연구 동향을 따라잡을 수 있는 충분한 시간이 주
어진다면 전문적 협업의 가치는 더욱 강화된다.

교수법Pedagogy — 교사 주도에서 학생 주도로

 교실은 한 명의 성인이 자신의 책임하에 여러 학생의 작업을 지시하기에 알맞게 설계되어 있다. 대개의 교실이 구성되는 방식을 생각해 보라. 보통 교실 앞에는 교사를 위한 책상이 있고 나머지 공간은 학생들의 책상과 의자로 채워진다. 그리고 벽 한쪽에는 수업을 위해 화이트보드나 전자 스마트 보드가 걸린다. 학생들의 책상과 의자는 교실의 앞쪽을 향해 일렬로 배치되는 경우가 매우 많다. 교실은 학생들에게 그들이 교사의 말을 듣고 지시를 받기 위

힐렐 학교의 교사들은 전문 사무실에서 하나의 팀을 이루어 일하고 학교 일과 시간 내내 정기적으로 소통한다. 이러한 형태는 교사마다 자신의 교실을 갖고 사실상 그곳을 전용 사무실로 쓰는 모델로부터 크게 변화한 것이라 할 수 있다. 교사가 자신만의 교실에서 고립된 채로 일하는 것의 대가는 엄청나다. 팀 안에서 다른 이들과 협력하며 일할 수 있는 기회가 급격하게 줄어들기 때문이다.

플로리다주 탬파에 위치한 힐렐 학교 Hillel School

교사 주도로 운영되던 컴퓨터 실습실이 교사는 물러나서 지켜보고 학생 스스로 자신의 시간을 관리하고 학습을 주도하는 공간으로 재구성되었다.

플로리다주 탬파에 위치한 홀리 네임스 아카데미the Academy of the Holy Names **산하 중학교의 아이랩**iLab

해 그곳에 있다는 강력한 메시지를 보낸다. 심지어 교사가 학생들에게 자율성을 부여하기 위해 그룹 지어진 학생들이 협력할 수 있는 형태로 책상을 모아 주는 경우에도, 교실의 근본 구조는 여전히 성인 교사 한 명이 교실 안에서 무슨 일이 일어나고 그 일이 어디에서 왜 일어나는지를 온전히 책임지는 방식으로 관리하게끔 되어 있다.

교사 중심의 교육 모델은 이제 시대에 뒤떨어진 것으로 여겨진다. 그 이유는 주입식 학습, 콘텐츠 숙달, 암기, 학문적 유창성과 같은 개발에 최적화된 기술들이 21세기적 문해력에 빠르게 자리를 내

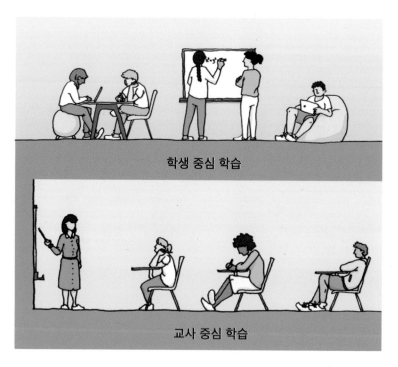

학생 중심 학습

교사 중심 학습

교실은 학생들에게 그들이 교사의 말을 듣고 지시를 받기 위해 그곳에 있다는 강력한 메시지를 보낸다. 반면, 공유 영역과 소그룹 영역은 교사는 한발 물러서 있고 학생들이 학습을 주도하는 이상적인 환경을 조성한다.

주고 있기 때문이다. 오늘날의 세계에 더 적합하도록 교육 모델을 변경해야 할 필요성을 넘어서, 우리는 학생 주도와 자율성에 대한 문제도 고려해야 한다. 엘모어는 이 책의 2부에서 어떤 학교를 만들지를 결정하는 네 가지 '학습 이론'에 대해 상세히 이야기한다.

위계적인(계층화된) 모델은, 학교나 교사가 진정으로 학생들의 최대 관심사를 장려하려고 할지라도 기본적으로 학생들은 무엇을 하라고 지시받는 것을 싫어한다는 데서 본질적인 문제를 가지고 있다. 또한 현실적으로 학생들은 대학, 직장, 인생에서 성공하기 위해 필요한 기술들을 실제로 연마할 수 있을 때 더 잘 배울 수 있다. 교실은 새로운 21세기적 문해력과 관련된 광범위한 활동을 수용하는 데에 최적화되어 있지 않다.[3]

교육 과정 — 분리된 교과목에서 교과 간 통합 과정으로

대부분의 교실에는 담당 교사의 이름과 가르치는 과목을 알려주는 명패가 달려 있다. 학교에는 수학 교실, 과학 교실과 실험실, 영어 교실, 사회 교실, 컴퓨터 교실 등이 있다. 학교 안에 일련의 교실들을 배열하는 것은 자연스럽게 교실에 명패를 붙이고 거기에 한 과목을 전문적으로 가르치는 어른을 할당하는 방식으로 이어진다. 물론 저학년의 경우 담임 교사가 한 과목 이상을 가르치기도 하지만, 저학년 역시 수학과 영어 같은 개별 과목을 중심으로 학교 일과가 나누어진다.

학교 건물과 학교 일과 시간을 교실이라는 다루기 쉬운 덩어리의 공간과 교시라는 다루기 쉬운 시간의 단위로 분할하는 것이 어떤 것을 가르치거나 배우기에 좋은 방법이라는 과학적 증거는 없다. 우리가 알고 있는 것은 이런 종류의 교육이 학생들로 하여금 대학, 직장 그리고 삶에서 필요한 기술과 역량을 갖출 수 있게 하는 데 방해가 된다는 것이다. 데이비드 오어David Orr의 말에 따르면, "고등 교육의 네 번째 신화는 우리가 해체한 것을 적절히 복원할 수 있다고 믿는 것이다. 현대의 교육 과정은 세계를 학문 분야와 하위 학문 분야로 불리는 조각들로 쪼개어 놓았다. 그 결과 12년이나 16년 또는 20년에 걸쳐 교육을 받은 대부분의 학생들은 사물의 통일성에 대한 폭넓은 통합 의식 없이 졸업한다."[4]

교실 기반의 학교 모델에서 탈피해 러닝 커뮤니티 모델을 선택했을 때 얻을 수 있는 이점은 학생들이 더 많은 동료 그룹(때로는 학년에 상관없이)과 함께 배우고 사귈 수 있는 기회를 더 많이 갖게 된다는 것이다.

벨기에 브뤼셀의 국제 학교인 케빈 바틀릿 고등학교 Kevin Bartlett High School

교과 간 통합 과정은 학생들에게 학문 분야(교과)가 정보와 지식의 자족적 단편들이 아니라 더 큰 전체의 일부임을 알 기회를 주기 위해 필요하다. 이 책의 서문을 쓴 하이디 헤이스 제이콥스는 말한다. "현실 세계에서는 아침에 일어나 50분 동안 사회 공부를 하지 않는다. 청소년들은 실생활에서 문제 상황에 직면하게 되면 가능한 한 모든 자원으로부터 데이터를 수집해 그에 대한 해결책을 찾아야 한다는 것을 깨닫기 시작한다. 파편화된 학교생활은 이러한 현실을 반영하지 못한다."⁵ 이러한 문제 의식 때문인지 의학 분야의 경우 예전에는 전문화나 초전문화를 추구하는 것이 일반적이었지만, 오늘날에는 의사들에게 인체라는 보다 큰 맥락에서 실무를 수행할 것을 요구하고 있다. 인간의 몸은 생명 작용뿐만 아니라 마음과 정신 같은 추상적인 양상에 의해서도 작동하는 복잡하고 상호 의존적인 시스템이기 때문이다.

교과 간 통합 과정은 두 명 이상의 교사가 통합 교과 단위를 함께 설계하고 구현하는 경우에만 제대로 작동한다. 이를 전제해야 교과 간 통합 과정이 어떻게 작동하는지에 대한 세부 사항을 논할 수 있다.

교과 간 통합 과정은 앞서 학교 설계 시 고려해야 할 요소로 제시한 생활하기, 놀기, 참여하기, 창조하기의 패러다임에 맞는 학생 경험을 더 많이 설계할 수 있게 한다. 또한 학생들에게 학교에서 직면하는 문제들을 헤쳐 나가기 위해 자신의 타고난 기량과 개인적 경험을 활용할 훌륭한 기회를 제공하고, 결국 교육을 더 민주적이고 덜 독재적으로 만든다.

커뮤니티 ― 교실에서 네트워크로

지식과 정보가 상품이 되면서 학교의 목적은 학생들에게 형식적인 콘텐츠를 학습하게 하는 것보다는 학생들을 사회적·정서적으로 발달하게 하고, 학생들로 하여금 긴밀하게 맺어진 커뮤니티에 참여하게 해 그 안에서 영향력 있는 구성원으로서 기능할 수 있게 하는 것에 더 가까워졌다. 전통적인 학교, 특히 대형 공립 학교에서 학급 집단(코호트Cohort)은 학생의 기본적인 학교 '커뮤니티' 역

이곳의 커먼스는 여러 개의 러닝 스튜디오를 연결해 주는 러닝 커뮤니티의 일부이다. 이 공간은 교사들이 협업하여 교과 간 통합 과정을 설계하고 실행할 수 있게 독려하는 이상적인 환경으로 기능한다.
플로리다주 탬파에 위치한 홀리 네임스 아카데미 산하 중학교의 러닝 커뮤니티

할을 하는 경향이 있다. 학생들은 공간의 제약과 학교 일정의 경직성 탓에 20~30명의 다른 학생들과 함께하느라 교실 밖에서 친구들과 진정한 우정을 쌓거나 돌봄 교사와 긴밀한 관계를 형성할 시간을 거의 갖지 못한다. 배움의 관점에서 보면, 교실 밖으로 확장되어야 할 커뮤니티의 부족은 오늘날 세계적으로 큰 문제라고 할 수 있다. 그 어느 때보다도 오늘날의 학생들은 연령 제한적인 학급 집단 내에서 벗어나 가능한 한 더 크고 더 다양한 그룹들과 어울릴 수 있어야 한다. 또한 다른 관점과 세계관을 통해 배움을 풍요롭게 해줄 여러 어른들과 공부하고 상담할 수 있어야 한다.

네트워크 모델은 더 민주적이고 덜 위계적인 배움의 공간과 사람에 관한 것이다. 이 모델은 위계와 통제의 궁극적인 표상인 전통적인 교실에서는 제대로 작동할 수 없다.

하드웨어와 소프트웨어의 연결

대부분의 학교에는 그 학교만의 학습 이론에 대한 가장 적확한 그림을 나타내는 7개의 핵심 조직 구성 요소 또는 교수·학습 관행이 있다. 조직 구성 요소 자체는 모든 학교에서 공통적이지만 각각이 구현되는 방식은 저마다 다르다. 53쪽의 도식을 보라. 스펙트럼의 왼쪽에는 보다 전통적인 교수·학습 모델에서 나타나는 관행들이 제시되고, 스펙트럼의 오른쪽에는 학생들이 현재와 미래에 필요한 기량을 더 잘 갖추도록 학교들이 노력함에 따라 점차 확산해가는 관행들이 제시된다. 그렇다고 스펙트럼의 오른쪽이 좋고 왼

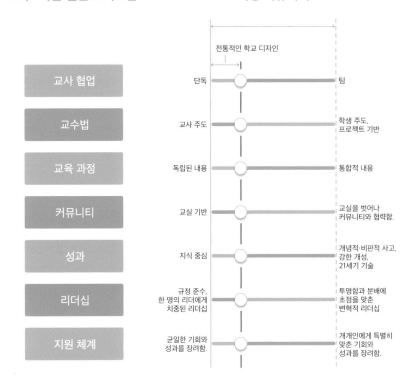

러닝 커뮤니티

전통적인 학교 디자인

교사 협업	단독	팀
교수법	교사 주도	학생 주도, 프로젝트 기반
교육 과정	독립된 내용	통합적 내용
커뮤니티	교실 기반	교실을 벗어나 커뮤니티와 협력함.
성과	지식 중심	개념적·비판적 사고, 강한 개성, 21세기 기술
리더십	규정 준수, 한 명의 리더에게 치중된 리더십	투명함과 분배에 초점을 맞춘 변혁적 리더십
지원 체계	균일한 기회와 성과를 장려함.	개개인에게 특별히 맞춘 기회와 성과를 장려함.

7개의 스펙트럼에 걸쳐 수직으로 그려진 붉은 선은 각 구성 요소가 스펙트럼의 왼쪽에서 오른쪽으로 자유롭게 이동하는 것을 방과 종 모델로 지어진 구식의 학교 건물 디자인이 물리적으로 어떻게 방해하는지를 보여 준다. 이는 학교가 위계적 교육 모델에서 분산적 모델로의 변화를 선택했을 때, 건물이 걸림돌이 되지 않도록 학교의 물리적 설계를 변경해야 한다는 주장에 대한 설득력 있는 근거가 된다.

쪽은 나쁘다고 말하는 것은 아니다. 언제든지 학생들의 학습 요구에 가장 적합한 쪽을 선택하는 것이 더 중요하다. 즉, 이상적으로는 교수·학습 관행이 스펙트럼 안에서 자유롭게 이루어질 수 있는 방식으로 학교가 조직되어야 한다.

소프트웨어의 관점에서, 우리는 각 구성 요소가 스펙트럼의 왼쪽에서 오른쪽으로 그리고 다시 왼쪽으로 필요에 따라 자유롭게 이동하며 작동하는 데 대해 학교 사용자 커뮤니티가 조직적인 필요성을 느끼고 있음을 확인했다. 이를 염두에 두고 학교 건물로 대표되는 학교의 하드웨어가 각 조직 구성 요소의 자유로운 이동을 얼마나 잘 지원하는지 알아보자.

53쪽 도식에서 7개의 스펙트럼에 걸쳐 수직으로 그려진 붉은 선은 각 구성 요소가 스펙트럼의 왼쪽에서 오른쪽으로 자유롭게 이동하는 것을 방과 종 모델로 지어진 구식의 학교 건물 디자인이 물리적으로 어떻게 방해하는지를 보여 준다. 첫 번째 구성 요소인 '교사 협업'을 살펴보자. 이는 교사가 개별 교실에서 가르치는 상황을 전제로 한다. 53쪽 도식이 나타내는 학교의 경우 스펙트럼 왼쪽에 있는 단독 교육 모델을 선호하는 반면 교사 협업에는 저항한다는 것을 확인할 수 있다.

마찬가지로 방과 종 방식의 학교 건물은 단순히 교실이 교사의 지도, 통제, 강의에 최적화되어 있고 동료 간 튜터링, 팀 협업, 자습, 연구 등을 진행하기에 심각한 한계가 있다는 이유만으로 교사 주도의 교수법을 선호하고, 학생 주도 학습 모델에는 저항한다는 것도 알 수 있다.

이 추론의 과정은 7가지 요소 모두에 적용될 수 있는데 마지막 요소인 '지원 체계'는 특히 살펴볼 필요가 있다. 방과 종 방식의 학교는 모든 학생이 균일한 기회를 갖고 균일한 성과를 낼 수 있게 하기 위해 설계되었다. 교실은 기본적으로 그룹을 위한 것이지 개인을 위한 것이 아니기 때문이다. 따라서 이와 같은 환경에서는 배우고 성장할 수 있는 기회를 학생 개개인에 맞춰 제공하는 것이 엄

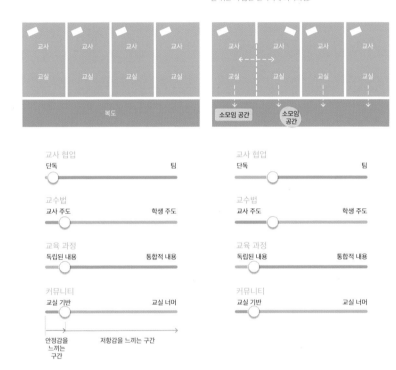

개인 소유의 교실	페어링 교실
개별화된 교수 활동, 전통적인 구조와 시간표, 교실 기반 커뮤니티, 단일 교사와 교실, 교사 주도 학습에 최적화됨.	같은 학년이나 학과 안에서의 페어링, 통합 교과, 공통 단원, 수업 공유 과정 설계, 공통 강의, 유연하고 역동적인 그룹핑, 더 다양한 학습 방식, 평가 공유, 프로젝트 기반 교육, 소모임breakout을 위한 더 많은 선택지에 최적화됨.

이 도식은 학교의 하드웨어(학습 공간들)가 교사 협업, 교수법, 교육 과정, 커뮤니티로 대표되는 교육 소프트웨어에 어떻게 직접적이고 심대한 영향을 미치는지를 보여 준다. 학교 설계 방식에서의 사소한 변화일지라도 교육과 학습에는 상당한 영향을 미칠 수 있다.

두도 못 낼 정도로 힘들다.

이 논의를 통해 분명히 드러난 것은, 학교가 위계적 교육 모델에서 분산적 교육 모델로 전환하는 데 구식 건물로 대표되는 하드웨어가 심각한 제약이 되고 있다는 것이다. 이 딜레마에서 벗어나는 방법은 검은 선[6]이 완전히 사라질 수 있는 물리적 디자인을 고안하는 것이다. 이는 곧 건축이 7개의 조직 구성 요소가 스펙트럼 안에서 자유롭게 움직이도록 촉진할 수 있다는 것을 의미한다.

이제 55쪽의 도식을 통해, 교육의 소프트웨어와 그것이 실행되는 하드웨어(물리적 학습 환경으로 대표되는) 사이의 직접적인 연관성을 살펴보자. 편의상 조직 구성 요소 가운데 4개만 다루었지만, 7개를 모두 다루었더라도 결과는 동일하게 나왔을 것이다.

'개인 소유의 교실'이라는 제목의 도식을 살펴보자. 개별 교사가 교실을 소유하는 형태의 전통적인 학교 설계 방식을 4개의 조직 구성 요소를 기준으로 살펴보면 스펙트럼상의 흰 버튼이 왼쪽 끝에 굳건히 자리하는 것을 볼 수 있다. 이는 전통적인 학교 건물로 대표되는 기존 하드웨어로는 '오늘날의 교육'이라는 필수적인 소프트웨어를 실행할 수 없다는 것을 나타낸다.

'페어링 교실'이라는 제목의 도식은 교실 한 쌍 사이의 벽을 트는 것과 같이 물리적 공간을 약간만 바꿔도 4개 요소의 스펙트럼상의 버튼이 오른쪽 끝을 향해 움직이게 된다는 것을 보여 준다. 이와 같은 물리적 공간의 변화를 통해 1) 교사는 이제 팀으로 일할 수 있고 2) 성인 두 명이 감독하는 가운데 더 많은 방식의 학생 중심 학습이 도입될 수 있으며 3) 교사는 공동으로 교과 간 통합 과정을 설계하고 전달할 수 있고 4) 학생들은 교실의 한계를 넘어서는 커뮤니티의 일원이 될 수 있다. 개인화personalization가 이제 막 가능해지기 시작한 것이다. 이 정도의 물리적 변화는 예산이 부족한 학교와 학군에서도 감당할 수 있는 수준이며, 여름 방학 동안 쉽게 공사를 마칠 수도 있다.

러닝 커뮤니티

학제 간 주제, 분산된 민주적 리더십, 학생들 간의 공동 책임, 공동 촉진, 학급 집단의 일정 관리, 최고 수준의 공동체 및 자기 주도 학습을 중심으로 구성된 교육 과정에 최적화됨.

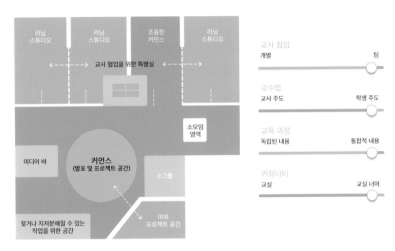

개별 교사가 교실을 소유하지 않는 이 공간 설계 모델에서는 하드웨어와 소프트웨어의 연결이 본격화된다. 복도를 따라 교실이 정렬되어 있는 전통적인 방과 종 방식 모델과 비교할 때 이 모델의 매우 다양한 공간은 훨씬 다양한 학습 방식과 풍부한 교육 과정을 촉진한다.

'러닝 커뮤니티'라는 제목의 도식은 교육의 소프트웨어가 각 영역의 스펙트럼 안에서 자유롭게 최대치로 움직일 수 있게 최적화된 디자인을 나타낸 것이다. 이는 하나의 대표적인 예시일 뿐 모범 사례인 것은 아니다. 실제로 러닝 커뮤니티 디자인은 매우 다양하며 여러 전통적인 건물 유형에 적용할 수도 있다. 당연히 러닝 커뮤니티에 대한 아이디어를 중심으로 새로운 학교가 설계될 수도 있다. 경험에 따르면 전통적인 방과 종 방식의 학교의 경우에도 막대한 자본을 투자할 필요 없이 러닝 커뮤니티를 중심으로 재구성할 수 있으며, 대개 이러한 변화는 여름 방학을 이용해 쉽게 완료

할 수 있다.

　러닝 커뮤니티는 학생 수, 교수법, 교육 과정의 변화에 빠르게 대응할 수 있는 민첩하고 역동적인 공간이기에 운영의 관점에서도 많은 이점이 있다. 이것이야말로 '배우는 건물Learning Building', 즉 공간을 점유하는 사용자로부터 배우면서 시간이 지남에 따라 진화하는 건물의 정수라 할 수 있다.[7]

2장

새로운 학교 디자인 패러다임을 규정하는 8가지 원칙

진정한

배움의 경험에 진정성이 있어야 한다는 것에는 논쟁의 여지가 없다. 그렇지 않은 배움이 있을 수 있을까? 불행히도 이에 대한 대답은 바로 학교 교육이다. 학교 교육은 어른들로 하여금 그들이 미리 정해 놓은 경로를 따르는 학생들의 발전progress을 측정할 수 있게 배움을 공식화하도록 설계되었다. 이 공식적인 과정은 단순함을 위해 진정성을 희생하고, 그렇게 함으로써 학교가 해야 할 일, 즉 학생들이 자신의 독특하고 개별적인 잠재력을 실현하기 위한 수단으로써 무언가를 배우도록 독려하지 못하게 한다.

그렇다면 진정한 배움이란 무엇이며 학교에서의 학생의 경험을 지배하는 위계 지향적인 형식 학습과는 어떻게 다른가? '진정성'을 간단히 설명하려면 학교의 운동부를 보면 된다. 학교의 운동부에서 학생들이 개인과 팀을 위해 하는 일은 매우 분명하다. 그들의 노력과 현장에서 나타나는 결과 사이에는 직접적인 인과 관계가 있다. 물론 학생들이 자신의 한계에 직면해야 하는 현실에 놓일 때도 있지만, 그러한 한계는 노력과 협업, 코칭을 통해 어느 정도까지는 극복할 수 있다.

스포츠의 경우 학생들이 한 일의 성과를 실제 결과로 평가할 수 있다. 성취도 평가에 대한 어른들의 욕구와 학생의 성과 사이의 이러한 공조alignment는 스포츠가 학생들이 학교에서 경험하는 몇 안 되는 진정성 있는 경험 가운데 하나가 될 수 있게 한다. 스포츠에서는 진정성의 핵심적인 부분인 '자기 선택'이라는 중요한 요소도 발견할 수 있다. 스포츠를 하는 학생들은 스스로 원해서 스포츠에 참여하며 비록 자신이 최고 수준의 선수가 아니라고 생각할지라도 프로 선수와 같은 마음가짐으로 경기에 임한다.

스포츠에서 성공의 여부는 승패를 초월하여 결정될 수 있다. 학생들은 자신의 노력, 자신이 한 일의 결과로 이루어지는 실질적 진척, 나아가서는 자신이 속한 팀이 성공하는 데 기여한 정도에 따라 보상받을 수 있다. 이 밖에도 스포츠에는 절제력, 끈기, 협업, 자신감, 실패에 대처하고 극복하는 방법 등을 습득할 수 있다는 많은 이점이 있다.

지금 교실로 들어가 학교에서 수학을 어떻게 가르치고 학생들은 어떻게 배우는지 살펴보라. 나중에 수학자가 되고 싶어서 거기에 있는 학생이 얼마나 될까? 전문 수학자들이 하는 일과 비교할 때 교실에서 수학 시간에 하는 일은 어떻게 다를까? 폴 록하트Paul Lockhart가 쓴 『수학자의 한탄A Mathematician's Lament』은 이 주제에 관해 쓴

학교에서 이루어지는 이론 수업은 실제 경험에 기반을 둘 때 더 큰 의미를 지닌다. 자연에서 하는 하이킹은 진정성이 있다. 모든 연령대의 학생들은 자연을 즐기면서 협동심, 관찰력, 참을성 그리고 디지털 기기 화면에서 벗어난 자연 세계에 대한 배움 같은 다양하고 유용한 기술을 습득할 수 있는 수많은 기회를 얻는다.

훌륭한 에세이이다.[1] 이 책에서 록하트는 학교 수학 시간에 학생들에게 공부하라고 강요하는 내용과 수학의 실제 세계 간에 유사성이 없는 이유를 설명한다. 학교에서 수학을 공부하는 대다수의 학생들은 앞으로도 이 과목의 진정한 아름다움을 경험하지 못한 채로 수학을 공부하게 될 것이다.

학생들이 '진정으로' 수학을 학습하게 하려면 교육 과정뿐만 아니라 학교에서 학습하는 방법도 급진적으로 개편해야 한다. 그리하면 아이들은 전문 수학자가 되는 스펙트럼의 다양한 지점에 놓일 수 있다. 물론 대부분의 학생들이 프로 운동선수가 되지 않는 것처럼 모든 학생들이 전문 수학자가 되지는 않을 것이다. 하지만 학생들이 무슨 일을 하든 그것은 그들의 선택일 것이며, 학생들은 자신의 삶 속에서 수학의 유용성을 보게 될 것이다.

수학에 대한 이 논의는 영어, 사회, 과학, 언어학과 같은 다른 모든 과목에도 똑같이 적용된다. 진정한 배움은 학교에서 경험하는 질 떨어지고 일률적인 시뮬레이션이 아닌 현장의 전문가들이 일상적으로 하는 것과 유사한 방식으로 학생들을 해당 과목에 접하게 할 때 실현된다.

다중 양상의

교실은 학생들의 수행을 강요하는 인위적인 교사 주도의 활동 이외의 다른 학습 방식 modes of learning 을 적용할 여지를 거의 남겨놓지 않고 설계된다. 교실은 학생들이 학교생활의 대부분을 보내

20가지 학습 방식

1. 독립적인 연구
2. 동료 튜터링
3. 일대일 교사 지도
4. 강의
5. 팀 협업
6. 프로젝트 기반 학습
7. 원격 학습
8. 모바일 기술 활용 학습
9. 학생 프레젠테이션
10. 인터넷 기반 리서치
11. 세미나식 강의
12. 성취 기반 학습
13. 학제 간 연구
14. 자연주의 학습
15. 예술 기반 학습
16. 사회 정서적 학습
17. 디자인 기반 학습
18. 스토리텔링
19. 팀 기반 학습과 교육
20. 놀이 및 활동 학습

는 장소인데도 편안하게 수용할 수 있는 학습 방식에는 커다란 제약이 있다. 여기 제시된 20가지 학습 방식을 교실 환경에 적용하여 생각해 보라. 전통적인 방식의 교실에서 잘 수용할 수 있는 것이 몇 개나 될까? 아마도 2~3개 정도 될까? 교실은 교사나 학생의 발표를 위해서는 적절하게 설계되었지만 다른 학습 방식을 수용할 수 있는지의 관점에서 평가하자면 부족한 점이 많다.

다중 양상multi-modal을 통해 우리가 말하고 싶은 것은 학생들이 1) 무엇을 배우는지, 2) 그것을 어떻게 배우고 싶어 하는지 이 두 가지 기준에 가장 잘 맞는 학습 방식을 선택할 필요가 있다는 것이

러닝 커뮤니티의 필수적인 부분인 공유 영역에서는 그룹 지도에 더 적합한 러닝 스튜디오에서보다 훨씬 더 많은 학습 방식을 적용할 수 있을 것이다. 20가지 학습 방식에 비추어 살펴보면 이 공간이 거의 모든 학습 방식을 수용할 수 있다는 것을 금방 알 수 있다. 이러한 공간은 교수·학습 방식에 따라 쉽게 환경을 설정하고 재구성할 수 있다는 점에서 '역동적'이고 '살아 있는' 공간이라고 할 수 있다.

브뤼셀의 케빈 바틀릿 고등학교

다. 무엇을 배우는지는 두 퍼즐 가운데 한 조각에 불과하다. 이것만 가지고는 개별 학생이 어떻게 배우고 싶어 하는지는 알 수 없다.

어떤 학생은 시끌벅적한 카페에서 배우는 것을 즐기는 한편 어떤 학생은 어딘가 조용한 구석을 선호하는 것처럼, 학교에 있는 학생들도 무엇을 배우든 간에 배움을 위한 준비로서 자신에게 편안한 환경을 선택할 수 있어야 한다.

학제적인

각 과목은 순수한 아름다움을 지니고 있고, 우리는 그것들을 그 자체의 특별한 시각으로 보는 것이 중요할 때가 있음을 인식하고 있다. 하지만 학교에서 다루는 과목들은 그만의 아름다움과 순수함을 학생들에게 보여 주려는 높은 이상 때문에 존재하는 것이 아니라, 배움을 세분화하는 것과 같은 인위적인 방법을 통해 다루기 쉬운 시간 단위로 학교 일과를 쉽게 나눌 수 있기 때문에 존재하는 것이다.

삶의 거의 대부분은 여러 학문 분야에 걸쳐 있고 학교도 예외일 수 없다. 메이커 룸Maker Rooms 또는 스팀STEAM 랩에서 수학, 과학 및 엔지니어링 개념을 창의적인 방식으로 적용할 수 있는 프로젝트를 수행할 때와 같이 학생들이 학문 분야 간의 연관성을 볼 수 있을 때 공부에 관심을 갖게 될 가능성은 훨씬 더 높아진다.

미시간주 디트로이트 힐렐 학교의 메이커 랩 Maker Lab

우리는 학교에 요구한다. 학생들로 하여금 자신의 삶에서 마주하게 될 모든 것의 학제적인interdisciplinary 특성에 접할 수 있게 해야 한다고 말이다. 우리가 변화하는 세상, 즉 대부분의 직업이 학제적 특성을 띠는 세상에 살고 있다는 것은 더 이상 비밀이 아니다. 이러한 추세는 단지 현 상황에 머무는 것이 아니라 무시할 수 없는 속도로 가속화되고 있다.

학교는 학생들이 프로젝트 기반 작업, 스팀STEAM(융합 인재 교육), 사회 봉사, 인턴십 기회 등을 통해 더 많은 학제적 경험을 할 수 있도록 주의와 노력을 기울이기 시작했다. 이러한 프로그램은 학생들이 배우는 일에 보다 적극적으로 참여하게 하는 데 특화되어 있다. 이와 같은 명백한 이점에도 불구하고, 학교는 보다 본격적으로 학제적이 되기를 주저하고 있다. 이러한 거부감은 기본적으로 양립할 수 없는 두 가지 패러다임, 즉 '학생 주도 - 경험 기반 - 학제적인 새로운 교육 모델' 대 '교사 주도 - 교실 기반 - 과목 중심의 오래된 교육 모델'을 어떻게든 함께 꾸려 나가려는 노력에서 기인한다. 오래되고 익숙하지만 완전히 구식인 교육 모델로부터의 진정한 변화는 이전 모델의 일부만 교체하는 것이 아니라 완전히 새로운 모델을 도입할 때만 일어날 수 있다. 보다 자세한 내용은 현실적이고 의미 있고 전일적이며 지속 가능한 변화를 도입하기 위한 효과적 방법을 설명하는 제8장을 참조하기를 바란다.

개인의

　우리는 '개인 맞춤형personalized'이 아닌 '개인의personal'라는 용어를 사용하기로 했다. 두 용어 모두 '어느 두 학생도 서로 완전히 같을 수 없다'는 하나의 생각에서 파생되었다. 이 용어들은 교육계가 천편일률적인 모델에서 개인차를 인식하고 장려하는 모델로 변화할 필요를 인식하고 있음을 보여 준다. 그렇다면 왜 우리는 두 용어 가운데 '개인의'를 사용하기로 했는가? 이를 이해하려면 먼저 각각의 용어에 대해 살펴봐야 한다.

　개인 맞춤형 교육은 성인이 마치 재단사처럼, 각 학생의 개별적 요구에 맞는 배움의 경험을 개인에 맞게 설계하는 것을 가정한다. 이는 마치 키와 몸무게, 생김새가 다른 25명의 사람들이 자신의 치수에 완벽하게 들어맞는 똑같은 턱시도를 입고 있는 것과 같다. 목표는 가능한 한 모두를 서로 같아 보이게 하는 것이다. 개인 맞춤형 교육은 21세기 산업 사회의 '위계적 개인' 교육 모델의 정수라 할 수 있으며, 그 모델을 존속시킬 근거를 제공한다. 즉 아이들이 알아야 할 것과 배워야 할 때를 어른들이 정확히 알고 있다고 전제하는 한편 개인차를 고려하여 내용과 기술을 전달할 '운반 시스템'이 필요하다는 것을 내포한다. 결국 개인 맞춤형 학습 모델은 학생을 위한 것이 아니라 단순히 사탕발림한 독약일 수 있다. '개인 맞춤형'은 전 세계적으로 널리 퍼져 있는 구식의 테스트 기반, 콘텐츠 중심 교육 모델을 설명하기에 적절한 용어인 것이다.

　반면 개인 교육은 개별 학생의 적성, 기술, 관심사 및 필요에서 시작된다. 배움의 경험은 처음부터 각 학생이 자신이 최고가 되고

어떤 학습 방식을 사용하든, 그리고 학습을 혼자 하든 교사나 친구들과 함께 하든 모든 배움은 궁극적으로 개인적인 것이다. 모든 학생은 자신의 경험과 기질에 기초해서 배움을 구축한다. 배움에 대한 이러한 매우 근본적인 규칙을 이해하는 것은 학교 교육이 대량 생산 모델에서 벗어나 각각의 학생을 고유의 적성과 흥미를 가진 완전히 특별한 개인으로 간주하는 개인화 모델로 나아가는 첫걸음이다. 사진은 뭄바이에 위치한 봄베이 미국 학교American School of Bombay에서 교사와 학생이 일대일로 학습하는 모습이다.

싶은 분야에서 최고가 될 수 있는 잠재력을 개발하도록 설계된다. 개인 교육 모델에서 교사와 학생은 배움이 시민 의식, 인간 개발, 그리고 자아실현이라는 더 큰 목표를 위한 수단이 되는 프로그램을 찾고 그것을 실행하기 위해 협력하는 파트너이다. 개인 교육은 학생들이 개인적인 관심 때문에 가까이 하게 된 과목과 정서적으로 연결될 수 있다는 추가적 이점이 있다. 이는 배움을 더 의미 있게 만들 뿐만 아니라 학생들이 훗날 자신의 삶에서 사용할 가능성이 더 큰 것을 배울 수 있게 보장하는 좋은 방법이다.

시간에 매이지 않는

'시간의 건축'은 '공간의 건축'에 비해 실제 학습을 위한 보다 큰 도전 과제를 제시한다. 공간적 제약은 그 대처 방안을 쉽게 찾을 수 있지만 시간적 제약은 벗어날 수 없는 속박과 같다. 수업이 아무리 훌륭하고 학생들이 아무리 수업에 몰입해 있었다고 해도 수업 종의 횡포는 순식간에 그 모든 것을 송두리째 날려 버린다. 미하이 칙센트미하이Mihaly Csikszentmihalyi는 그의 저서『몰입Flow』에서 몰입 상태에 들어간 후 우리가 어떻게 가장 창의적인 사람이 되는지에 관해 이야기한다.[2] 몰입은 임무에 대한 상당한 관심과 헌신을 요구하는데, 이는 고도로 인공적이고 조직화된 교실 환경에서는 거의 이룰 수 없는 일이다. 드물지만 학생들이 교실에서 몰입하는 상황이 생기더라도 그러한 몰입은 수업 종에 의해 반드시 깨지게 될 것이라고 장담할 수 있다.

상당수의 학교가 깊이 생각해야 하는 작업을 수행하기에 45분의 시간이 충분하지 않다는 점을 인식하고 특정 학급이나 수업에 90분의 시간을 할애하는 블록 타임 모델로 옮겨 갔다. 올바른 방향으로 나아가는 과정이라 할 수 있지만 여기에도 그 나름의 문제가 있다. 몰입의 반대는 비참여와 지루함이다. 지도를 받든 스스로 학습하든 그 수업이 본질적으로 흥미롭지 않고 지루하다면, 시간을

90분으로 연장하는 것이 학생들로 하여금 수업에 몰입하게 하는 데에는 아무런 도움이 되지 않는다.

우리가 제안하는 것은 정해진 수업 시간이 없는(무교시) 학교생활이다. 이는 하루, 일주일, 한 달 또는 한 학기처럼 정해진 기간이 끝날 무렵에 각 학생이 주어진 전문 분야에서 어떤 위치에 있어야 하는지에 대한 명확한 로드맵을 제공하는 개별 학습 계획과 결합되어야만 효과가 있을 것이다. 학습 계획은 학생과 교사가 공동으로 작성하며 이것이 진도progress에 대한 유일한 참고 자료가 된다.

25명의 직원이 있는 건축 사무실을 생각해 보자. 모든 직원은 자신이 무엇을 해야 하고 그 일을 언제 해야 하는지 안다. 어떤 직원들은 다른 사람보다 더 복잡한, 더 오래 걸리는, 그리고 회사의 다른 직원과 협력해야 할 몇 가지 업무를 가지고 있을 것이다. 그곳엔 근무 시간 내내 일정 간격으로 울리는 종 같은 것은 없다. 분명한 사실은, 만약 45분이나 90분마다 모두가 하던 일을 멈추고 다른 일을 시작하는 것이 합리적이었다면 대부분의 회사가 그렇게 운영되고 있을 것이라는 점이다. 물론 학교와 건축 사무실이 같지는 않지만, 이 예시는 어떤 그룹이 실제로 무엇을 하고 있는지, 주어진 일을 제대로 수행하기 위해 얼마나 많은 시간을 필요로 하는지에 관계없이 일정 간격으로 일을 멈추고 다시 시작하도록 하는 것의 불합리함을 보여 준다.

자기 주도적인

'학생 중심student-centered'이라는 용어는 종종 '자기 주도self-direction'를 의미하는 데 사용된다. 그러나 이는 약간의 혼란을 초래할 수 있다. 교사가 조용히 앉아 학생들을 수동적으로 관찰하거나 학생들이 여러 과제를 열심히 하고 있을 때 가볍게 지도하는 가상의 상황을 떠올려 보자. 겉으로 보기에는 완벽한 학생 중심 학습 활동처럼 보인다.

대부분의 어른들이 완전히 이해하지 못하고 있는 사실은 심지어 아주 어린 나이의 학생도 자신의 학습을 주도할 능력을 가지고 있다는 것이다. 배움에 관한 또 다른 핵심적 사실은, 무엇을 배우고 어떻게 배울지에 대한 중요한 결정을 내리는 '행위 주체성'을 띠는 학생일수록 참여도와 학습의 질이 높다는 것이다.

플로리다주 세인트피터즈버그에 위치한 쇼어크레스트 사립 학교의 아동 교육 센터

작가 대니엘 핑크Daniel Pink는 언젠가 "당신과 같은 나이의 사람들과 그룹을 이루어 의미 있게 보낸 마지막 시간이 언제였습니까?"라고 물었다. 사람들을 나이에 기반하여 그룹 짓는 것은 현실 세계에서는 물론 학교에서도 말이 되지 않는 일이다 학생들을 나이에 따라서가 아니라 풍부한 학습 경험을 가장 잘 얻을 수 있는 방식으로 그룹 짓는 것이 훨씬 더 일리가 있다. 사진 속 커먼스 영역과 같은 장소는 학년 기반 교실에서는 나타나기 힘든 여러 연령의 학생들이 섞인 그룹이 생길 수 있게 한다.

플로리다주 게인즈빌에 위치한 플로리다 대학의 P.K. Yonge 개발 연구원

이제, 학생들이 하는 일은 교사에 의해 사전에 고도로 조정된 것이며 학생들이 열심히 하는 것이 실제로는 교사의 지시를 수행하는 것일 뿐인 상황을 가정해 보자. 그리고 이를 외견상 매우 유사해 보이는 다른 시나리오와 비교해 보자. 다만 이 시나리오에서는 학생들이 어떤 작업을 할지뿐만 아니라 과제를 어떻게, 얼마나 오래 수행할지 교사와 협의한다. 이를 통해 말하고자 하는 바는 학생 주체성student-agency, 즉 학생들의 관심사와 선호도에 대한 어른들의 인식이야말로 그들을 진정 학습자로서 참여시키는 비결이라는 것이다.

연령 간의

과목 및 교실을 기반으로 한 그룹화가 굳건하게 자리 잡고 있다고 해도 이는 연령별 그룹화에 비하면 해체하기 쉽다. 우리는 연령에 기반하여 학생들을 조직화하는 데 근거가 되는 교육적 또는 인간의 발달적인 가치를 보여 주는 어떠한 증거도 찾지 못했다. 그럼에도 불구하고 학생들을 연령별로 그룹 짓는 일은 깨는 것이 거의 불가능한 오래된 관행이 되었다.

한 명 이상의 자녀를 둔 부모라면 누구든 연령대가 다른 자녀들 사이에서 일어나는 상호 작용의 이로움을 알고 있을 것이다. 그러한 상호 작용은 나이가 더 적든 많든 모든 아이에게 다른 방식으로 도움이 된다. 하지만 학교에서는 이러한 상호 작용을 거의 볼 수 없다. 그 이유는 모두 교실에서 찾을 수 있다.

일단 한 명의 어른과 함께 한정된 학생들을 작은 방 하나에 넣기로 결정했다면, 아마도 곧이어 어른들의 편의를 위해 아이들을 연령별로 그룹화하려고 할 것이다. 이는 동일한 교수 관행에서 가르침을 받은 비슷한 나이의 모든 학생은 비슷한 속도로 발전할 것이라는 그릇된 전제하에 내용과 기술을 획일적으로 전달하는 일을 합리화할 것이다. 설사 이러한 생각이 명백히 잘못되었고, 서로 완전히 똑같은 아이들은 없다는 것을 알고 있다 하더라도 학생들 사이의 차이와 학습의 어려움이 혼합 연령 그룹에서 더욱 커질 거라는 두려움이 존재한다. 하지만 이 주장의 오류는 혼합 연령 그룹에 동일한 교육 관행을 강요할 필요가 없다는 것과, 우리가 이미 알고 있는 사실, 즉 모든 아이들은 다 다르며 그 이유가 단지 나이가 다르기 때문만은 아니라는 것을 설명해 줄 뿐이다.

이러한 깨달음을 바탕으로, 우리는 교육 그 자체를 다시 생각해 볼 수 있다. 학생들이 자신의 배움을 주도하고 또한 서로 협력함으로써 배움을 가장 중요한 위치에 놓고 교육은 뒤로 한발 물러나게 할 수 있다. 수가타 미트라Sugata Mitra 박사의 벽 속의 구멍(컴퓨터) 실험은 여기에 설득력을 더한다. 이 실험은 연령대가 다른 학생 그룹이 성인의 관리·감독 없이도 완벽하게 자기 조직화할 수 있음을 분명히 보여 준다.[3]

협력하는 교사 팀

왜 우리는 한 명의 교사가 연령별로 고정된 하나의 학생 집단을 담당하는 교육 모델을 쓰는가? 이 질문에는 단 한마디로 답할 수 있다. 교실 때문이다. 교실을 동일 연령의 학생들로 가득 채우는 순간 그들에게는 또한 성인 감독자, 즉 선생님이 있어야 한다. 25명, 35명, 심지어 15명의 학생을 위해 한 명의 교사를 두는 것은 교육적인 근거에 따른 것이 아니라 학교라는 건축물에 좌우되는 것이다.

이를 수식으로 나타내면 다음과 같다.

교실=교사+정해진 수만큼의 동일 연령 학생

교육 혁신에 있어 가장 크게 판도를 바꾸는 요소들 중 하나는 교사로 하여금 자기 소유의 교실에서 벗어나게 하는 대신 전문직 종사자처럼 일하고 동료와 협력할 수 있는 영역을 갖게 하는 것이다. 학교 일과 내내 계속해서 동료 교사들과 함께 일하는 것은 지정된 주에 한두 시간 모여 수업 준비 시간을 갖는 것보다 훨씬 효과적이다.

플로리다주 게인즈빌에 위치한 플로리다 대학의 P.K. Yonge 개발 연구원

교사들이 동료와 효과적으로 협력하는 것을 막는 동시에 학생 및 교사를 격리하는 지금의 시스템이 실제로 교사와 학생 모두의 관점에서 보면 끔찍한 것이라는 강력한 증거가 있다.[4] 우리의 대안은 교실 기반 모델에서 교사와 학생들이 교실에 갇히지 않는 러닝 커뮤니티 모델로 옮겨 가는 것이다. 다양한 규모 및 연령의 학생 그룹은 학교 일과 시간 내내 그 형태를 바꿀 수 있고, 교사 대 학생 비율도 실제로 이루어지는 학습에 가장 적합하게 지속적으로 달라질 수 있다.[5]

협력하는 교사 팀의 운영은 학생들이 한 명의 담임교사에게만 의존할 필요 없이 그들을 보살피는 성인 그룹과 지속적으로 접촉할 수 있다는 점에서 모두에게 유리하다. 교사의 관점에서는, 더 이상 동료들로부터 고립되지 않고 흥미롭고 매력적인 다학제 수업을 개발하기 위해 서로 협력할 수 있다는 점에서 이롭다. 사회적으로도 물론 동료들과 긴밀히 협력하면서 일할 수 있는 교사가 더 전문적으로 성취감을 느끼고 행복해할 가능성이 높다. 이 모든 것은 학생에게 있어서도 시험 점수뿐만 아니라 더 많은 참여와 성취감, 행복과 같은 중요한 영역에서의 더 나은 결과로 이어진다.

3장

생활하기

'생활하기'는 학교의 개인적·사회적 환경에서 학생들과 관련된 학교 경험의 모든 측면을 다룬다. 이는 학생들이 정서적·영적 성장을 위한 자양분을 가장 많이 얻을 수 있는 부문이기도 하다. 다음은 '생활하기' 범주에서 다루는 영역이다.

그룹으로 함께 일하기	정원 가꾸기
긴장 풀기	동물 돌보기
명상하기	신체 단련하기
친교하기	지역 사회에 봉사하기
먹기	

그룹으로 함께 일하기

학교는 학생들이 협업을 배우고 연습할 수 있는 최고의 환경을 제공한다. 대체로 학교는 개인의 성취를 위해 설립된 기관이지만 어떤 경우에 학생들은 자신이 속한 그룹의 성취를 위해 노력해야 할 수도 있다. 그룹의 일원으로서 공동의 선을 위해 일하고 그룹의 비범함 덕에 혜택을 받는 학생들은 어른으로서 성공하는 데 필요한 기술을 연마하게 될 것이다. 제1장에서 언급한 2020년의 상위 10가지 기술을 되새겨 보자. 그중 대부분의 기술에 협업이 필요하다는 점에 주목하라. 개인의 노력만으로는 도달할 수 없는 더 높은 목표를 향해 그룹의 필수적인 구성원으로서 일해 본 경험은 학생들이 살아갈 학교 밖에서의 삶에서 꼭 필요하다.

그룹 협업을 위한 공간을 디자인한다고 할 때 학생들이 그룹을 이루어 함께 작업할 수 있는 교실 너머의 여러 공간을 생각해 볼 수 있다. 가령 두 학생이 짝을 지어 작업할 수 있는 작은 휴식 공간, 5~8명의 학생을 위한 소규모 그룹 활동실, 둥근 카페 테이블, 편안하게 배치된 소파, 그룹 작업을 위한 야외 벤치나 테이블 등이 될 수 있다. 교사는 교실 내 협업을 장려하기 위해 학생들을 테이블 주위에 모으거나 책상을 합치는 등 최선을 다해 여러 가지를 시도해 볼 수 있겠으나 작은 교실은 여러 그룹의 학생들이 그룹을 이루어 동시에 함께 작업하기에 이상적인 환경은 아니다.

긴장 풀기

학교에서 긴장을 풀거나 느긋하게 시간을 보내는 것을 사치스러운 일로 일축해 버리기 쉽다. 어쨌든 학생들은 집에서 그리고 주말과 휴일에 원하는 만큼 충분한 휴식 시간을 갖는다. 그런데 왜 학교에서도 그런 시간을 가져야만 하는가? 답은 인간의 뇌가 작동하는 방식에 있다. 칼 짐머Carl Zimmer는 한 잡지에 「신경 끄기 - 멍하게 있는 것도 중요한 정신 상태이다Stop Paying Attention-Zoning Out Is a Crucial Mental State」라는 자극적인 제목의 글을 썼다. 짐머에 따르면, 연구자

학생들에게 소규모 그룹으로 일하는 법을 가르치는 것은 결코 시기상조가 아니다. 그를 통해 교육의 초점을 경쟁에서 협력으로, 시험 점수와 같은 몇몇 좁은 성공의 척도에 따른 개인적 성취에 대한 집착에서 팀 정신, 공감 그리고 다양성 인식에 대한 집중으로 변화시킬 수 있다.
플로리다주 게인즈빌에 위치한 플로리다 대학의 P.K. Yonge 개발 연구원

콜로라도주 볼더 밸리에 있는 메도라크 학교
사진 © 프레드 J. 후르마이스터

들은 목표를 설정하고, 무언가 발견하고, 균형 잡힌 삶을 사는 데
방황하는 마음wandering mind[1]이 중요할 수 있다고 말한다.[2] 여기서 말
하는 일들이 꼭 집에서만 해야 하는 것들은 아니기에 학교가 학생
들에게 꽉 짜인 일과로부터 벗어나 휴식을 취하고 긴장을 풀 수 있
는 시간과 장소를 제공해야 한다는 것도 일리가 있다.

건축적으로는, 학교에 부드러운 좌석과 빈백, 소파, 안락의자,
창가 좌석, 활동 공간에서 떨어진 (되도록 자연과 연결된) 조용한 장
소 등을 마련하는 것이 학생들에게 이완의 개념을 장려할 수 있는
중요한 방법이다.

명상하기

　긴장 풀기와 밀접한 관련이 있는 명상 또한 학교가 학생들을 잘 독려할 수 있는 활동이다. 학생들이 성인이 되어 살아갈 보다 더 복잡하고 스트레스로 가득한 세상을 생각하면, 명상이 학교에서뿐만 아니라 학생들의 삶 전반에 도움이 될 것이라는 점에는 의심의 여지가 없다.

　비지테이션 밸리 중학교Visitacion Valley Middle School는 2007년 봄에 스트레스 감소 프로그램인 Quiet Time(QT)을 선택 활동으로 처음 도입했다. QT를 도입한 이후 이 학교의 정학률과 무단결석률은 각

유타주 스노 캐니언에 있는 사암 같은 웅장한 환경을 학교에서는 상상할 수 없겠지만 명상 연습은 분명 효과가 있다!

사진 © 아론 호킨스Aaron Hawkins

각 50%와 65% 감소했다.[3]

명상의 좋은 점은 어디에서나 할 수 있다는 것이다. 그렇다. 명상은 외부 소음이 잘 들리지 않는 곳에서 행해지는 조용한 활동이기 때문에 심지어 교실에서도 할 수 있다.

친교하기

한번은 교사인 친구가 자신의 반에 중요한 외국인 손님들이 방문했을 때의 이야기를 들려준 적이 있다. 방문객들은 학생들 몇몇이 활기차게 토론하는 것을 보고, 당연히 좀 전에 도발적인 내용의 수업이 막 끝났을 것이라고 생각해 친구에게 학생들이 수업의 어떤 내용에 그렇게 흥분한 건지 물어보았다고 한다. 친구는 학생들과 간단히 대화를 나누고 돌아와서 그들에게 이렇게 말했다고 한다. "아이들은 수업 내용에 관해 토론하고 있지 않아요. 그저 어젯밤 플레이오프에서 우리 지역 야구 팀이 간신히 이긴 것에 흥분해 있을 뿐입니다." 그와 같은 학생들의 행동은 친구에게 아주 자연스러운 것이었다. 그는 항상 '진짜' 학습이 일어나지 않으면 교실의 신성함이 파괴될 것이라는 가정을 무턱대고 세우지 않았으며, 사회적인 것이 실제로 진정한 학습의 필수 요소임을 깨닫고 있었다. 사실 사회적 기술은 경력과 인생의 성공을 결정하는 주된 요소로 자주 인용되어 왔다. 따라서 학생들이 학교에 다니는 동안 사회적으로 어울릴 수 있는 충분한 기회를 보장해 주는 것이 우리에게 주어진 의무라고 할 수 있다.

좋은 디자인을 위한 다른 요소들이 대부분 그러하듯 다양성은 학생들이 자연스럽고 편안하게 다른 사람들과 어울릴 수 있는 학교를 만드는 열쇠이다.

플로리다주 게인즈빌에 위치한 플로리다 대학의 P.K. Yonge 개발 연구원

학교의 거의 모든 장소는 사회적으로 어울리기에 좋은 장소로써 계속해서 쓰일 수 있는가 하는 관점에서 설계되어야 한다. 사회적 공간에 대한 학생들의 요구는 다양하다. 학생들은 자신의 성격뿐만 아니라 함께하는 사람 그리고 자신이 행하는 사회적 활동의 성격에 가장 잘 맞는 친교의 영역으로 자연스럽게 이끌리게 될 것이다. 사회적 영역은 활기 넘치는 카페에서부터 조용한 학습 공간, 원형 극장 스타일의 실내외 좌석에서부터 러닝 스튜디오에 인접한 브레이크아웃breakout areas(소모임 공간)에 이르기까지 다양하다. 좋은 디자인을 위한 다른 요소들이 대부분 그러하듯 다양성은 학생들이 자연스럽고 편안하게 다른 사람들과 어울릴 수 있는 학교를 만드는 열쇠이다.

먹기

먹는 것은 성인보다 더 자주 음식을 섭취해야 하는 아이들에게는 특히 더 중요하다. 그래서 학교 식당은 오로지 학생들의 신체적 건강을 유지시키는 방법의 하나로써 학생들에게 음식을 제공하는 데만 목적을 두고 설계되었다. 대부분의 학교들이 채택하고 있는 이 편협하고 제한된 식사관은 인간의 역사를 통틀어 먹는다는 행위가 신체를 건강하게 유지하는 것만큼이나 사회적 활동에 관한 것이었다는 현실을 무시하는 것이다.

우리는 학교에서 하루 종일 일어나는 일반적인 사회적 교류를 넘어, 학교에 카페를 만들면 음료나 간식을 먹으면서 또는 식사를 하면서도 사회적 교류가 일어날 수 있다는 개념에 동의한다. 이런 식의 접근법은 마치 모든 학생들이 학교에서 정해 놓은 시간에 맞춰 배고파할 것처럼 급식 시간을 엄격하게 정해 놓는 방식을 깨뜨릴 것이다. 학생들은 학교 일과 시간 내내 음식과 음료를 쉽게 구할 수 있어야 한다. 또한 먹는 시간을 이용하여 또래와 어울리고 혼자든 친구와 함께든 계속하고 싶은 학업이 있다면 그게 무엇이든 간에 원활하게 계속할 수 있어야 한다는 것이 우리의 주장이다.

디자인의 관점에서는, 학교가 하나의 중앙 집중식 주방을 운영

학교의 식사 장소는 더 이상 학교 식당이 전통적으로 그래 왔던 것처럼 순수하게 실용적이고 제도적일 필요가 없다. 식사 장소가 카페와 비슷하게 꾸며져 있다면 점심시간 이외에 학교 일과 시간 내내 그리고 방과 후 활동을 할 때에도 이용될 수 있다. 적합한 이동식 가구, 청소하기 쉬운 표면, 우수한 음향 처리, 자연 조망, 야외 공간과의 연계 등은 학교 카페에서 구현되어야 할 특성들이다.

콜로라도주 볼더 밸리의 서밋 중학교Summit Middle School

하는 경우라도 식사 기능을 여러 곳으로 분산시키는 것을 권장한다. 이를 가능하게 하는 방법으로 여러 가지가 있는데, 하나의 대형 중앙 카페 대신 분산된(또는 추가적으로) 위성 카페를 설치하거나 학생들이 카페에서 인접해 있는 그늘진 야외 장소(이왕이면 자연스럽게 조성된)에서 식사할 수 있게 하는 것이다. 이 주제는 『학교 디자인의 언어 The Language of School Design』라는 책에서 자세히 논한 바 있다.[4]

정원 가꾸기

어른들은 우리 아이들이 너무 많은 시간을 화면(여기에는 스마트폰, 태블릿, 컴퓨터, 텔레비전 등이 포함된다.) 앞에서 보낸다고 한탄한다. 그러한 기기들은 아이들이 점점 더 많은 시간을 실내에서 보내게 만들었다. 대체로 학교 교육은 실내 활동 위주로 되어 있는데, 우리는 그것들을 야외 활동으로 바꾸기 위해 노력할 필요가 있다고 생각한다. 야외에서 하기에 자연스러운 활동 가운데 하나는 정원 가꾸기이다. 모든 학교에는 텃밭이 있어야 한다. 땅과 날씨가 허락한다면 학교는 커뮤니티 정원을 만들고 유지하기 위해 노력하는 것이 좋다.

정원 가꾸기는 학생들이 즐기기 쉬운 활동이다. 이 활동을 통해 학생들은 신선한 공기를 마시고, 환경을 더 의식하게 되며 건강한 유기농 과일과 채소를 보다 자주 섭취하고, 건강과 영양에 대해 더 많이 알게 되고, 신체적으로 더 활발해지며 협업과 커뮤니티 형성의 장점에 대해 배우는 등의 수많은 부수적인 이점들을 경험할 수 있다.

학교에서 채소밭을 운영하기 시작하는 데 도움이 될 지역 기관과의 파트너십을 모색해 보라. 몬트리올에 본부를 둔 한 유기농 원예 단체는 말한다. "과일나무, 딸기 및 다년생 채소로 가득 찬 변화된 교정을 상상해 보라. 활용도가 떨어지는 공간을 식물과 만나 자연에 대해 배울 수 있는 긍정적인 공간으로 변화시킬 수 있다. 아이들은 식물과 서로서로 돌보는 법을 배우면서 자연을 이해하게 된다. 음식이 어디에서 나오고, 어떻게 자라는지 발견하고 노동의 열매를 맛본다. 단것에 중독된 아이들을 딸기, 라즈베리, 블루베리 같은 자연의 진정한 단맛으로 치료해 보라. 교정에 과일나무를 심어 보라. 정원을 카페테리아와 통합하거나 생물 또는 체육 수업과 연계해서 쓰는 것은 학교생활에서 건강한 생활과 식사를 확실히 우선순위에 놓이게 한다."[5]

비슷한 맥락에서, 캘리포니아주 오클랜드에 기반을 둔 비영리 단체 그로잉 투게더Growing Together는 유기농 원예를 교육과 건강한 생활, 커뮤니티 구축을 위한 도구로 활용하여 소외된 커뮤니티와 학교를 지원한다.[6]

동물 돌보기

수업 중에 금붕어, 햄스터, 토끼와 함께하는 것에서부터 닭장을 건사하거나 작은 동물원을 관리하는 것까지, 학교에서 동물을 돌보는 일은 학생들에게 좋은 경험을 만들어 줄 수 있다. 동물을 돌보는 일은 아이들에게 책임감과 규율, 공감하는 법을 가르쳐 주고 동물과 유대감을 형성하게 해 준다.

아이들이 동물에 상당한 친밀감을 느끼고 동물과 함께 일하거나 동물을 돌보며 얻는 이점이 분명함에도 불구하고 동물을 돌보는 일은 정규 프로그램으로 운영되기보다는 예외적인 일로 여겨진다. 밸러랫 그래머 학교Ballarat Grammar School의 농장 프로그램은 모방할 만한 가치가 있다. 이곳의 학생들은 초등학교 4학년의 대부분을 실제로 농장에서 일하면서 보낸다. 이 프로그램은 우리가 교실에

캘리포니아주에서 그로잉 투게더가 후원하는 나무 심기 행사에 참여한 아이들이 나무를 심고 있다.

사진 © 제이슨 클라리 Jason Clary, **그로잉 투게더**(말리카 나이르Mallika Nair)

학교에서 동물을 돌보는 일은 학생들에게 좋은 경험이 될 수 있다. 동물을 돌보는 일은 아이들에게 책임감과 규율, 공감하는 법을 가르쳐 주고 동물과 유대감을 형성하게 해 준다.

사진 © 조니 멀베이니 Joni Mulvaney

서만 일어날 수 있다고 믿는 배움의 많은 부분이 실제로는 학생들이 신선한 공기를 마시고, 유용한 삶의 기술을 배우고, 신체적으로 더 활동적으로 움직이고, 동물들을 돌볼 수도 있는 자연에서 더 잘 이루어진다는 것을 보여 준다.

신체 단련하기

「신체적인 비활동성은 질병과 장애의 주요 원인, WHO의 경고」라는 뉴스에 따르면, 앉아 있는 생활 습관이 사망 위험을 높이고 심혈관 질환, 당뇨병, 비만 위험을 배가시키며 대장암, 고혈압, 골다공증, 지질 장애, 우울증, 불안의 위험도 증가시킨다.[7]

신체적으로 건강하다는 것은 단순히 운동을 하는 것 이상의 삶의 방식을 드러낸다. 학교는 아주 어릴 때부터 체력 단련의 가치를 강조할 필요가 있다. 많은 학교들에서 진행하는 체력 단련 프로그램의 대부분은 실내 체육관에서 이루어지며, 일부는 놀이터, 육상 트랙, 운동장, 수영장 등에서 진행된다. 이는 학생들의 신체 건강을 보장하기 위해 학교가 공식적·비공식적 신체 활동을 위한 적절한 실내외 시설을 제공해야 한다는 것을 의미한다.

우리는 학생들을 활동적이고 건강하게 하는 모든 종류의 활동에 동의한다. 다만 학생들의 신체적인 건강 상태를 볼 수 있는 몇 가지 다른 방법들도 있다는 것을 이야기하고 싶다. 여기에는 강제로 시키는 것이 아닌 학생들이 활동하는 중에 자연스럽게 할 수 있는 일들로서 학교 일과 시간 동안 더 자주 서 있게 하고 움직이게 함으로써 의자에 앉아 있는 시간을 제한하는 것이 포함된다.

러닝 커뮤니티 기반 학교 디자인 모델은 당연히 교실 기반 모델보다 더 많은 학생들의 움직임과 신체 활동을 동반할 것이다.

지역 사회에 봉사하기

우리는 학생들에게 지역 사회에 봉사할 기회를 주는 것이 필수적이라고 믿는다. 그러한 기회는 연령에 적합한 방식으로 설계될 수 있다. 제대로만 설계된다면, 지역 봉사 활동은 강제적으로 하는 일이 아닌 자연스러운 일이 되고, 학생 각자의 교육에서 중요한 부분을 담당하게 될 것이다. 학생들이 봉사하는 경험을 통해 충분히 이점을 얻으려면, 자신이 하는 일이 무엇인지, 누구를 돕는지, 지역 사회에 봉사하는 데 얼마나 많은 시간을 할애할 것인지에 대한 발언권이 그들에게 주어져야 한다. "지역 사회 봉사에 참여하는 것은 학생들에게 지역 사회의 적극적인 구성원이 될 수 있는 기회를 제공하며 사회 전반에 지속적이고 긍정적인 영향을 미친다. 지역 사회 봉사나 자원 봉사 활동을 통해 학생들은 삶의 기술과 지식을 습득할 수 있을 뿐 아니라, 그렇게 습득한 삶의 기술과 지식을 필요로 하는 사람들에게 제공할 수도 있다."[8]

이 장에 열거된 모든 활동은 아마도 전 세계 대부분의 학교에서도 하고 있는 것들일 테다. 하지만 기껏해야 부수적인 활동으로 다루어지거나, 최악의 경우에는 '진짜' 배움에 대한 방해로 여겨질 가능성이 크다. 이 책의 주제는 삶에서 얻을 수 있는 것보다 더 풍

지역 사회 봉사는 학생들에게 지역 사회의 적극적인 구성원이 될 수 있는 기회를 제공하며 사회 전반에 지속적이고 긍정적인 영향을 미친다. 지역 사회 봉사나 자원 봉사 활동을 통해 학생들은 삶의 기술과 지식을 습득할 수 있을 뿐 아니라, 그것을 가장 필요로 하는 사람에게 서비스를 제공할 수 있다.
사진 © 에릭 파르섬Eric Parthum, 그로잉 투게더

부한 배움은 없다는 것이다. 학교는 무엇보다도 아이들이 좋은 삶을 살 수 있게 하는 곳이 되어야 하며, 좋은 삶을 사는 경험을 통해 어린이와 청소년에서 젊은이와 어른으로 성장해 가면서 평생 사용할 수 있는 모든 중요한 교훈을 얻어 갈 수 있는 곳이 되어야 한다.

존 듀이John Dewey는 말했다. "교육은 삶을 위한 준비 과정이 아닌 삶 그 자체이다."

4장

놀기

몇 가지 측면에서, 놀이는 금세기 들어 빠른 속도로 주된 배움의 형태가 되고 있다. 아주 어릴 때부터 아이들은 놀이를 통해 삶을 시뮬레이션한다. 자발적인 놀이의 특성에 대해 생각해 보라. 다음에 열거하는 항목들은 축구는 물론 체스 게임에도 적용된다. 1) 자연스럽다, 2) 역동적이다, 3) 창의적이다, 4) 전략이 필요하다, 5) 실수로부터 무언가를 배울 수 있다, 6) 매력적이고 흥미진진하다. 배움의 관점에서 볼 때, 놀이가 갖는 이러한 특성들이야말로 우리가 학교 경험 전반에서 기대하는 본질적인 것들이다. 다음은 '놀기' 범주에서 다루는 영역이다.

소셜 게임	컴퓨터 게임
교구를 활용하는 놀이	자연에서 놀기
신체 활동 놀이와 스포츠	
다양한 재료를 활용하는 창조적 놀이	

소셜 게임

소셜 게임은 다음과 같은 몇 가지 범주로 나뉜다.[1]

카드 게임, 보드게임, 체스와 같은 지적 민첩성mental agility 게임

소셜 게임은 일반적으로 실내에서 하지만 이러한 종류의 소셜 게임을 할 때에는 가능한 한 많은 야외 공간을 사용하도록 노력해야 한다. 경우에 따라 이러한 소셜 게임은 아이들이 거대한 야외 체스판에서 게임을 할 때처럼 신체적 움직임이나 운동 같은 물리적 요소를 포함할 수도 있다.

역할 놀이

"역할 놀이에 참여하는 플레이어들은 허구적 상황에서 캐릭터의 역할을 맡는다. 플레이어들은 문자 그대로 연기를 하든 캐릭터 변화에 대한 체계적인 의사 결정 과정을 거치든 서사 구조 내에서 역할 수행에 대한 책임을 진다."[2]

학생들은 역할 놀이를 하며 자기가 좋아하는 영웅들을 연기할 수 있기 때문에 역할 놀이는 인문학 과목뿐만 아니라 과학 과목에서도 학생들을 가르치는 매우 효과적인 방법이 될 수 있다.

학교 디자인의 관점에서 보면, 이렇게 역할 놀이를 할 수 있는 공간은 학교 강당과 같은 공식적인 환경뿐만 아니라 러닝 커뮤니티 내의 러닝 스튜디오에 인접한 커먼스commons 영역(공유 공간)과 같은 덜 공식적인 환경이 되어야 한다.

거대한 야외 체스판에서 게임을 하는 아이들.

교구를 활용하는 놀이

교구manipulatives를 활용하는 놀이는 물건끼리 잘 끼워 맞춰지도록 물건을 움직이고, 정돈하고, 돌리거나 나사를 조이는 활동을 말한다. 아이들은 교구를 활용하여 노는 과정에서 자신이 사용하는 물건에 숙달되어 자신의 세계를 통제할 수 있게 된다. 교구를 활용하는 놀이는 주로 혼자 하는 경우가 많지만 충분한 자원이 제공되면 여럿이 협력하여 수행할 수도 있다. 교구를 쓰는 것은 아이들이 다음에 제시된 것들을 수행하는 데 도움을 준다.

1. 의사 결정 연습하기
2. 크기, 모양, 무게, 길이, 높이에 대해 배우기
3. 순서, 비교, 질서, 패턴, 색상, 질감에 대해 배우기
4. 문제 분석 및 해결 방법 배우기
5. 집중력과 인내심 기르기
6. 원인과 결과에 대해 배우기[3]

학교에서 교구를 활용하는 놀이를 하기 위해서는 교구를 사용하지 않을 때 보관해 둘 수 있는 충분한 장소가 교내에 적절히 마련되어 있어야 한다.

교구에 따라 어떤 것들은 테이블에서 사용할 때 가장 효과적이고 어떤 것들은 바닥에서 사용할 때 효과적일 수 있다.

학교는 교구를 활용하여 노는 아이들이 자유롭게 움직일 수 있게 충분한 공간을 제공해 주어야 한다.
뭄바이의 봄베이 아메리칸 학교 산하 초등학교

신체 활동 놀이와 스포츠

신체 활동 놀이나 스포츠는 체육관과 같은 실내나 야외 운동장에서 일어날 수 있는 모든 활동을 의미한다. 교련과 게임부터 조직화된 개인 스포츠나 팀 스포츠에 참여하는 것에 이르기까지, 대근육군을 훈련하는 모든 범위의 신체 활동을 다룬다. 대표적으로 수영(여가 활동으로 하는 것과 실제 경기에 참가하는 것 모두)이 여기에 속한다. 학생들은 신체 활동 놀이나 스포츠를 하며 중요한 생존 기술

실내 체육관은 농구, 배구, 배드민턴과 같은 정식 스포츠 외에도 치어리더 연습, 체조, 조깅, 춤, 피구 등 다양한 신체 활동을 할 수 있는 다목적 장소이다. 체육관에는 암벽 등반용 벽도 설치할 수 있다. 신체 활동의 가치를 인식하는 학교는 반드시 실내 체육관을 최대한으로 활용하려 할 것이다. 우리는 학교의 운동 프로그램에 부정적인 영향을 미치지만 않는다면 체육관을 공연 및 기타 대규모 모임을 위한 다목적 공간으로 사용해도 된다고 생각한다.

을 개발하는 동시에 건강상의 주요한 이점을 얻을 수 있다.

현실적으로 학생들에게 도움이 되는 모든 범위의 신체 활동을 모든 학교에서 다루기는 어렵다. 따라서 학교는 체육관이나 수영장과 같은 지역 사회 시설을 학생들도 함께 쓸 수 있도록 지역 파트너들과의 연계에 힘써야 한다.

다양한 재료를 활용하는 창조적 놀이

학습용 교구는 특정한 학습 능력 향상을 위해 특별히 고안된 것을 가리키는데, 아이들이 실내외에서 종이, 나무, 금속, 천, 바위, 모래 등과 같은 일상적인 재료들로도 창조적인 활동을 해 볼 수 있게 장려해야 한다. 모래성을 쌓거나 종이비행기를 만드는 것은 서로 다른 재료들로 할 수 있는 창조적 놀이의 예다.

창조적인 놀이에 쓸 수 있는 몇 가지 자연 재료로는 다양한 크기의 솔방울, 큰 깃털, 수세미, 깨끗하게 관리한 부석浮石, 말린 조롱박, 레몬 또는 오렌지, 양가죽, 털실 뭉치, 큰 잎, 큰 조개껍질, 코코넛 껍질, 장미꽃 잎, 나무껍질, 화환, 막대기, 돌, 유목(표류목), 라벤더, 로즈메리 또는 백리향이 들어 있는 작은 천 가방 등이 있다.[4]

어떤 종류의 체력 단련 활동은 사진에 보이는 것 같은 특별한 장비가 필요하며, 체력 단련실은 논리상 체육관 근처에 배치되어야 한다. 축구와 조정처럼 학교 건물 밖에서 하는 일부 스포츠의 경우에도 체력 단련을 위한 실내 시설이 필요할 수 있다. 학교에 전문적인 시설을 갖추기 힘든 경우, 학교 일과 시간 중에는 잘 쓰이지 않는 지역 사회의 피트니스 센터와 이용자 협약을 맺는 것도 유용하다. 이는 상대적으로 시설이 미흡한 학교에 다니는 학생들을 위한 공평한 경쟁의 장을 만드는 데 도움이 될 것이다.

컴퓨터 게임

마인크래프트와 같은 게임들이 전 세계의 아이들로 하여금 다른 모든 것들을 배제할 정도로 집착적이고 강박적으로 컴퓨터에만 매달리게 만든다는 데에는 의심의 여지가 없다. 자녀들이 온라인에서 보내는 시간을 제한하는 동시에 가급적 야외 활동과 같은 다른 활동을 하게끔 유도함으로써 컴퓨터 게임에 대한 집착이나 중독을 완화하는 방법을 찾는 것은 부모의 몫이다. 비디오 게임의 잠재적 중독성을 논외로 하면, 게임은 적당히만 한다면 아이들에게 많은 이점이 있다. "온라인 게임을 하는 것이 어린이의 학습과 발달을 증진할 수 있다."라고 주장하는 티치소트TeachThought 직원이 확인한 온라인 게임의 6가지 이점은 다음과 같다.[5]

1. 어린이의 기억력을 증가시킴.
2. 컴퓨터 및 시뮬레이션 유창성을 키움.
3. 빠른 전략적 사고 및 문제 해결에 도움을 줌.
4. 손과 눈의 협응력을 개발하게 함.
5. 주의력 장애가 있는 아동에게 특별히 유익함.
6. 지도 읽기와 같은 기술을 구축하게 함.

게임은 많은 어른들이 생각하듯 외롭거나 괴상한 활동이 아니다. 사실, 컴퓨터 게임에는 교육 과정에서 아우를 수 있는 중대한 사회적 측면이 있다. 예를 들어, 마인크래프트는 현재 전 세계의 학교에서 사용되고 있다. 패스트 컴퍼니Fast Company는 마인크래프트 교육에 대해 다음과 같이 말한다. "마인크래프트는 짓기에 대한 모든 것(제작과 공유, 공유와 제작)이다. '모드mod'는 교사들이 마인크래프트를 교실에 적용하고, 과제를 내고, 경계를 만들고, 학생들에게 함께하자고 안내할 수 있게 해 준다. 게임을 기반으로 한 학습 전문가 앨런 거셴펠드Alan Gershenfeld는 『사이언티픽 아메리칸Scientific American』 최신 호에서 마인크래프트는 몰입적이고 창의적일 뿐만 아니라 그 어떤 과목이 다루는 영역이라도 더욱 흥미롭게 만들 수 있는 훌륭한 플랫폼이다."라고 말했다.[6]

자연에서 놀기

우리 아이들이 살고 있는 컴퓨터 안 가상 세계의 반대쪽 끝에는 슬프게도 대부분의 학교가 활용하지 못하고 있는 자연이라는 풍요로운 배움터가 존재한다. 이 같은 상황이 정말 문제인 이유는 오늘날 점점 더 많은 아이들이 점점 더 자연 세계와 접촉하기 어려워지고 있기 때문이다. 그리고 그것은 아이들의 건강과 성장에 큰 영향을 미치고 있다.[7] 작가 리처드 루브Richard Louv는 그의 책 『자연에서 멀어진 아이들Last Child in the Woods』에서 이와 같은 박탈에 '자연 결핍 장애'라는 이름을 붙였다.

『가디언The Guardian』에 실린 「우리 아이들이 바깥으로 나가 자연과 교감해야 하는 이유」라는 제목의 기사를 인용하면 다음과 같다. "아이들이 자연에서 충분히 놀지 못했을 때 나타나는 가장 눈에 띄는 증상은 아마도 비만일 것이다. 전 세계에서 행해진 수십 개의

야외에서의 자유롭고 구조화되지 않은 놀이는 문제 해결 능력, 집중력, 자제력을 신장시킨다. 사회적으로는 협동심, 융통성, 자각력을 향상시킨다. 정서적 이점으로는 공격성 감소와 행복 증진이 있다. 아이들이 자유롭고 구조화되지 않은 놀이를 야외에서 주기적으로 할 수 있다면, 아이들은 더 똑똑해지고 다른 사람들과 더 잘 어울리고 더 건강하고 더 행복해질 것이다.

연구는 야외에서 규칙적인 시간을 보내는 것이 주의력 결핍 과잉 행동 장애(ADHD) 증상을 개선하고, 학습 능력과 창의력, 정신적·심리적·정서적 행복을 눈에 띄게 향상시킨다는 것을 보여 준다.

에식스 대학University of Essex에서 진행한 연구에 따르면, 단지 5분간의 '녹색 운동'만으로도 젊은이들이 느끼기에 가장 큰 혜택이라 할 수 있는 정신적인 행복감과 자존감이 빠르게 상승한다고 한다.

야외에서의 자유롭고 구조화되지 않은 놀이는 문제 해결 능력, 집중력, 자제력을 신장시킨다. 사회적으로는 협동심, 융통성, 자각력을 향상시킨다. 정서적 이점으로는 공격성 감소와 행복 증진이 있다. 미국의학협회American Medical Association에서 2005년에 발표한 한 권위 있는 연구는 "아이들이 자유롭고 구조화되지 않은 놀이를 야외에서 주기적으로 할 수 있다면, 아이들은 더 똑똑해지고 다른 사람들과 더 잘 어울리고 더 건강하고 더 행복해질 것이다."라고 결론지었다.

이어서 『가디언』은 자연주의자이면서 방송인이자 작가인 스티븐 모스Stephen Moss의 말을 인용한다. "자연은 아이들이 더 넓은 세상뿐만 아니라 자기 스스로를 경험할 수 있게 하는 도구이다. 그러므로 나무에 오르는 것은 자신에 대해 책임지는 법과 스스로에 대한 위험을 가늠하는 법(과 그것의 중요성)을 배우는 것이다. 나무에서 떨어지는 것은 위험과 보상에 대한 매우 좋은 교훈이다."[8]

우리는 학교가 아이들이 자연에 기반을 둔 야외 활동(바람직하게는 구조화되지 않은 놀이)에 참여할 수 있도록 적어도 하루에 최소 두 시간 이상을 의식적으로 할애할 것을 권고한다. 밖으로 나가는 데 날씨가 방해가 되어서는 안 된다. 모든 학교에서 새겨야 할 말이 있다. "나쁜 날씨는 없다. 다만 날씨에 맞지 않는 옷이 있을 뿐."

아이들이 야외 활동을 경험하는 가장 좋은 방법은 농사를 짓거나 동물을 돌보는 것처럼 사람들이 야외에서 으레 하는 일을 해 보는 것인데 전형적인 놀이터에서도 방법은 있다. 플라스틱 미끄럼틀, 그네, 정글짐 같은 뻔한 것들을 보다 자발적이고 사회적이며 창의적으로 놀 수 있는 자연스러운 조경 요소로 바꿔 주는 것이다.

5장

참여하기

'참여하기'는 우리가 일반적으로 학교, 주로 학문적인 성장 및 발달과 연관 지어 익숙하게 떠올리는 활동들에 관한 것이다. 아이러니하게도, 학교는 종종 학업에 과도하게 집중한 나머지 배움이 그 자체가 목적이 아니라 더 높은 목적을 위한 것임을 보여 줄 기회를 놓치곤 한다. 학생들이 이론과 실제 사이의 직접적인 연관성을 볼 수 있고, 학교에서 접하는 학문이 극히 개인적인 수준에서 어떤 이점이 있는지 이해할 수 있을 때, 학생들은 자신이 수행해야 하는 때로는 힘들고 흥미롭지 않은 일들의 장기적 가치에 대해 완전히 납득할 수 있다.

진정한 배움이 일어나기 위해서는, 학생들에게 주어지는 이점이 교사를 기쁘게 하고 싶거나 시험을 잘 보고 싶은 욕망을 훨씬 뛰어넘는 것이어야 한다. 이러한 맥락에서 학생들로 하여금 자신의 세계관을 수정하고 무언가에 대한 배움을 위한 서곡이 될 활동에 의식적으로 참여하길 요구하는, 엘모어 교수의 배움에 대한 정의를 다시 한번 떠올려 볼 필요가 있다. 이 책의 '참여하기' 범주에서 다루는 영역은 다음과 같다.

직접 교수	앙터프레너십(기업가 정신)
읽기	프레젠테이션
리서치	인턴십
실험	프로젝트
협동 학습	

직접 교수

형식 교육이 이루어질 여지는 항상 존재하지만 그것이 학생 자의에 의한 것인지 타의에 의한 것인지에 따라 그 교육적 가치는 달라진다. 직접 교수는 교사가 학생으로 가득 찬 교실에서 강의하는 것이라는 통념이 있다. 직접 교수법은 학생 그룹을 한 명의 성인과 함께 교실에 격리하는 방식의 학교 디자인에 의해 결정된다. 일단 이 모델이 깨지고, 학습 환경이 더 이상 교사와 고정된 학생 집단이 항상 함께 있도록 강제하지 않는다면 직접 교수라는 말은 완전히 새로운 의미를 지닐 수도 있다.

교사는 더 작은 규모의 학생 그룹을 맡을 수 있다. 25~35명의 학생이 있는 교실 앞에서 했던 일을 3~4명의 학생을 대상으로 하거나 개별 학생을 일대일로 상대해야 할 수도 있다. 가르치는 형태가 같아도 그 결과는 훨씬 더 좋을 수 있다. 부족한 부분에 대한 도움과 지도가 필요한 학생들만 교사의 지도를 받는 직접 교수 모델에서는, 학생들의 참여도가 높아지고 수업이 더 이상 대량 생산된 것처럼 느껴지지 않을 것이다. 그 이유는 교사가 해당 수업에 참여하는 개별 학생에게 가장 유익한 방식으로 수업을 맞춤화할 수 있게 되기 때문이다. 직접 교수 모델이 교실에 갇힌 청중에게 내용을 전달하는 것에 의존하지 않아도 되는 형태로 변화한다면 교사라는 명칭 아래 발생하는 스케줄의 제약으로부터 자유로워질 것이다. 이러한 직접 교수 모델에서는 가르치는 내용과 학습자의 요구

직접 교수는 간단한 강의의 형태를 띨 수 있다. 잘 이루어지기만 한다면, 학생들에게 학습을 계속하는 데 쓸 수 있는 필수 정보를 전달하는 효과적인 방법이 될 수 있다. 이 사진은 좋은 환경에 있는 좋은 교사가 얼마나 훌륭하게 아이들의 관심을 끌고, 아이들이 계속 몰입하게 할 수 있는지를 보여 준다.

학생들의 활동에 맞게 디자인된 환경에서 교사가 소규모 그룹을 대상으로 직접 교수를 하고 있다. 교사는 학생들이 자신만의 아이디어를 개발하고, 혼자 혹은 작은 팀을 이뤄 작업할 때 고려해야 할 간단한 지침과 기본적인 정보를 이동식 화이트보드를 활용하여 알려 주고 있다.

플로리다주 탬파에 위치한 홀리 네임스 아카데미의 중학교 아이랩

에 따라 수업 시간이 몇 분 정도로 짧아질 수도 있고 1시간 혹은 그이상이 될 수도 있다.

읽기

학교에서 하는 활동 중에서 읽기보다 학생들에게 더 유익한 것은 없다. 작가 라나 윈터-에베르Lana Winter-Hébert는 읽기가 누구에게나 중요한 일상 활동임을 입증하는 10가지 이점에 대해 말한다.[1] 그

목록은 다음과 같다.

1. 정신 자극

2. 스트레스 감소

3. 지식

4. 어휘 확장

5. 기억력 향상

6. 분석적 사고력 강화

학생들에게 읽기보다 더 유익한 학습 활동은 거의 없다. 하지만 학교에서 아이들이 재미로 책을 읽기란 거의 불가능하고 교내에 책 읽기에 빠져들 만한 편안한 장소도 그리 많지 않다. 그동안 읽기는 도서관의 영역으로 여겨져 왔다. 하지만 학생들은 편안한 가구와 충분한 휴식 시간을 통해 학교 어디에서나, 특히 교실과 러닝 커뮤니티 같은 기본 학습 공간 내에서 마음껏 책을 읽을 수 있어야 한다.

텍사스주 샌안토니오의 안네 프랑크 인스파이어 아카데미 Anne Frank Inspire Academy

7. 주의력 및 집중력 개선

8. 쓰기 능력 향상

9. 평온함

10. 공짜로 즐길 수 있는 오락

읽기의 여러 이점에도 불구하고, 대부분의 학교에는 도서관을 제외하고 이 중요한 활동을 하기에 적절한 환경이 거의 없다. 심지어 학교 도서관만 해도 실제로 학생들이 그곳에서 좋은 책과 함께 편안하게 웅크리고 있는 시간이 얼마나 될까?

학교의 실내외에는 학생들이 하루 종일 접근할 수 있는 다양한 읽기 친화적인 장소가 조성되어야 한다. 또한 학생들이 읽기를 즐거운 활동이 아닌 지루한 일로 느끼게 하는 소위 '지정 도서'에 국한하지 않고 다양한 읽기 자료를 자유롭고 빠르게 접할 수 있게 해야 한다.

리서치

모든 종류의 매체에서 흘러넘치는 정보의 과잉에 따라, 필수적인 삶의 기술로서의 리서치의 중요성은 매우 커지고 있다. 이제 그 어느 때보다 더 학생들은 사실과 선전을 구별할 수 있어야 하고, 온라인에서 찾은 정보를 뒷받침하기 위해 자료의 여러 출처를 찾는 법을 알아야 한다. 다음은 학생들이 학교에서 리서치하는 방법만 배우기보다 실제로 리서처가 되는 시간을 갖는 것이 중요한 일

곱 가지 이유이다.[2] 리서치는,

1. 지식 구축과 효율적인 학습을 위한 도구이다.
2. 다양한 이슈를 이해하기 위한 수단이다.
3. 비즈니스 성공을 위한 지원책이다.
4. 거짓을 반증하고 진실을 뒷받침하는 방법이다.
5. 기회를 찾고, 평가하고, 붙잡는 수단이다.
6. 귀중한 정보를 읽고, 쓰고, 분석하고, 공유하는 일을 즐기게 하는 씨앗이다.
7. 정신 수양을 위한 자양분이다.

이는 학교가 디자인되는 방식에 관해 중요한 질문을 제기한다. 리서치가 모든 학교생활에 있어서 언제, 어떻게, 어디에서 본질적이고 필수적인 부분이 되게 할 수 있을까?

실험

실험은 가설을 증명하거나 반증하기 위해 취할 수 있는 일련의 단계를 가리킨다. 학교에서 실험이라는 용어와 관련된 작업은 과학 실험실에서만 있어 왔다. 하지만, 실험은 우리가 늘 하는 일이며 결과가 불확실한 상황에서 다른 것들을 시도해 보기 위해 기울인 모든 노력을 반영한다. 실험은 결과를 관찰하기 위해 현재 상태를 교란하는 것이다. 우리는 학교가 실험에 대한 이러한 넓은 의미의 관점을 지녀야 한다고 믿는다. 학생들은 새로운 것을 시도하고, 실

무선 노트북을 활용한 리서치는 이제 언제 어디서나 이루어질 수 있으며 모든 과목 또는 교육 과정의 일부가 될 수 있다.

뉴욕주 채퍼콰에 위치한 호러스 그릴리 고등학교 Horace Greely High School**의 아이랩**

실험은 당연히 학생들이 참여하는 자연 과학 수업뿐 아니라 예술, 언어, 연극, 음악, 수학, 정원 가꾸기, 음식 준비, 스포츠와 같은 분야에서도 일어날 수 있어야 한다.

수도 하고, 그러한 실수로부터 배우고, 다시 도전하도록 격려를 받아야 한다. 실험은 당연히 자연 과학 수업뿐 아니라 예술, 언어, 연극, 음악, 수학, 정원 가꾸기, 음식 준비 그리고 스포츠와 같은 분야에서도 할 수 있고, 또 그래야 한다.

사람들은 종종 레오나르도 다빈치를 최고의 실험자로 꼽는다. 다빈치가 우리에게 보여 준 것은 실험이 진정한 창조성의 핵심이며, 새로운 아이디어는 우리가 이미 알고 있는 것의 편안한 경계를 지나쳐 그 너머에 놓여 있는 것을 찾을 만큼 충분히 용감해질 때 비로소 드러난다는 것이다. 따라서 학교를 설계할 때, 과학을 넘어 모든 과목으로까지 범위를 확장하여 위험을 감수하고 실험하는 문화를 심어 주어야 한다.

협동 학습

협동 학습은 이제 잘 정착된 학습 방식이다. 즉, 교육자들과 교육학자들이 개인주의적이고 경쟁적인 학습의 대안으로써 협동 학습을 더 선호하고 있다는 뜻이다. "본질적으로 경쟁적일 수밖에 없는 개별 학습과는 달리 협동 학습의 경우 학생들이 (서로의 정보를 요청하고 아이디어를 평가하고 서로의 작업을 모니터링하는 등의 방법으로) 서로의 자원과 기술을 활용할 수 있다."[3]

협동 학습은 두 명 이상의 학생들이 어떤 공동의 목표를 향해 함께 작업하는 방식으로 이루어진다. 작업의 성격은 그 그룹이 해결해 온 문제와 수행해야 할 부수적 작업에 따라 달라진다. 협동

협동 학습은 이제 잘 정착된 학습 방식이다. 즉, 교육자들과 교육학자들이 개인주의적이고 경쟁적인 학습의 대안으로써 협동 학습을 더 선호하고 있다는 뜻이다. 본질적으로 경쟁적일 수밖에 없는 개별 학습과는 달리 협동 학습의 경우 학생들이 (서로의 정보를 요청하고 아이디어를 평가하고 서로의 작업을 모니터링하는 등의 방법으로) 서로의 자원과 기술을 활용할 수 있다.

학습을 교실에서 진행할 수도 있긴 하나 교실은 그룹으로 작업하기에 바람직한 공간이라 할 수 없다.

협동 학습을 할 때에는 다양한 그룹 사이에 충분한 공간을 두고 가구를 재배치해야 하는데, 대체로 교실은 이를 실현할 만큼 충분히 크지 않다. 또한 협동 학습은 개인주의적 학습 모델보다 활동 과정에서 팀 구성원 간의 상호 작용이 더 많이 일어나는 경향이 있는데, 이로 인해 교실 내 소음이 증가해 학습의 질이 저하될 수 있다.

학생들이 문제를 해결하기 위해 한 팀으로 일할 때, 팀의 다른 구성원에게 완수해야 할 다른 작업이 주어질 수도 있다. 이 때문에 학생들은 교실 환경의 제한된 범위 안에서 가능한 것보다 더 많은 학습 방식에 접근할 수 있어야 한다.

이와 같은 이유로, 그룹 내 협업이 필요한 협동 학습 활동은 교실이 아닌 러닝 커뮤니티에서 진행하는 것이 가장 효과적이다. 러닝 커뮤니티는 다양한 학습 방식을 적용할 수 있고, 교실에 비해 학생들이 움직일 수 있는 여유 공간이 더 많기 때문에 협동 학습을 하기에 효과적인 환경이라 할 수 있다.

앙터프레너십(기업가 정신)

대부분의 (교육) 기관은 현대 교육의 핵심이 되어야 하는 앙터프레너십(회사를 창업할 수 있을 뿐만 아니라 창의적이고 야심 찬 생각을 할 수 있는 능력)을 가르치지 않는다.[4] 학교에서 뛰어난 많은 인재들이 지루하고 반복적인 일에 시달리고 억지로 외우기 위해 정보를 되새김질하며 속박당하고 있다는 것은 놀라운 일이 아니다.

학생 기업가에게는 자신을 표현할 수 있는 다양한 기회가 주어진다. 예를 들어 학교 구내에서 지역 사회에 봉사하는 소규모 인큐베이터 사업을 시작할 수 있고, 학생 작품을 전시하고 판매함으로써 수준 높은 학생 예술 프로젝트를 홍보할 수 있으며, '브랜드화'된 학교 제품을 만들어 더 큰 지역 사회에 판매할 수도 있다. 뒤이어 제10장에서는 학생 기업가가 실제 사업을 기획·시작·운영하는 것을 배울 수 있는 물리적 공간인 '젊은 기업가의 스튜디오' 디자인을 살펴볼 수 있다.

13세의 나이에 테드TED에서 강연한 마야 펜Maya Penn은 니트 스카프와 모자를 온라인으로 판매하고 수익금 일부를 비영리 단체에 기부한다. 16세의 신동 에릭 핀먼Erik Finman은 자신에게 자퇴하고 맥도날드에서 일하라고 한 선생님을 떠올리며 화상 채팅 튜더링 프로그램인 보탱글Botangle과, 하루 동안 실기 전형 격의 프로젝트에서 일할 잠재적 인턴들과 회사를 연결해 주는 스타트업 인턴 포 데이Intern for a Day를 설립했다.[5]

이러한 종류의 활동과 성취를 학교생활에서 일어나는 전형적인 일들과 비교해 보라. 낭비되거나 짓밟힐 수도 있을 젊은 재능들이 학교에서 번창하고 결실을 맺을 수 있으려면 시간, 공간, 교육 과정을 어떻게 구성해야 하는지 재고해 봐야 하지 않을까?

프레젠테이션

뉴델리의 베가VEGA 학교에서는 학교 전체를 둘러보기 위해 방문한 이들을 9~10세의 어린 학생들이 이끌고 있다. 투어를 마친 후, 학생들은 방문객들을 앉혀 놓고 그들의 목표, 성취, 도전에 관해 본격적으로 프레젠테이션한다. 베가 학교 학생들이 다른 학교의 또래 아이들과 크게 다른 것은 없지만 자신의 대변인이 될 기회를 갖는다는 점에서만큼은 차이가 있다. 일찍이 이러한 종류의 공개 프레젠테이션을 경험한 데서 얻은 자신감 덕분에, 베가 학교 학생들은 전문적인 환경뿐만 아니라 개인적·사회적 상황에서도 잘 활용할 수 있는 필수적인 삶의 기술을 익혀 학교를 졸업하게 될 것이다.

조지 토록George Torok은 프레젠테이션 기술이 중요한 6가지 이유를 다음과 같이 구체적으로 제시한다.[6]

1. 개인의 성공에 기여한다.
2. 비즈니스 성공을 결정하는 중요한 요소이다.
3. 자신의 아이디어를 공개적으로 발표할 때 대부분의 사람들이 겪는 스트레스를 줄여 준다.
4. 극심한 시간 제약하에서 메시지를 다듬는 데 도움이 된다.
5. 좋은 리더십을 위한 중요한 특성이다.
6. 대중적 이미지와 평판을 호의적으로 형성할 수 있다.

학생들이 효과적인 커뮤니케이터가 되기 위해서는, 베가 학교 학생들이 하는 것처럼 가능한 한 이른 시기에 프레젠테이션 기술을 연마해야 한다.[7] 디자인의 관점에서는, 기술적 지원 유무에 관계없이 모든 연령의 학생들과 교사들이 공식적이거나 즉흥적인 프레젠테이션을 어렵지 않게 진행할 수 있는 공간이 학교 건물 곳곳에 마련되어 있어야 한다.

인턴십

인턴십은 학생들이 학교에서 닦은 기술로 실제 업무의 세계에서 얼마나 잘 버틸 수 있는지를 확인할 수 있는 최고의 기회이다. "학교는 삶을 위한 준비 과정이 아닌 삶 그 자체"라는 존 듀이의 격언을 실천하는 학교에서 온 학생들은 다른 학생들에 비해 인턴십의 세계에 더 쉽게 적응할 수 있을 것이다. 하지만 그들 또한 인턴십을 하며 바깥 세상에 대해 배움으로써 많은 면에서 얻는 게 있을 것이다.

다음은 인턴십이 왜 중요한지에 대한 CNN의 견해이다.[8]

미래의 잠재적 고용주와 만날 수 있고 이력서를 쓸 때에도 도움이 된다는 것 외에도 인턴십에는 여러 장점이 있다.

1. 경력에 대한 '시험 운전'의 기회(마케팅이나 광고 중 어떤 분야의 일을 하는 것이 더 행복할까? 환자와 함께 일하는 것과 실험실에서 일하는 것 가운데 어떤 것이 더 편할까?)
2. 네트워크의 기회
3. 멘토와의 관계 구축
4. 대학 학점 또는 인증 취득
5. 현장의 문화 및 에티켓 입문(고객을 어떻게 불러야 하나? 평상복으로 출근해도 되는 금요일에 청바지를 입어도 괜찮은가?)
6. 새로운 기술 축적
7. 직업에 대한 현실 세계의 관점 확보(직원들은 실제로 얼마나 많은 초과 근무를 하나? 현장과 사무실 중 어디서 더 오래 일하나?)

학생들이 학교 밖으로 인턴십을 떠나는 것이 학교 내부의 공간 디자인에는 영향을 전혀 미치지 않는다고 생각할 수도 있다. 우리는 이에 동의하지 않는다. 현대적 일터를 경험한 학생들은 아마도 예전이라면 참았을 수도 있는, 방과 종 모델처럼 보이는 학교와 더욱 단절된 느낌을 받을 것이다. 우리는 이 책에서 현재와 내일을 위한 학교가 왜 다르게 보이고 다르게 느껴져야 하는지에 대한 수많은 이유를 제시했다. 인턴십을 떠났던 학생들이 보다 편안하고 학생 중심적인 학습 환경으로 돌아와야 한다는 사실은, 100년 이상 해 왔던 것과는 다른 방식으로 학교를 디자인해야 한다는 우리의 주장에 무게를 더한다.

프로젝트

학교에서 하는 모든 학습을 프로젝트 기반으로 진행하는 것이 어려운 일은 아니다. 하지만 어쨌든 배운 것을 실제 맥락에 적용해 볼 기회도 없이, 단절된 사실과 수치들을 단순히 학습하는 것의 실질적이고 지속적인 가치는 무엇인가? 뇌에 관한 연구에 따르면, 뇌는 시험 기간에 기억을 되새기는 동안에는 정보를 다시 떠올리지만, 바로 쓸 수 없거나 가치가 없다고 판단되면 그 정보는 더 이상 보유하지 않는다고 한다. 이러한 사실은 학교에서 배우는 대부분의 자료를 쓸모없고 불필요하게 만든다. 왜냐하면 대부분 언젠가는 잊힐 것이기 때문이다.

프로젝트는 배운 것들을 적용해 볼 수 있는 즉각적이고 유의미하고 매력적인 수단을 제공함으로써 배운 것의 가치를 확인하고

이론은 줄이고 실습을 더 늘리면 해당 실습을 위한 더 많은 장소가 필요하게 될 것이다. 체험 학습 공간 은 과학 실험실과 메이커스페이스뿐만 아니라 리서치, 협업, 실습, 다학제의 프로젝트 작업이 가능한 공 간을 의미한다.

하와이주에 위치한 미드 퍼시픽 연구소 Mid Pacific Institute

오래 기억할 수 있게 한다. 프로젝트 기반 학습은 학생들이 지식 기반의 고도 기술 사회에서 생활하기 위한 기술을 개발하는 데 도움이 된다. 어떤 사실들을 수동적으로 학습하고 맥락에 상관없이 암송하게 하는 구식 학교 모델은 오늘날의 세계에서 잘 생존할 수 있도록 학생들을 준비시키기에 더 이상 적합하지 않다.[9]

공간 디자인 관점에서 보면, 프로젝트 기반 교육 과정을 성공적으로 실현할 수 있는 학교의 주요 원동력은 더 많은 체험 학습hands-on learning 공간이 될 것이다. 다시 말해서, 이론은 줄이고 실습을 더 늘리면 해당 체험을 위한 더 많은 장소가 필요하게 될 것이다. 체험 학습을 위한 공간은 과학 실험실과 메이커스페이스만을 의미하는 것은 아니다. 야외 학습 공간을 포함한 학교 대부분의 장소가 능동적인 학습에 적합해야 하며, 넓은 작업 표면, 물 쓰는 공간, 내구성이 강한 바닥, 필요에 따라 높은 천장, 관련 장비에 대한 접근성, 보관 공간, 그리고 적절하게 햇빛이 들어오고 음향이 분리되며 기술이 지원되는 전시 공간 등이 있어야 한다.

6장

창조하기

'창조하기'는 학교의 오늘과 내일에 관한 것이다. 잠시 멈춰서, 온라인에서 사용 가능한 수십억 페이지의 정보, 게임, 음악, 서비스, 강좌 및 기술 구축을 위한 특정 도구에 대해 생각해 보라. 이제, 학생들이 학교에 있는 동안에 이 방대한 자원의 보고 중에서 얼마나 많은 것들을 생산하기보다 소비하는지를 자문해 보라.

전 세계 젊은이들이 창의적인 인터넷 자원을 만드는 데 많은 기여를 한 것은 맞지만, 그와 같은 기여가 그들이 학교에 있는 동안에는 거의 일어나지 않은 것도 사실이다. 학생들을 수동적인 소비자에서 인터넷에 적극적으로 공헌하는 사람으로 변화시킨다면 개발되지 않고 있던 젊은이들의 방대한 잠재력의 혜택을 전 세계가 누릴 수 있을 뿐만 아니라, 그들이 창조적이고 도전적인 삶을 더욱 잘 준비하고 성공적으로 진로를 탐색하도록 도울 수 있다.

가장 단순하게 정의하자면, 창조는 이전에는 존재하지 않았던 무언가를 개발하는 것을 의미한다. 대량 소비를 위해 창조적인 콘텐츠를 개발하는 사람이 곧 창의적인 사람인 것은 아니다. 창의성은 다양한 수준의 인간 활동에서 존재한다. 창의성은 공동체와 사회를 질서 있게 하는 창의적인 방법이나 인류를 오랫동안 끈덕지게 괴롭혀 온 많은 문제에 대한 혁신적인 해결책을 찾는 것에도 똑같이 적용된다. 또한 우리가 하는 가장 작은 일에서부터 세상을 변화시킬 비전을 갖는 것에 이르기까지 다양한 규모로 존재할 수 있다.

학교는 학생들이 자신의 창의적인 측면을 계속 발견할 수 있게 훈련시키고, 모든 학생의 창의적인 기량이 완전히 발현될 수 있도록 공간(문자 그대로든 비유적 의미로든)을 제공해야 할 의무가 있다. 아이러니하게도 교사가 더 창의적일수록 학생들에게 창의성을 요구하는 일은 적어질 가능성이 크다. 즉, 표면적으로는 단순하고 창의적으로 보이지 않는 개방형 문제야말로 학생들이 창의력을 발휘할 수 있는 가장 큰 가능성을 지닌다. 물론 이러한 이야기는 또 다른 중요한 파장을 일으킬 수 있다. 이는 교사가 타당도_{validity}가 측정되지 않은 학생들의 학습 및 작업 결과물을 받아들일 준비가 되

음악	기술 지원 미디어
공연	글쓰기
미술	만들기와 짓기
요리와 제빵	

어 있어야 한다는 점에서 통제의 상당 부분을 기꺼이 포기해야 함을 의미한다. 다음은 '창조하기' 범주에서 다루는 영역들이다.

음악

학습의 관점에서 보면, 음악과 관련하여 노래나 악기 연주 외에도 할 수 있는 것은 아주 많다. 음악은 청취력, 집중력, 크고 작은 운동 능력, 시각·청각·촉각과 같은 감각의 조정력을 향상시킨다. 이러한 능력들은 학생들 삶의 다양한 측면에서 도움이 될 것이다. 음악은 다음과 같은 많은 분야에 도움을 준다.[1]

1. 언어 발달: 학생들을 음악에 노출시키는 것은 소리와 단어를 해독하는 능력을 강화하는 데 도움이 된다.
2. IQ 증가: 연구에 따르면, 어린 시절에 음악을 접한 학생들의 경우 IQ가 어느 정도 향상되었다.
3. 두뇌 활동 강화: 정기적으로 음악을 연습하는 학생들의 신경 활동 능력이 더 크게 성장한다는 과학적인 증거가 있다.
4. 시공간적 능력: 음악 활동은 공간적 능력 및 건축, 공학, 수학, 미술, 게임, 특히 컴퓨터로 작업하는 과목에서 성공할 수 있는 능력을 향상시킨다.
5. 음악적인 삶: 이는 학생들에게 음악 그 자체를 선물하는 일에 대한 것이다. 어린 시절부터 음악 및 음악 교육을 접한 학생들은 음악의 아름다움을 음미할 수 있고, 음악을 자신의 미학적·문화적·정신적인 발전의 일부로 만들 수 있을 것이다.

음악 교육에는 다음과 같이 주목할 만한 추가적인 이점들이 많이 있다.[2]

1. 기억력 향상

2. 손과 눈의 협응력 개선

3. 학교에 대한 더 많은 관심

4. 사회에서의 성공

5. 정서 발달

6. 패턴 인식 기술

7. 상상력과 호기심 함양

8. 긴장 풀기

9. 절제력 기르기

10. 팀워크

11. 자신감

학생들이 음악을 접하고, 음악에 참여하고, 정식으로 음악 교육을 받을 수 있는 방법은 많다. 일반적인 공간에서 수행할 수 있는 다른 활동들과는 달리, 학교에서 이루어지는 대부분의 음악 수업은 특별히 설계된 공간이 필요하다. 개별 및 앙상블 음악 연습실부터 합창 및 기악 스튜디오, 녹음 스튜디오, 블랙박스 극장, 강당에 이르기까지 학교 내에는 음악 활동이 일어날 수 있는 다양한 장소가 있다.

이 책에서 우리는 쓸모없는 암기식 학습을 넘어선 경험의 가치에 대해 이야기해 왔다. 음악은 여기서 설명하는 다른 공연 예술과 마찬가지로 자연스럽게 경험할 수 있는 학습 분야이다. 또한 일단 기초를 완전히 익히고 나면 창의성과 독창성이 매우 자연스럽게 발현되는 과목이기도 하다.

공연

음악과 마찬가지로, 학교에서의 공연 예술은 창의적인 표현을 위한 풍부한 본보기를 제공한다. 공연은 전통적인 학교생활의 엄격한 틀 안에서는 잘하지 못했을 학생들이 빛날 수 있고 잘 성장할 수 있는 무대이다. 우리는 학교에서 이루어지는 공연 예술의 이점에 관한 연구와 관련하여 호주 뉴사우스웨일스주에 있는 비숍 티럴 앵글리칸 대학Bishop Tyrrell Anglican College이 작성한 훌륭한 목록을 발견했다.[3]

1. 삶의 기술: 학생들은 비판적 피드백의 가치를 배우면서 중요한 삶의 기술을 습득한다.
2. 창의적 표현: 학생들은 창의적 표현을 통해 세계를 더 잘 이해하는 법을 배운다.
3. 더 나은 준비: 학생들은 중등 교육을 마친 후 직면할 수 있는 문제를 더 잘 헤쳐 나가기 위해 준비한다.
4. 인지 능력: 드라마와 공연 예술은 다른 분야의 학문을 공부하는 데 도움이 되는 인지 능력을 개발할 수 있는 길을 열어 준다. 예를 들어, 연극을 전공하는 학생들은 창의적 사고와 새로운 학습 비법을 개발하는 데 도움이 되는 다양한 방법으로 상황에 접근하는 법을 배운다.

5. 자신감과 대중 연설 기술: 대중 앞에서 연설할 때 자신감을 가질 수 있게 한다. 학생들이 예술을 통해 발견하게 되는 재능은 모든 학문 분야를 초월하는 기질을 만들어 준다.

6. 의사소통: 학생들이 그룹 활동을 하게 되면서 동료 간의 의사소통이 가속화된다. 이 경험을 통해 학생들은 문화적 리더십의 자질을 발휘할 기회를 얻을 수도 있다.

7. 독특한 목소리: 어떤 학생들은 예술을 공부하는 동안 자신의 '목소리'를 발견한다. 그들은 자신이 타고난 문제 해결사 내지는 리더임을 알게 될지도 모른다. 창의적인 표현은 자신감을 키우는 좋은 방법이며 내성적이고

학교는 합창과 기악을 위한 적절한 시설을 제공하기 위해 모든 노력을 기울여야 한다. 이 사진은 2017년 3월 중학생 400명이 참여한 디모인 올시티 뮤직 페스티벌의 모습이다. 오케스트라, 밴드, 합창단이 아이오와주립 박람회장에서 콘서트를 열었다.
사진 © 필 로더Phil Roeder

많은 학교들이 일반 학교 강당이나 추가로 개발한 블랙박스 극장을 이용해 학생들에게 가능한 한 최고의 음악 교육과 공연 예술 교육을 제공하기 위해 최선을 다하고 있다. 블랙박스 극장은 변화의 기회를 풍부하게 제공하는 다재다능한 공간으로 연극, 무용, 음악, 원형 극장, 미디어 제작, 다목적 프레젠테이션을 위한 장소로 활용될 수 있다.

봄베이 아메리칸 학교의 블랙박스 극장

말수가 적은 아이들에게 특히 도움이 될 수 있다.

8. 자아 발견을 향한 고독 : 예술은 또한 고독의 근원이 될 수 있다. 고독은 아이가 주변을 차단하고 창의적인 환경에서 스스로에게 몰입할 수 있는 장소와 같다. 이 과정은 상상력을 번성케 하고 내적 탐구를 돕는다. 그것은 잘 발달된 자의식의 자연스러운 전조이다.

9. 감성 지능과 독립성 : 예술은 다양한 감정을 배우고, 리허설하고, 실천하는 대리인의 역할을 할 수 있다. 청소년들은 자신의 감정을 표현하는 데 서툴 수 있는데, 예술은 그런 아이들에게 기쁨, 분노, 불행 등 폭넓은 감정을 탐구할 수 있는 훌륭한 배출구가 될 수 있다. 이와 같은 경험을 통해 아이의

자립심과 상호 의존성은 눈에 띄게 향상될 수 있다.

공연 예술은 수학과 과학에서 볼 수 있는 종류의 '진짜' 교육을 제공하지 않는다는 인식으로 인해 무시당해 왔다. 앞서 제시한 목록은 공연 예술이 실제로는 현재와 앞날의 성공에 필수적인 기술 및 재능과 밀접한 관련이 있는 매우 실체적이고 긴요하고 총체적인 기량을 길러 준다는 것을 보여 준다.

미술

미술은 본질적으로 학생들이 자신의 독특함과 독창성을 표현할 수 있는 창조적 매체라는 점에서 음악, 공연 예술과 같은 범주에 속한다.

미술에 대한 공부와 참여가 모든 학문 분야에서의 학습 능력을 향상시키는 핵심 요소라는 믿음을 뒷받침하는 충분한 데이터가 존재한다. 미술이 학생들의 중퇴율은 낮추고 출석률은 높이고, 더 나은 팀 플레이어를 개발하고, 학생으로 하여금 학습에 더 애정을 갖게 하고, 학생의 존엄성을 높이고, 창의력을 증진시키고, 학생을 미래의 일터를 위해 보다 준비된 시민으로 만드는 효과가 있다는 증거는 학교 캠퍼스에서 미국 경제계에 이르기까지 매우 다양한 분야에서 수행한 연구에서 확인할 수 있다. 학습자는 또한 미술을 통해 자존감 향상, 동기 부여, 미의식 함양, 문화 체험, 창의성 향상, 감정 표현 개선뿐만 아니라 사회적 화합과 다양성에 대한 공감 등

미술실을 디자인하고 그 위치를 정할 때에는 특별한 관심을 기울여야 한다. 좋은 일광은 미술실의 필수적인 구성 요소이다. 교실이 아닌 예술 스튜디오처럼 느껴지는 공간은 학생들의 창의력을 최대한 이끌어 내는 데 도움이 될 것이다. 가능하다면, 인접한 곳에 예술 테라스를 만드는 것도 좋다.

스위스 레상 아메리칸 학교Leysin American School의 미술실

초등학교 미술실은 '예술적'이고 스튜디오와 비슷해야 한다. 일반적인 교실과는 다르게 보이고 느껴지게 할 필요가 있다. 사진 속 미술실에 피아노와 기타를 둔 것처럼 예술적 요소를 살짝 믹스 매치해도 좋다.

뭄바이의 봄베이 아메리칸 학교의 미술실

비학문적 이점도 얻을 수 있다.[4]

학교 디자이너들은 미술을 활용해 모든 연령대의 학생들에게 그림 그리기, 조각, 공예품 만들기 등의 예술 활동에 적극적으로 참여할 수 있는 풍부한 기회를 제공할 수 있다. 만약 공간들이 적절한 가구나 훌륭한 채광, 보기 좋은 레이아웃으로 예술적으로 구성되지 못한다면 그 공간의 입장에서는 예술을 빛낼 기회를 잃어버린 것이라고 할 수 있다.

요리와 제빵

요리와 제빵은 본질적으로 창조적인 활동이다. 학교에서 요리나 제빵을 배운다고 해서 모두가 전문 요리사가 되는 것은 아니지만, 요리와 제빵은 학생들이 살아가는 내내 도움이 된다. 건강한 방식으로 조리된 음식을 먹을 기회가 적은 아이들은 지방과 당분이 지나치게 함유된 고가공 식품을 섭취할 가능성이 크다. 그렇기 때문에 요리나 제빵을 배우는 것은 단순히 음식을 만드는 것이 아니라 건강과 영양에 대한 인식을 쌓고, 나아가 건강한 삶을 사는 법을 배우는 것이다. Extension.org는 학교와 가정에서 아이들과 함께 요리하는 것이 왜 중요한지를 설득력 있게 설명한다.[5]

1. 아이들은 새롭고 건강한 음식에 도전해 보는 것이 좋다. 최근 영양및식이요법학회the Academy of Nutrition and Dietetics에서 발표한 연구에 따르면, 음식을 다루는 것과 같은 촉각적 경험에 참여하는 아이들은 식품 기신증(새로운

음식에 대한 부정적 반응)을 보일 가능성이 적고 다양한 음식 섭취에 대한 수용도가 더 높다고 한다.

2. 주방은 아이들이 모든 감각을 동원할 수 있는 학습 실험실이다. 아이들은 재료를 반죽하고, 던지고, 붓고, 냄새를 맡고, 자르고, 느끼는 과정에서 자기도 모르는 사이에 즐기면서 배운다.

3. 집에서 요리하는 아이들은 성취감과 자신감, 자신이 가족에게 보탬이 되고 있다는 감정을 느낀다.

4. 아이들은 화면을 들여다보느라 바쁜 대신 요리하는 데 시간을 보낸다.

5. 스스로 음식을 준비하는 일이 많은 아이일수록 덜 건강한 음식이나 가공식품을 기피하는 경향이 있다.

6. 최근 연구에 따르면, 식재료 및 조리 도구를 사용하여 음식을 준비하는 등의 경험적 학습이나 실습 활동 없이 받아들인 영양 지식은 불완전할 수 있다.

7. 아이들은 계산, 무게 달기, 측량, 시간 재기 같은 기초적인 수학 기술을 연습함으로써 평생 사용할 기술을 배운다. 또한 주방에서 함께 일하고 의사소통함으로써 사회적 기술을 습득한다.

8. 청년들에게 요리를 가르치는 것은 식사 계획하기나 현명하게 먹거리 선택하기 같은 영양 교육을 할 수 있는 기회이다.

9. 요리는 아이들이 책임감을 갖게 하는 데 도움이 될 수 있다. 각각의 아이들에게는 식사 준비 및 청소와 관련하여 완수해야 하는 과제가 주어진다.

10. 학교에서 요리하는 것은 긍정적인 추억으로 남아 아이들이 미래의 어딘가에서 건강하고 즐겁게 요리하게 만든다.

11. 일부 연구에 따르면, 아이들은 요리 수업에 참여한 후 과일과 채소를 더 많이 먹는다.

12. 많은 연구들에서 요리에 참여한 아이들의 요리 지식, 식품 안전에 관한 행동, 요리에 대한 자기 효능감이 개선되었음을 알 수 있다.

13. 또 다른 연구에 따르면, 과학 수업 시간에 영양 교육을 하면서 음식을 준비하게 하는 것이 그렇지 않을 때보다 더 효과적이다.

미국을 비롯한 전 세계 대부분의 학교는 학생을 위해 음식을 준비하고 요리할 수 있는 완비된 주방을 가지고 있다. 만약 주방을 개수하거나 현대화하려 한다면 가정용 조리 도구가 구비된 조

요리 교육은 학교에서 주로 채택하는 가정식 주방 모델을 기반으로 한 전형적인 요리 실습실보다는 실제 학교 주방에서 진행하는 것이 훨씬 더 효과적이다. 학생들은 학교 주방에서 주방 보조로 일하면서 학생들의 점심이나 커뮤니티 행사를 위한 음식을 직접 준비해 볼 수 있다.

사진 © 발렌시아 대학 Valencia College

리 실습실이나 가사 실습실과는 대조적으로, 학생들이 제대로 된 실제 상업용 주방 환경에서 요리하는 방법을 배울 수 있는 '교육용 주방'으로 전환하기 위한 모든 노력을 기울일 것을 권한다. (제10장에서 '젊은 요리사의 스튜디오'라고 불리는, 학생이 운영하는 카페테리아와 주방 디자인을 살펴볼 수 있다.) 또한 요리 수업을 할 때에는 학생들이 그 시간을 또 다른 이론 수업처럼 느끼지 않도록 자기가 준비한 음식은 가능한 한 자신들이 먹을 수 있게 한다.

기술 지원 미디어

삶에서 기술의 영향을 받지 않는 영역은 거의 없다. 학교에서도 기술은 도전할 수 있는 기회를 제공한다. 학생들이 인터넷을 통해 학교 안에서 원래 가능한 것보다 훨씬 더 광범위한 전문성과 정보, 학습 자원을 접할 수 있는 것은 기술이 주는 기회라고 할 수 있다. 예술의 세계에서도 기술은 도전의 기회를 제공한다. 기술은 예술적 표현 수단을 전통적인 방식을 훌쩍 뛰어넘는 수준까지 확장시키기 때문이다. 예를 들면, 이제는 피아노나 바이올린과 같은 전통적 악기로 연주하거나 작곡할 때와는 전혀 다른 방식으로, 작은 전자 태블릿으로도 곡을 만들고 연주할 수 있다. 컴퓨터는 사진, 회화부터 조각, 공예에 이르기까지 모든 예술적 노력의 창조적 잠재력을 확장시킬 수 있다. 그렇다고 해서 전통적인 예술 형태가 학교에서 더 이상 존재할 수 없다는 뜻은 아니다. 지금 이 순간에도 학교만큼이나 우리 삶에서 보다 순수한 형태의 예술이 뉴미디어와 공

모든 종류의 전통 예술은 그 나름의 디지털 대응물이 존재한다. 학교는 기술과 예술 간의 매혹적인 결합을 탐구하는 데 관심이 있는 학생들이 디지털 아트 스튜디오에 접근할 수 있게 해야 한다. 교육 과정 자체는 어느 정도 개방적일 수 있으므로 학생들이 새로운 매체의 광범위한 잠재력을 창의적으로 탐구할 수 있다.

사진 © 이리나 미로슈니코바Irina Miroshnikova(https://www.fickr.com/photos/irishishka/)

존할 수 있는 여지는 많이 남아 있다.

더 전통적인 예술 형태에 관해서는 이 장의 앞부분에서 이미 논의했으므로, 여기서는 기술 지원 미디어가 학교에서 창조성의 방정식을 어떻게 변화시키는지 살펴보자. 예를 들어 디지털 기술은 아이들이 예술 작품을 더 쉽게 만들고 발표하고 공유할 수 있게 해 준다.[6]

피츠버그 필름메이커의 멘토인 마리 마시나Marie Mashyna는 "피츠버그 필름메이커 출신 예술가들과 교육자들은 예술 교육을 새롭게 상상하게 하고 더 참여적으로 만드는 데 디지털 기술을 사용하고 있다."라며 "우리는 십 대들이 비판적 사고에 몰두하고 보다 가시적인 형태의 과학과 예술을 탐구할 수 있게 하는 데 영화를 사용하고 있다."라고 말한 바 있다. 피츠버그 필름메이커에서 진행되는 수업들은 많은 디지털 도구에 의존하며 기술과 예술의 관계를 강조한다. 마시나는 최근 이 프로젝트와 관련하여 올린 블로그 게시물에서 "영화에 대해 배우는 것은 현재의 디지털 세계를 더 잘 이해하는 데 도움이 될 것이다."라고 말했다.[7]

몰리 마셜Molly A. Marshal은 웨스턴 미시간 대학에서 발표한 「예술 교육의 신기술Emerging Technologies in Art Education」이라는 제목의 석사 논문 보고서에서 다음과 같이 밝혔다. "협업으로 성공한 예술가들이 많다. 이와 관련한 하나의 예는 스케치북 프로젝트라는 웹 사이트(www.sketchbookproject.com)를 통해 협업한 경우이다. 예술가는 이 사이트를 통해 예술을 창조하기 위해 함께 일할 다른 예술가들을 찾을 수 있다."[8] 계속해서 마셜은 기술이 어떻게 예술 분야에서 새로운 종류의 협력이 일어날 수 있게 하는지에 대해 흥미로운 관찰을 한 S. E. K. 스미스Smith의 말을 인용한다. "협업은 현대 미술에서 점점 더 표준적인 작업 방식이 되고 있다. 이러한 작업 방식은 예술적 자율성보다는 사회적 참여와 커뮤니티를 우선시하고, 결과물의 제작과 기술적 숙련도보다 과정을 우선시한다. 동시에, 현대 예술과 행동주의의 영역은 점점 더 얽혀 가고 있다."[9]

공간 디자인 관점에서 볼 때, 학교에서의 기술 지원 미디어의 확산은 건축가들로 하여금 전통적인 학습 공간과 현대적인 학습 공간 모두에 새로운 기술을 지원하는 환경을 조성하기 위해 학생, 예술가, 기술 전문가와의 더욱 긴밀한 협력을 요구할 것이다. 학생들이 노트북을 가지고 편안하게 작업할 수 있는 가구를 지정하는 것부터 블랙박스 극장, 녹음실 등 보다 전문화된 공간을 제공하는 것에 이르기까지, 새로운 세대의 학교 디자이너는 적절한 기술이 학습 환경에 매끄럽게 녹아드는 장소로서 학교를 생각할 필요가 있다.

글쓰기

글쓰기만큼 시간의 시험을 견뎌 낸 창조적 활동도 드물다. 적어도 예측 가능한 미래까지는, 독창적인 콘텐츠를 만드는 작가라면 지금까지 안전했던 많은 직업과 활동을 집어 삼킬 위험이 있는 인공 지능의 물결로부터 독립성을 지킬 수 있을 것이다. 학교는 항상 글쓰기에 관심이 많지만, 글쓰기를 구조화하고 학생들에게 강요하는 방식은 학생들의 자발성과 창의성을 모두 빼앗는다. 대부분의 학생이 작문 과제를 수행하는 교실 환경도 창의력에 도움이 되지 않는다. 고도로 구조화된 학교 일정은 학생들로 하여금 촉박한 마감 시간에 맞춰 글쓰기를 하게 한다는 점에서 창의력을 저해하는 또 다른 요소로 작용한다.

리터러시 전공 교수 게일 톰프킨스Gail Tompkins는 학교에서 창조적 글쓰기를 하는 것이 중요한 이유 7가지를 다음과 같이 제시했다.[10]

1. 즐겁게 한다.
2. 예술적 표현력을 키운다.

글쓰기만큼 시간의 시험을 견뎌 낸 창조적 활동도 드물다. 다른 모든 창조적인 활동과 마찬가지로, 학생들이 몰입할 수 있는 환경을 만들어 주면 글쓰기 실력은 향상될 것이다. 컴퓨터를 이용하든 종이와 펜을 사용하든 관계없이, 기분 좋은 햇빛이 비치는 조용한 공간과 적당한 높이의 편안한 좌석은 글쓰기에 이상적인 조건이다.

3. 글쓰기의 기능과 가치를 탐구하게 한다.

4. 상상력을 자극한다.

5. 명확히 사고하게 한다.

6. 정체성을 탐구하게 한다.

7. 읽고 쓰는 법을 배우게 한다.

시드니 스토리팩토리 부사장 겸 교사교육예술학과 교수인 로빈 유잉Robyn Ewing은 강력한 창의적 사고와 학습 기술이 학생들의 사회적·정서적 웰빙, 학업 성취도, 평생 학습에 매우 중요하다고 역설한다.[11]

학교는 창의적 글쓰기의 이점을 보여 주는 매우 확실한 사례가 있음에도 창의적 글쓰기를 장려하기 위한 노력을 기울이지 않고 있다. 설사 학교가 그러한 노력을 진지하게 하고 있다 하더라도, 아이들이 글쓰기에 참여하는 환경은 창의적 활동에 매우 필수적인 차분한 몰입 상태를 장려하지 못하고 있다. 물론 모든 사람이 같은 종류의 공간에서 창의성을 발휘할 수 있는 것은 아니다. 어떤 학생들은 조용하고 평화로운 분위기의 구석진 곳을 원하고, 또 어떤 학생들은 창의적인 기운을 받기 위해 좀 더 캐주얼하고 활동적인 공간(스타벅스 같은 곳을 떠올려 보라.)의 에너지를 선호한다. 이러한 이유로, 글을 쓸 때 펜과 종이를 사용하든 컴퓨터, 태블릿, 핸드폰과 같은 전자 기기를 사용하든 상관없이 학생들이 자연스럽게 사용할 수 있는 공식·비공식 환경 모두가 조성되어야 한다는 것이다.

만들기와 짓기

뭐니 뭐니 해도 무언가를 만들고 짓는 것보다 자신의 창의력을 표현하는 더 좋은 방법은 없다. 불행히도, 학교에서 하는 대부분의 실습 활동은 과학과 예술 과목에 국한해 이루어지는 경향이 있다. 이 외에 학생들이 자기 손으로 작업하는 경우는 주로 방과 후 프로그램이나 클럽에서이다. 물론 산업 예술이나 디자인 기술 강좌가 있긴 하지만 이러한 강좌들은 주로 고학년 학생들을 대상으로 운영되어 왔다. 최근 들어서야 학교 안에 '메이커 운동'이 확대되면서 모든 연령대의 학생들이 3D 프린터, CNC 라우터, 레이저 커터 등 다양한 현대적 도구를 이용해 자신만의 창작물을 디자인하고 만들 수 있는 기회를 얻게 되었다. 이러한 경향은 STEM 및 STEAM 교육 과정의 확산으로 인기를 얻고 있다. STEAM 교육

미시간주 디트로이트 힐렐 학교의 메이커 랩

교육 과정의 창의성은 학습 환경의 역동적이고 창의적인 디자인과 매치될 필요가 있다. 사진에서 보이는 브뤼셀 국제 학교the International School of Brussels의 진입 공간에서는 학교 단위의 대규모 프레젠테이션이나 소규모 공연을 진행할 수 있다. 대규모 집회 용도로 사용하지 않을 경우 이 큰 계단은 사교의 영역이 되거나 소그룹 모임 및 개인 학습의 장소가 된다.

과정은 학교에서 선택 프로그램으로 채택되거나 새롭게 지어지는 학교의 전체 테마로써 출발 단계에서부터 계획되고 있다.

　실비아 마르티네스Sylvia Martinez와 게리 스태거Gary Stager는 사람들에게 '메이커 교육의 바이블'이라 불리는 책인 『배움을 위한 발명 Invent to Learn』에서 다음과 같이 말했다. "메이커 교실은 활동적인 교실이다. 활동적인 교실에서는 종종 여러 프로젝트를 동시에 진행하는 열성적인 학생들과 자신의 권위적인 역할을 포기하는 것을 두려워하지 않는 교사를 만나게 될 것이다. 교실을 활성화하는 가장 좋은 방법은 교실에서 무언가를 만드는 것이다."[12]

게리 스태거에 따르면 "만들기로의 전환은 새로운 기술 자료, 확장된 기회, 직접 경험을 통한 학습, 그리고 창조하려는 인간의 기본적인 충동의 거대한 폭풍을 나타낸다. 이는 교실을 더 아이들 중심으로 만들 수 있는(아이들 각각의 놀라울 만큼 강한 능력에 더 밀접하고 더 민감하게 반응하는) 잠재력을 지닌다. 만들기는 우리 모두가 자신의 문제를 해결하기 위해 삶에 대한 주체성을 행사해야 한다는 욕망에 기초한다. 만들기는 지식이 경험의 결과라는 것을 인식하게 하고, 각각의 아이들이 진정으로 문제 해결에 참여할 수 있도록 광범위한 경험과 전문 지식에 누구나 접근할 수 있는 방법을 모색하게 한다."[13]

메이커 운동이 일으킨 그 모든 흥분에도 불구하고, 메이커 운동은 이제 겨우 그리고 매우 천천히 학교 디자인 분야에 영향을 미치기 시작했다. 교실은 태생적으로 공간이 제한되어 있어(대부분의 교실은 교사가 교실 앞에 서서 가르치는 방식의 교육을 위해 설계된 공간이므로) 만들기를 하기에 최악의 장소임에도 불구하고 대부분의 학교들은 여전히 '교실에서 무언가를 만드는 방법'에 관해 이야기한다. 우리는 만들고 행동하는 것이 아이들이 학교에서 하는 일의 본질적인 부분이기 때문에 '메이커 랩'은 '컴퓨터 랩'의 길을 가야 한다고 믿는다. 왜냐하면 학교의 모든 부분이 어떤 식으로든 만드는(아이디어를 제품으로 변형시키는) 행위를 지원하고 촉진할 수 있어야 하기 때문이다. 이는 학습(그리고 심지어 학교까지도)을 다시 재미있게 만들어 이론을 실천으로 변화시킬 것이다.

7장

어떻게 바꿀 것인가?

변화는 쉽지 않다. 지난 수십 년간 수십 가지 유행이 오고 가는 것을 지켜본 교육의 세계에서는 특히 그렇다. 문제를 더 복잡하게 만드는 것은 교육에서 진정한 성공의 척도가 무엇인지 규정하기 어렵다는 사실이다. 학교는 학생들이 각자의 잠재력을 실현하는, 균형 있고 행복하고 생산적인 시민으로 성장할 수 있게 도울 수 있다. 이는 학교가 갖는 장기적인 목표이며, 원하는 결과를 보장하기 위해 학교가 취하는 모든 '옳은' 조치들은 시험 성적, 과제 완수와 같은 척도에 비해 단기적으로는 긍정적인 결과를 보여 주지 못할 수도 있다. 작가 마이클 에드워즈Michael Edwards는 "교육은 시험 점수를 통해 평가되어야 하는가 아니면 우리가 함께 잘 살기 위해 필요한 기술을 통해 평가되어야 하는가?"라고 묻는다.[1]

불행히도, 학교 시설 분야의 혁신이 진행되는 한 말할 수 있는 것이 그리 많지 않다. 학교의 핵심 기반인 교실은 타협 불가능한

학교는 학생들이 각자의 잠재력을 실현하는 균형 있고, 행복하고, 생산적인 시민으로 성장할 수 있게 도울 수 있을 것이다. 그러기 위해서는 학생들을 교실과 같은 획일화된 교육 모델의 공간이 아닌 브뤼셀 국제 학교의 임시 고등학교와 같은 공간에서 지내게 해야 한다.

신성불가침의 영역이기에, 건축가들은 그나마 창의적 자유가 주어지는 주변 영역에서나 혁신성을 표현하도록 강요받는다. 그렇기 때문에 대부분의 학교 디자인 어워즈에 나온 학교 홍보 사진에 도서관이나 입구 아트리움, 외부 입면이나 심지어는 몇몇 커먼스 영역과 휴식 영역만 담기는 것이다. 정작 학생들이 학교에서 대부분의 시간을 보내는 주요 장소인 교실은 새로운 가구를 과시하는 경우 이외에는 거의 등장하지 않는다.

교실 기반의 학교 모델을 바꾸려는 열정이 부족한 데에는 이유가 있다. 그 이유를 알기 위해서는 교실을 최우선으로 여기지 않는 새로운 학교 교육 모델을 명확히 규정하고자 한 최초이자 유일한 대규모 시도로 거슬러 올라가야 한다. 이 시도는 '열린 교실open classroom' 학교라고 알려진 실패한 운동으로 귀결된다.

열린 교실 운동은 이 책을 비롯한 여러 책들에서 제기된 교실에 관한 염려를 잘 이해하고 있었고 좋은 의도로 출발했음에도 불구하고, 종말을 맞을 수밖에 없는 치명적인 결함이 있었다. 열린 교실 운동이 종말을 맞은 첫 번째 이유는 '누군가 이 운동에 관해 교사들에게 이야기하는 것을 잊었다(교사들이 제대로 동참하지 못했다)'는 것이다. 100명 혹은 그 이상의 학생들로 구성된 그룹을 새로운 디자인에 따라 넓은 개방 공간에 배치했지만, 교사들은 이 공간을 다시 파일 캐비닛, 책상, 임시 칸막이 같은 가구들을 사용해 임시 교실로 전환했다. 그리고 그 공간이 설계될 때의 의도와 전혀 다르게 교사 주도 수업 모형을 계속해서 적용했다. 열린 교실 운동이 실패한 두 번째 이유는, 1960년대 후반에서 1970년대 초반의 미국에는 열린 교실 학교에서 구현하는 것처럼 보이던 실험적 문화에 반기를 드는 분위기가 있었기 때문이라는 것이다. 그리고 끝으로 열린 교실 운동이 종말을 맞은 세 번째 이유는, 열린 교실 학교가 디자인적인 관점에서 볼 때 정말 형편없었다는 것이다. 실제로, 열악한 음향 시설과 몇 개 되지 않는 종류의 가구, 여러 학습 방식에 맞는 다양한 공간이 결여된 넓은 개방 공간에서 100명 혹은 그 이상의 학생들을 관리하는 것은 악몽과 다름없는 일이었다. 이런 점에서 이 운동은 결국 그들이 반기를 들고자 했던 바로 그것, 즉 너무 많은 학생이 있는 너무 큰 교실이 되고 만 것이다.

조용한 구역, 재충전 영역, 소규모 그룹의 회합과 집중 작업을 위한 밀폐된 공간, 그리고 다양한 활동 영역이 목적대로 작동하는 데 필수적인 선별된 가구와 음향 시설이 없다면 열린 교실 디자인은 실패할 수밖에 없다. 열린 교실 학교의 실제 디자인을 돌이켜 보면, 상기한 디자인 요소 중 어느 것도 실제로 시도되지 않았음이 명백하다. 그렇기에 열린 교실 학교가 일시적으로 유행했다가 사라진 것도 딱히 놀라운 일은 아니다.

학생들이 교실의 네 벽에 둘러싸여 있지 않고 교사에게 능동적으로 관리되고 있다고 해서 학습이 중단되는 것은 아니다. 배움을 위한 다양한 공간이 주어진다면, 학생들은 자연스럽게 자신에게 가장 잘 맞는 공간에 끌리게 될 것이다. 이런 종류의 공간 설계는 다양한 공간이 거의 없고, 더 중요하게는 교사가 주도하는 방식의 교수법을 계속해서 사용하던 열린 교실 학교와는 크게 차별화된다.
플로리다주 게인즈빌에 위치한 플로리다 대학의 P.K. Yonge 개발 연구원

열린 교실 학교의 건설은 35년 전에 중단되었지만, 오늘날에도 여전히 학교 디자인을 결정하는 과정에 불균형적인 영향력을 끼치고 있다. 열린 교실 운동이 남긴 유산의 대부분은 전통적인 교실 기반 교육 모델에 어떠한 변화를 시도하든 그것은 실패한 열린 교실 운동으로 귀결될 것이라는 통념이다.[2]

무엇이 '좋은' 교육을 의미하는지에 대한 두 줄기의 사고방식이 존재한다는 점을 이해하는 것이 중요하다. 하나는 학교가 지금 있

공장식 학교 모델은 결코 좋은 해결책이 될 수 없다. 아이들은 부품이 아니며 균일한 제품을 생산하도록 설계된 프로세스의 대상이 되어서는 안 된다. 보다 더 개인적인 접근 방식을 위한 도전은 교실 기반의 물리적 학교 디자인에 반하는 것이다. 이것이 바로 학생 개개인에게 무엇을, 어떻게, 어디서 배울 것인지에 대한 선택권과 자율성을 보장해 주기 위한 적절한 학습 환경 설계가 매우 중요한 이유이다.

봄베이 미국 학교

캐나다 밴쿠버에 있는 노르마 로즈 포인트 학교Norma Rose Point School는 공립 학교이다. 이 학교는 러닝 커뮤니티를 기반으로 하는 학교로 지어진 프로젝트 사례이다. 노르마 로즈 포인트는 교사의 교수 활동, 특히 동료들 간의 협력과 관련해 상당한 변화가 있길 원했는데 결론적으로는 학생 중심 교육 모델로 큰 성공을 거두었다. 물론 가장 큰 공로를 인정받아야 하는 것은 학교 지도부와 교사들이지만, 노르마 로즈 포인트가 오늘날 탁월한 모범 사례가 된 것은 건축 프로젝트 덕분이다.

는 그대로 괜찮고, 백 년 넘게 사회에 훌륭하게 공헌해 왔으며, 학교에 실질적인 변화가 필요하지 않다고 믿는 보수주의자들의 생각이다. 이들은 교실 기반 교육으로부터 멀어지려는 어떠한 시도도 질겁하면서 그러한 움직임을 잘못된 것으로 무시하는 경향이 있다. 그들에게 열린 교실 운동은 그들의 논지가 옳다는 것을 증명하는 일시적인 유행이었다.

다른 한 줄기는, 공장식 학교 모델은 결코 좋은 해결책이 아니라고 믿는 생각이다. 이러한 생각을 지지하는 이들은 공장식 학교 모델에는 표준화라는 비인간적 요소가 있다고 본다. 이들에 따르면, 아이들은 부품이 아니며 균일한 제품을 생산하도록 설계된 프로세스의 대상이 되어서는 안 된다. 따라서 이들에게는 학생들에게 실질적인 도움을 주는 시스템을 만들어야 한다는 실제적인 도전 과제가 있다. 이는 모든 학생들이 자신의 잠재력을 최대한 실현할 수 있도록 점점 더 복잡해지는 세계에서 방향을 찾는 데 필요한 기술을 제공해 줌으로써 실현될 수 있다.

미래 세계와 직업에 적합한 능력을 개발하는 데 중점을 두는 교육에 있어서, 좀 더 개인적인 접근 방식에 대한 진보적 시각은 지난 수십 년 동안 주류를 이루어 왔다. 오늘날 중소기업, 대기업, 심지어 여러 고등 교육 기관조차도 학교를 졸업하는 학생들에게 몇 년 전에 통용되던 기술과는 다른 기술을 사용하도록 요구하기 시작했다.

이제 개별 학교들과 심지어 큰 학구(교육구)들도 이 새로운 현실에 눈을 뜨고 스스로 탈바꿈할 방법을 찾고 있다. 이전의 개혁안을 필두로 한 일시적인 유행과는 달리, 지금 일어나고 있는 변화는 구조적인 수준에서 진행되고 있으며 이는 앞으로도 계속될 것이다. 최근 보다 인간적이고, 공정하며, 학생이 중심이 되는 교육 모델을 향한 개혁 운동이 일고 있으며, 그러한 흐름의 선구자가 되기로 결심한 사람들은 서서히 교육 시설 전체에 대한 생각을 바꾸고 있다. 대대적인 개혁이 이루어지기까지는 아직 몇 년이 더 걸리겠지만 큰 변화는 이미 진행되고 있다.

학교와 학구가 다시 유의미해지기 위해서는 그들 스스로 변화할 필요가 있다. 이 장의 나머지 부분에서는 학교와 학구가 대담한 움직임Bold Moves(하이디 헤이스 제이콥스가 사용한 용어를 인용함.)을 취할

148

준비가 되었을 때 그들이 수행할 수 있는 단계적 조치에 관해 논의할 것이다.

변화의 촉매가 되는 자본 지출

변화, 특히 체계적 변화는 자발적으로 일어나지 않는다. 여기에는 방아쇠나 촉매가 필요하다. 이 책에서는 변화의 촉매로써 학교 건설 경비 지출에 초점을 맞춘다. 그렇다고 공사비가 있어야만 학교가 변할 수 있다는 말은 아니다. 우리가 논의하고 있는 전체론적인 변화는 교육의 하드웨어(학습 환경)와 소프트웨어가 발맞추어 함께 움직일 때 일어날 가능성이 더 크다.

특정 기관이 자신만의 여정에서 어디에 있든지 간에, 변화에 착수하는 모든 이들은 반드시 두 가지 질문에 답을 해야 한다.

- 왜 우리이고 왜 지금인가?
- 앞으로 어떻게 해 나갈 것인가?

두 질문에 대한 적확한 답변은 학교나 학교 조직마다 상당히 다를 것이다. 따라서 뒤이어 제시하는 내용은 우리가 제안하는 몇 가지 일반적인 답변이다. 만약 변화를 고려하고 있는 학교 조직이라면, 그리고 특히 그 변화의 촉매제로 학교 건설 자금을 활용하고자 한다면 (당연히 특정 상황에 맞게 수정되어야겠지만) 이들 답변 중 일부는 당신에게 도움이 될 수도 있을 것이다.

왜 우리이고 왜 지금인가?

다양한 종류의 학교들이 자신들의 교육 모델을 폭넓게 변화시키기 위해 자본 건설 프로그램capital construction program을 사용할 기회를 찾고 있을 것이다. 다음의 사례들은 학교 시설에 돈을 써야 하는 상황에 직면한 다양한 종류의 학교들이 "왜 우리이고 왜 지금인가?"라는 질문에 대해 각각 내놓은 답변이다. 이는 각 그룹(학교와 학구)이 자본 건설을 그 희소성과 지속성 때문에, 미래 학자처럼 생각해야 할 담당자에게 동기를 부여하는 중요한 이정표로 여기고 있음을 보여 준다.

사립 지역 / 국제 학교

우리는 성공적인 사립 학교이며 여러 해에 걸쳐서 그 우수성에 대한 확고한 명성을 쌓아 왔다. 하지만 앞으로 점점 더 무의미한 교육을 제공한다면, 우리의 강점으로 여겨 왔던 고전적인 교육이 오히려 우리를 몰락시킬 수도 있을 것이다. 자녀들에게 현대 교육에서 얻을 수 있는 최선의 것을 주고자 하는 안목 있는 부모에게는 명성만으로는 충분하지 않다.

우리가 여전히 업계 선두 자리를 지키고 있는 가운데 지금이야말로 혁신을 생각해야 할 때이다. 이것이 바로 선도자들에게 주어진 임무이다. 현재의 영예에 안주하지 말고 미래를 포용하고 계속 앞으로 나아가야 할 것이다. 지금 행동하지 않는다면, 우리는 경쟁자들과 보조를 맞추기 위해 변화를 강요받게 되거나, 우리가 제공하는 교육이 우리가 만족시켜야 할 까다로운 관중들로부터 점점

뒤셀도르프 국제 학교International School of Düsseldorf의 7학년 독일어 수업은 고등학교에 달린 혁신 연구소Innovation Lab(새로 리노베이션된 공간)의 가변형 공간에서 이루어진다. 이곳에서 학생들은 수업 내용을 간단히 복습하기 위한 토론을 진행한 후 토막극을 하기에 적절하도록 공간을 변형한다. 뒤셀도르프 국제 학교는 명성이 높은 사립 국제 학교로, 시설을 최신 상태로 유지함으로써 자신들이 제공하는 혁신적인 교육 내용과 시설을 동기화하는 것이 필수적이라는 사실을 잘 알고 있다.

사진 © 아이작 윌리엄스Isaac Williams

더 외면당하다가 이내 무의미해질 것이다.

도심 소외 지역 학교

우리는 우리보다 더 나은 처지에 있는 다른 학교들(학생들의 사회·경제적 수준이 더 높고, 더 나은 역량을 갖춘 교사들이 있는 학교들)과 교육 수준을 맞추기 위해 고군분투해 온 도심 학교이다. 예전 방식들은 더 이상 우리 학생들에게 도움이 되지 않는다. 학생들은 투쟁이나 다름없는 일상생활과 아무런 관련도 쓸모도 없는 사실들을 받아들이면서 몇 시간이고 계속해서 앉아 있을 수 있는 만큼 적성과 흥미, 인내심을 가지고 있지 않다.

우리 아이들에게 학교는 의미 없는 수업 그 이상을 제공하는 장소가 되어야 한다. 아이들은 자신의 삶을 향상시키기 위해 배우고 있는 것들이 유의미하다는 것을 알 필요가 있고, 학교에서 일어나는 일에 신명 나게 그리고 능동적으로 참여할 필요가 있다. 또한 학문적·사회적·정신적·육체적·감정적 그리고 영적 필요를 충족시켜주는 학교에서 지낼 수 있어야 한다. 우리는 아이들의 특별하고 개인적인 요구를 듣지 못하는 시스템에 갇혀 있다. 이제는 그러한 굴

개인 사정이 어려운 학생들은 자신이 배우고 있는 것과 자신의 삶을 더 나아지게 만드는 것 사이의 긴밀한 관련성을 이해할 필요가 있다. 녹음 레코딩 고등학교The High School for Recording Arts는 학생들에게 음악 사업에 대한 탐구와 운영, 그 밖의 창의적인 시도를 통해 고등학교 졸업장을 취득할 수 있는 기회를 준다.

레에서 벗어나 과감하게 다른 무언가를 할 적절한 때가 되었다.

평판 좋은 공립 학교

우리는 공립 학교이고, 모든 면에서 우리 학생들은 잘 지내고 있다. 우리의 시설은 새롭지는 않지만 합리적으로 잘 유지되고 있다. 향후 몇 년 동안 입학생 수가 다소 증가할 것으로 예상한다. 우리는 학교 건물과 운동장을 업그레이드하기 위한 상당한 자본 개선 프로젝트를 계획하고 있다. 우리가 속한 학구에는 시설 관련 부서가 잘 갖춰져 있고 학교 건축 기준도 최신으로 유지되고 있다. 학구의 시설 관련 부서는 우리 대신 공립 학교 디자인에 경험이 많은 훌륭한 지역 건축가를 고용하려고 계획하고 있다. 하지만, 우리가 교육의 미래에 대해 연구한 모든 것은 우리가 몇 년 동안 알게 된 것에 확신을 갖게 해 준다.

학생들은 학업에만 치중하는 우리의 교육 모델로는 소프트 스킬(복잡한 문제 해결, 비판적 사고, 창의성, 그리고 성공적인 대학 생활과 삶에서 필요하며 세계 경제 포럼에서 검증된 기타 능력 등)을 적절하게 갖출 수 없다는 점에서 실망감을 드러내고 있다. 그렇기에 우리는 우리 학교에 배정된 자금을 현재와 미래의 교육에 대한 새로운 비전을 반영하는 혁신적인 캠퍼스를 개발하는 데 사용하고 싶다. 이 과정에서 학구가 개발해 온 모든 학교 건축 기준은 젖혀 두고, 새로운 길로 나아가는 과정에서 우리의 생각을 인도해 줄 유명한 교육 전문가와 디자인 전문가를 활용하여 적합하다고 판단되는 곳에 자금을 사용하고자 한다. 확실한 것은 지금이 건설 자금을 사용할 수 있는 시기이고 이 돈을 쓰고 난 뒤에는 우리 스스로 재창조할 수 있는 절호의 기회가 다시는 오지 않을 것이기 때문에, 우리는 지금 이 이 일을 해야만 한다는 것이다.

높은 평가를 받는 공립 교육구

우리는 입학생 수가 증가하고 있는 성공적인 공립 교육구이다. 우리 구역의 학교 건물들 중 일부는 업그레이드되어야 하고 일부는 교체되어야 한다. 또한 새로운 동네에는 하나의 초등학교가 새로 건설되어야 한다. 우리는 지역 사회에서 우리 교육구의 자본이 필요한 프로그램에 자금을 대는 것과 관련된 주민 투표를 승인해 줄 것이라 확신한다. 미래의 요구에 더 부합하는 새로운 교육 패러다임을 반영하여 시설을 새로 짓거나 개조하는 데 자본금을 투입하는 것은 학생들을 위해 봉사할 수 있는 절호의 기회가 될 것이다. 우리가 교육에 대해 연구한 모든 것들은 우리가 학생들을 위해 더 노력해야 한다는 것을 말해 준다. 우리는 학교 건물이 교육이 어떤 모습이어야 하는지를 보여 주는 최고의, 그리고 가장 가시적인 증거라고 믿는다. 현재, 학생들에게 개인화된 최상의 학습 경험을 제공하려는 공동체로서의 우리의 열망과 실제로 학생들에게 제공되는 것 사이에는 큰 차이가 있다. 주민 투표로 자금을 조달하는 건설 프로그램은 우리 교육구를 미래로 힘차게 인도하는 이상적인 기회이다.

새로운 사립 학교

우리는 교육의 세계에 첫발을 내디뎠다. 우리는 학교를 만들기 위해 이 일을 하고 있고, 교육적·건축학적으로 현재와 미래의 요구를 충족하도록 설계된 첫 번째 학교가 성공적으로 지어진다면 더 많은 학교를 만들 수도 있다. 학교는 학교가 어떠해야 한다는 선입견에 의해서가 아니라 교육, 신경학, 환경 디자인 분야의 연구를 바탕으로 운영되어야 한다. 우리는 문화적으로 적절하고 학문적으로 의미 있는, 실습 및 체험 학습 기반의 배움 환경을 만들고 싶다. 공장식 모델 학교의 확산으로 인해 현실적이고 의미 있고 적절한 교육을 받는 것과 관련해 아이들이 선택할 수 있는 대안은 거의 없다. 우리는 우리 학교가 아이들에게 현실적이고 의미 있고 적절한 교육을 제공하고, 그 과정에서 과거가 아닌 미래를 위해 학교를 개발하거나 재설계하는 일을 심사숙고하고 있는 누군가에게 영감을 줄 수 있기를 바란다.

평판 좋은 교구 학교

본교는 가톨릭계 학교이며 양질의 교육을 제공하는 것으로 널리 알려져 있다. 우리는 오래된 역사적 건물을 사용하고 있으며, 캠퍼스가 우리만의 특질을 잘 보존하고 있기에 학교를 업그레이드하는 과정에서 캠퍼스에 변화를 주는 일에 신중을 기하고 싶다. 우리는 급진적이거나 혁명적인 변화를 추구하지는 않는다. 다만 이번 도전이 시설의 변화와 함께 우리의 교육 모델에 대해서도 다시 생각해 볼 수 있는 절호의 기회임을 잘 알고 있다. 우리는 새로운 시설과 교육 모델이 우리의 유산과 영적인 전망을 반영하면서도 동시대 교육에서 줄 수 있는 최선의 것을 줄 수 있기를 바란다.

흥미롭게도, 두 번째 질문인 "앞으로 어떻게 해 나갈 것인가?"에 어느 모로 보나, 블룸필드 힐스Bloomfield Hills는 미시간주에서 가장 부유한 커뮤니티 중 하나라고 할 수 있다. 하지만 그곳의 오래된 고등학교들이 빠르게 퇴락함에 따라, 해당 학구에서는 기존 학교들을 새로 통합하여 블룸필드 힐스 고등학교를 짓기로 결정했다. 이 학교는 교실을 모두 없애는 대신 모든 학생이 러닝 커뮤니티에서 공부할 수 있게 지어졌다. 사진은 학생들이 러닝 커뮤니티 내의 작은 모둠실에서 스스로 학습을 관리하는 모습이다.

사진 © 제임스 헤프너James Haefner

대해서는 각 교육 그룹들이 거의 동일하게 대답할 가능성이 높다. (신생 학교인 그룹 5는 제외함.) 앞으로 살펴볼 두 번째 질문의 답에서 서로 다른 교육 그룹들 간의 공통점을 발견할 수 있을 것이다.

앞으로 어떻게 해 나갈 것인가?

1단계: 적임자를 버스에 태우는 체계적인 프로세스

짐 콜린스Jim Collins는 그의 책『좋은 기업을 넘어 위대한 기업으로Good to Great』에서 학교의 성공적인 변화와 관련하여 누차에 걸쳐 입증된 것에 관해 이야기했다. 그의 말에 따르면 "극적이고 주목할 만하고 좋음을 넘어 위대해 보이는 기업의 혁신 사례들에는 동일

인도 뉴델리에 있는 베가 학교와 같이 개인화와 학생 중심 학습의 메시지를 마음에 새기는 학교는 거의 없다. 제10장의 사례 연구를 보라. 베가 학교는 형태와 기능이 진정으로 혼합된 사례이다. 이곳의 학습 공간들은 베가가 실천하는 민주주의 교육 모델을 위한 매우 다양한 기회를 제공한다.

볼더 밸리 학교(자세한 사례 연구는 제9장 참조)는 학교 건설을 위한 채권 자금의 상당 부분을 사진에서 보이는 크리크사이드 초등학교Creekside Elementary School와 같은 새 학교들에 투입했다. 이 학교의 공간들은 미국 대부분의 공립 학교의 공간과는 전혀 다르게 구성되었다. 이 학교들은 학구 자체의 혁신 가이드 원칙에 따라 측정된 높은 학생 성취도에 최적화되어 있다.

한 점이 있다. 기적의 순간은 없었지만, 대신 현실적이고 실용적이며 최고를 추구하는 프로세스(프레임 워크)가 각 회사의 리더 및 직원들을 장기적으로 올바른 궤도에 오르게 했다는 것이다."[3]

콜린스가 언급하는 내용은 변화를 모색하고 있는 다양한 그룹에 대해 우리가 앞에서 말한 바에서도 발견할 수 있다. 두려움이 아닌 희망이 변화의 원동력이 되어야 하며, 혁명적인 격변보다는 체계적인 과정이 원하는 결과를 낳게 할 가능성이 가장 높다.

콜린스는 또한 학교 변환 프로세스(시설에 대한 지출이 변화의 촉매가 되는)에 강력하게 적용할 수 있는 두 번째 중요한 원칙에 대해서

디트로이트 힐렐 학교는 항상 높은 수준의 교육을 제공하는 것으로 명성이 높았다. 하지만 이곳의 구성원들은 교실이 지배적인 학문적 요소가 되는 건물 안에 갇혀 있었다. 몇 년 동안 힐렐 학교는 시설을 완전히 바꿨을 뿐만 아니라, 그 과정에서 교수법과 교육 과정 모두를 대대적으로 업데이트했다. 오늘날 힐렐의 우수성에 대한 명성은 삶과 학문에 필수적인 능력의 개발을 촉진하는 혁신적인 학습 공간 디자인에 반영되어 있다.

도 이야기했다. 그것은 '누가'와 '어디서'를 다룬다. 콜린스의 말을 다시 인용하면 "좋은 기업을 넘어 위대한 기업이 된 회사의 리더들은 '어디'가 아닌 '누구'로부터 시작한다. 버스에 탄 사람들 가운데 엉뚱한 사람은 내리게 하고, 적합한 사람을 태우되 그들이 올바른 자리에 앉게 하는 것에서부터 시작하는 것이다. 또한 위대한 회사의 리더들은 상황이 아무리 심각하더라도 첫째가 사람이고 그다음이 방향이라는 원칙을 고수한다."[4]

학교의 경우, 변화의 성격이나 범위에 대한 결정을 내리기 전에 경험이 풍부한 이해 관계자들의 대표들로 자문단을 구성해 자본 프로젝트를 지도하고 진행 상황과 효용성을 모니터링할 것을 권고한다. 우리는 종종 이런 팀을 PLT라고 부르는데, 이는 '프로젝트 리더십 팀Project Leadership Team'의 줄임말이다. PLT의 첫 번째 과제는 교육 혁신(교육 기관을 위한 새로운 패러다임의 건축적 솔루션을 고민하는 등의)에 능하면서 흠잡을 데 없는 자격을 갖춘 평판 좋은 회사를 참여시키는 것이다. 이와 같은 내부 핵심 조직이자 컨설턴트 팀이 준비되면 2단계를 수행할 준비가 완료된 것이다.

PLT가 시설 프로젝트의 전반적인 방향을 설정하는 것이 중요하다. 이를 통해 더 큰 이해 관계자 커뮤니티의 의견을 분석하고 최종 작업의 범위를 결정할 수 있는 일정과 예산의 틀을 짤 수 있을 것이다. 첫 번째 단계는 (특히 전체 캠퍼스에 걸쳐 있는 여러 건물을 다시 살피는 것까지 포함하는 대규모 프로젝트의 경우) 시설의 마스터플랜을 개발하는 것이다. 사진은 싱가포르 미국 학교Singapore American School에서 학교 감독관인 칩 킴벌Chip Kimball 박사가 이끄는 시설 마스터플랜 리더십 팀이 필딩 나이르 인터내셔널의 일원들과 만나 회의하는 장면이다.

2단계: 발견

이 단계의 과정은 진짜 말 그대로, 발견하는 것이다. 바로 이 단계에서 PLT와 함께 앞서 선택된 학교 건축가 혹은 변혁의 주도자들이 비전화 연습, 원탁 토론, 강의부터 실습 워크숍, 현장 답사, 기회 및 제약 조건 검토에 이르기까지 다양한 전략을 활용해 모든 주요 학교 이해 관계자들과 만난다. 이 과정에서 학교 이사진, 관리자, 학생 및 학부모 대표 그룹, 교사, 기부자 및 후원자, 지역 사회 원로 등이 모두 협의를 하게 될 것이다. 이 단계에서 학교의 관리자는 리처드 엘모어 교수가 '학습 이론'이라고 정의한 것과 씨름해야 한다.

"이상적인 세계에서 학교와 학교가 포함된 시스템은 사회의 다

교사들은 학교의 주요 이해 관계자들 가운데 높은 영향력을 지니고 있다. 일단 교사들이 교실을 잃는 것이 아니라 전체 학습 공간을 얻는다고 확신하게 되면, 그들은 변화 과정에서 강력한 아군이 되어 줄 것이다. 스페인 바르셀로나의 몬세라트 학교Col.legi Montserrat 교사들이 전통적인 방식으로 설계된 학교 건물을 현대적인 학습 환경으로 변화시킬 수 있는 방법을 제안하고 있다.

른 존재들에게 학습이 어떤 모습이어야 하는지에 대한 본보기가 된다. 하지만 현실 세계에서 학교는 종종 더 이상 존재하지 않는 세상에서의 학습의 모습을 본보기로 삼는다."[5] 이러한 사실에도 불구하고 학교는 자신들이 현실과 동떨어진 무의미한 방향으로 빠르게 나아가고 있다는 것을 인정하지 않을 뿐 아니라, 심지어는 그 사실 자체도 깨닫지 못한다. 학교는 엘모어 교수의 학습 이론을 프레임 워크로 사용하여 자신들의 시스템과 관행을 정직하게 살펴보는 비전화 연습을 함으로써, 먼저 자신들의 현재 위치를 자각하고 그것을 통해 열망하는 곳과의 격차를 좁힐 수 있어야 한다.

학교는 재학생들뿐만 아니라 더 많은 대상에게 서비스를 제공하는 지역 사회의 중심이다. 학교는 또한 재산 가치에 영향을 미치고, 그들이 위치한 지역의 특성과 성격을 규정하는 강력한 상징적 존재감을 가질 수 있으며, 시민의 위상과 자부심의 상징이 될 수 있다. 그러므로 학교의 변화는 다른 기관의 변화보다 더 많은 이해관계자들의 주의를 끌어들일 것이다.

2단계의 실무 회의 및 워크숍이 끝나면 정리와 분석이 필요한 대량의 자료가 수집될 것이다. 이는 앞으로 이어질 모든 작업의 정보가 될, 교육 및 물리적 공간 설계에 대한 몇 가지 가이드 원칙Guiding Prinliples을 개발하는 일로 이어질 것이다. 이에 대한 내용은 볼더 밸리 교육구Boulder Valley School District의 사례를 다루는 장에서 보다 심도 있게 다룰 예정이다.

3단계: 교육 생태계 문서의 개발

학교 건축가로 일하던 초반, 우리는 건축이 그 자체로는 강력한 가시적 변화로 보이지만 교육에 의미 있고 실질적이며 지속 가능한 변화를 가져오기에는 충분하지 않다는 것을 깨달았다. 우리는 무엇이 효과가 있고 무엇이 효과가 없는지를 차근차근 깊이 있게 탐구하면서, 학교 역시 다른 모든 기업들과 마찬가지로 잘 통합된 시스템이라는 것을 깨달았다. 원하는 대로 결과가 나오지 않은 것은 시스템이 제대로 작동하지 않았기 때문이 아니라, 시스템은 설계된 대로 작동했지만 그것이 우리가 구현하려고 했던 변화와 충돌했기 때문이었다.

학교 운영을 위한 다양한 요소들에 대해 생각해 보라. 여기에는 다음과 같은 것들이 포함된다.

1. 학교의 비전과 사명
2. 교육 과정
3. 일정
4. 학습 공간
5. 교사의 준비성
6. 부모의 기대
7. 정부 규정 및 표준
8. 평가
9. 기술
10. 서비스(음식, 교통, 유니폼 등)
11. 커뮤니티 리소스(지역 사회 자원)

앞서 언급한 11가지 요소들이 각 학교에서 작동하는 방식을 정

통합된 교육 생태계 사례

원칙

1. 배움은 탐구에 기반을 둔다.
2. 학습은 호기심과 연결을 갖추하는 문화를 조성한다.
3. 학습의 숙달도는 여러 가지 방법으로 입증된다.
4. 학습은 사회적 과정이다.
5. 학생들은 지역 또는 글로벌 커뮤니티에서 실제 문제를 해결한다.
6. 학습은 개인화되고 학습자가 주도한다.

성과

1. 고급 기술 분야의 사실적 리더십 선구자
2. 자기 주도적 학습자 및 기획
3. 다중 언어의 지원인
4. 전문적인 커뮤니케이터 및 스토리텔러
5. 맞춤형 기술 강화된 학습 순응

방법론

1. 교사와 학생의 리더십 공유
2. 구성적이고 협업적으로 있는 단위
3. 다중 코호트 지도
4. 주제별 통합 프로젝트 및 교육 과정
5. 맞춤형 기술 강화된 학습

시스템

1. 응집력 있는 교육 목표
2. 유연한 교육 준비
3. 공동 축진 코호트 스케줄링
4. 수요 기반 지도 그룹핑 (코호트 또는 교과가로지르기)
5. 다양한 학점 이수 체계

환경

1. 협업적으로 연결된 러닝 커뮤니티
2. 차별화를 지원하는 다양한 공간
3. 학생 주도성 공간
4. 기술 지원실
5. 지역 및 글로벌 커뮤니티 연결 지원

평가

1. 형성 및 총괄 평가
2. 지속적인 데이터 기반 평가
3. 학생 작성 평가
4. 기술 지원 평가
5. 교사 및 동료 연계 평가
6. 학생의 자기 평가 및 성찰

이 도식은 교육 생태계를 나타내 하나의 예시이다. 학습 환경은 다양한 관련 구성 요소를 가진 더 큰 시스템의 중요한 구성 요소 중 하나에 불과하다. 학교 디자인은 단순히 학습 공간을 개선하기 위한 방법이 아니라 전체 시스템을 재창조하는 촉매제 역할을 할 때 가장 효과적일 수 있다.

의해 줄 일련의 하위 구성 요소들이 있다.

우리가 여기서 언급하는 교육 생태계는 가장 수준 높은 마스터 전략 계획Master Strategic Plan이다. 이는 각 요소들을 현재 시스템에 존재하는 상태로 보고, 현재 존재하는 것들과 어떤 요소들이 조화를 이루고 어떤 요소들이 갈등을 일으킬지 알아낼 새로운 열망의 지도를 겹쳐서 보여 준다. 예를 들어, 새로운 비전이 좀 더 경험에 의거한 교육 과정을 요구한다면, 현재 사용되는 45분 단위의 수업 시간은 학생 프로젝트의 질을 측정하는 방법, 새로운 모델을 학부모들에게 제시하는 방법, 교사들이 적절히 훈련받도록 하는 방법 등 다양한 요소들과 함께 변경되어야 할 수도 있다.

기존 생태계에 새로운 생태계를 중첩해 살펴보는 것은 11개의 범주 안에서의 모든 갈등과 격차를 파악하여 전체 시스템이 정돈되게 하고 내부 갈등이 존재하지 않게 할 것이다. 앞서 나열한 11개의 범주 가운데 일부는 다른 범주로 합쳐질 수도 있다. 또는 학교마다 자신만의 버전을 고안할 수도 있다. 일단 교육 생태계를 정리하는 문서가 완성되면, 이 문서는 변경 사항을 모니터하고 관리하는 효과적인 수단이 될 것이다.

1~3단계와는 달리 다음에 이어지는 단계들은 순차적으로 수행될 필요는 없다. 오히려 각 단계들 간에 상호 관련성이 있고, 한 단계에서의 작업이 다른 단계에서 이루어지는 결정에 영향을 미칠 수 있기 때문에 동시에 수행하는 것이 유용하다.

4단계: 디자인의 구현

우리가 여기서 기술한 변화의 과정에는 디자인에 관한 흥미로운 반전이 있다. 학교에 관한 한 건축 분야에서의 일반적인 관행은 "형태는 기능을 따른다."라는 믿을 만하고 널리 인정된 모토를 따르는 것이다. 우리는 '형태'와 '기능'이 동시에 그리고 지속적으로 서로에 도움이 되고 영향을 주고받는다는 단순한 이유에서 이 모토를 버릴 것을 제안한다.

우리의 제안은, 디자인에 관한 한 '형태는 비전을 따른다'는 것이다. 어떤 학교가 될 것인가에 대한 비전은 협상 불가능한 유일한 것이며 이는 앞서 언급했던 가이드 원칙의 형태로 표현될 것이다. 이는 교육 모델의 디자인뿐만 아니라 학교 건축에도 적용된다.

디자인은 본질적으로 창조적인 프로세스이기 때문에 물리적 공간의 디자이너가 교육 부문과 긴밀하게 조화를 이루어 작업한다면, 전통적인 프로세스(스페이스 프로그램이 건축가에게 전달되는)로는 결코 얻을 수 없는 혁신적인 솔루션을 산출할 가능성이 높다.

주목해야 할 또 다른 점은, 건축의 세계에서 사용되는 기술이 학교 의뢰인에게 이전에는 상상할 수 없었던 기회를 제공한다는 것이다. 학교 의뢰인은 마스터플랜 및 초반 콘셉트 구상부터 계획 설계, 기본 설계, 실시 설계로 이어지는 과정에서 디자인 개발에 적극적으로 참여할 수 있게 될 것이다. 새로운 3D 모델링 기술을 통해 의뢰인은 설계 결과물을 거의 실제에 가까운 형태로 볼 수 있으며 건설 도급 계약자에게 입찰 문서를 발급하여 형태를 구체화할 수 있다. 조명, 색상, 가구, 바닥, 벽, 천장 마감재와 같은 요소들도 최종 결정을 내리기 전에 이 단계에서 모두 가상으로 살펴볼 수 있다.

그래서 디자인은 그 어느 때보다도 건축가와 학교가 더 협력해야 하는 과정이 되었다. 이러한 협력의 추가적인 이점은 공사 도중

이제 클라이언트는 새로운 3D 모델링 기술을 통해 디자인된 내용을 거의 실제 형태에 가깝게 볼 수 있다. 사진은 필딩 나이르 인터내셔널이 설계한 중국 충칭의 예칭 국제 학교Yew Chung International School 의 새 중등학교 예상도이다. 창문의 패턴에는 자연에서 발견되는 비선형적인 비율이 반영되었으며, 조각한 것 같은 건물의 전체 형태는 학교가 종종 호텔이나 사무실 건물과 비슷한 형태로 지어지는 단조로운 방식에서 벗어나도록 디자인되었다.

이나 완공 이후에 무언가를 변경해야 하는 경우의 수를 줄여 준다는 것이다.

5단계: 교육 계획안의 시행

디자인과 비전은 서로 정보를 주고받아야 하므로 건축가들이 창의적인 해결책을 탐구하는 동안에도 학습 디자인 요소는 구체화되기 시작할 것이다. 2단계(발견) 및 각 학교의 학습 이론 실험 과정에서 수행한 작업이 이 단계에서 쓸모 있게 활용될 수 있을 것이다. 2단계에서 가장 높은 수준으로 방향을 제시하면, 교육 생태계를 조성하는 과정(3단계)을 통해 그 논의를 확장해 나갈 것이다.

5단계는 현존하는 것들과 학교의 교육 비전을 실현하기 위해 해야 할 것들 사이의 격차를 줄이는 일이다. 이때가 바로 새로운 교육 과정을 만들고, 일정을 재조정하고, 기술과 교육 파트너를 포함한 적절한 자원을 선택하고, (가장 중요한) 교사들 간의 준비도 격차를 해소하기 위한 전문성을 개발하는(교원 연수와 같은) 등의 일들이 실제로 이루어지는 단계이다. 전문성 개발은 교육자들이 경력 전반에 걸쳐 업무 역량을 계속 강화할 수 있도록 학교와 학구가 사

질 좋은 학습 공간은 시작에 불과하다. 이러한 학습 공간의 효과는 교사들이 새로운 교육 과정을 만들고, 일정을 재조정하고, 기술과 교육 파트너를 비롯한 적절한 자원을 선택하고, 무엇보다도 전문성을 개발하는 것(교사들이 새로운 공간이나 개조된 공간을 최대한 활용할 수 있게 하기 위해 고안된)과 같은 중요한 일들을 하는 데 해당 공간이 얼마나 영감을 줄 수 있느냐에 달려 있다.

싱가포르 미국 학교 산하 중학교의 학습 디자이너 겸 교장인 로런 메르바흐는 인도 뉴델리의 미국 대사관 학교American Embassy School에서 교사를 대상으로 시설 관련 워크숍을 운영하고 있다.

용하는 전략이다. 가장 효과적인 전문성 개발 방식은 교사들로 구성된 팀이 학생들의 요구에 집중하도록 독려하는 것이다. 이런 경우 교사 팀의 구성원들은 모든 학생들이 성공할 수 있도록 함께 배우고 문제를 해결할 것이다.[6]

발견(2단계)과 교육 생태계 조성(3단계) 과정에서 빛을 보게 된 것은 '성공'이라는 단어이다. 분명한 것은, 성공을 높은 시험 점수나 대학 진학률로 정의해 온 학교들은 모든 학생들이 중요한 삶의 기술(이 책의 핵심인 '생활하기', '놀기', '참여하기', '창조하기' 장에서 언급한)을 습득해 학교를 떠나는 것이 성공이라는 더 전체론적인 정의에 초점을 두는 학교들과는 다른 전문성 개발 전략을 채택할 것이라는 점이다.

6단계: 새로운 모델에 대한 거버넌스, 관리 및 운영의 조정

교육 계획안을 성공적으로 구현(5단계)하는 데 필요한 많은 요소들은 학교가 새로운 비전에 맞춰 적절하게 개정될 때만 생겨날 수 있다. 예를 들어, 교사에게 더 많은 권한을 부여하는 분산형 리더십 모델을 적용하고자 한다면 여러 층의 권한으로 구성된 전통적인 학교의 위계질서를 일부 해체해야 할 수도 있다. 마찬가지로, 교사들에게 교육 과정의 실천을 위한 더 큰 통제력과 자율성이 부여될 수도 있고, 일정 또한 재조정되어야 할 수도 있다.

전통적으로 학교 이사회에 부여된 권한의 일부 또는 공립 학교의 경우 학구의 지도부가 행사하는 통제권은 재분배되거나 완전히 없어질 수 있다. 행정적인 문제에 있어서 다른 사람의 도움을 받을 수 있다면 교장도 가르치는 일에 더 활발히 참여하게 될 수도 있다. 학교는 지역 사회 및 기업체와 상호 유익한 협력 관계를 맺을 수 있다. 다시 말해, 새로운 모델을 운영하는 학교가 어디든지 간에 모든 사람이 올바른 방향으로 나아가도록 전체 시스템이 정리되어야 한다는 말이다. 이 단계에서는 학교의 새로운 비전을 구체화하기 위한 새로운 조치가 구현됨에 따라 비교육 지원 영역에 있어서 교육 생태계와의 간극이 해소된다.

7단계: 소식의 전달(진행 상황의 전파)

이 단계에서는, 학교가 나아가기로 한 새로운 방향에 대한 이해관계자들의 폭넓은 지지를 구하기 위해 의사소통이 조화롭게 이루어질 수 있도록 노력해야 한다. 이는 매우 중요한 단계로, 제대로 진행된다면 각 학교의 운명을 좌우할 다양한 이해 관계자들 사이에 합의를 도출할 수도 있다.

흥분과 공포는 동전의 양면과 같다. 변화에 대한 두려움은 다른 산업보다 교육에서 훨씬 더 강력하게 힘을 발휘한다. 왜냐하면, 보상은 변화에 대한 비용을 감안해서 기대한 만큼 명백하게 나타나지 않기 때문이다. 또한 변화를 시도했다 실패하면 아이들의 삶이 위태로워질 수도 있기 때문에 실패는 당연히 용납할 수 없는 것으로 여겨진다.

앞서 설명한 세심하고 체계적이고 시범을 거친 과정들을 주의 깊게 따르다 보면 변화를 가져오는 모든 일에 대한 실제적인 저항이 따를 것이다.

우리가 권장하는 것은 발견의 단계부터 시작하되 PLT에 속한 대표가 커뮤니티 전체에 완전한 정보를 제공하는 투명한 의사소통 전략을 사용하라는 것이다. 투명한 의사소통은 학교 측에서 필요하다고 생각하는 만큼의 많은 워크숍과 담소, 그리고 적정한 수준의 온라인 포럼(비공식적인 수단으로 정보를 주고받기에는 너무 큰 커뮤니티의 경우)에 의해 강화된다. 이것의 목적은 모두가 '함께 배우는 것'이다. 왜냐하면, 뉴욕의 잘 만들어진 광고처럼 '교육받은 소비자가 우리 최고의 고객'이기 때문이다.[7]

8단계: 계속하기

7단계까지 마쳤으면 이제 집에 가도 좋다고 말해 주고 싶지만, 불행히도 그렇게 되지는 않는다! 오늘날 모든 산업을 괴롭히는 빠르게 진화하는 환경 속에서, 모든 기업들과 마찬가지로 교육 또한 계속해서 역동적인 혁신의 과정을 이어 가고 있다. 우리가 명확하게 밝힌 것은 멈추지 않고 변화하는 프레임 워크이다. 사실, 우리는 건물(아마도 우리 모두가 당연하게 '고정된' 것으로 여기는 교육의 한 요소) 자체도 '살아 있다'고 주장하며, 그 특성을 나타내기 위해 '배우는 건물Learning building'이라는 용어도 만들었다. 정적인 건물의 경직성에서 '배우는 건물'의 민첩성agility으로 옮겨 갈 필요가 있다. 잘 설계된 학교 건물은 매일, 매주, 매월, 그리고 매년 매우 다르게 보인다. 눈에 보이는 변화는 학교 사용자가 학습 활동에 맞게 자신의 학습 환경을 조성한 직접적인 결과가 될 것이다.[8]

'배우는 건물'의 효과는 2017년 봄베이 미국 학교 산하 초등학교를 방문했을 때 쉽게 확인할 수 있었다. 이 학교는 2011년 초에 우리가 설계한 뒤로 계속해서 운영되어 왔는데, 놀란 것은 2012년에 학교가 개교했을 때와 2017년에 방문한 당시를 비교하면 학교

봄베이 미국 학교 산하 초등학교는 2012년 가을에 문을 열었다. 이 사진은 2017년 학교 설계 담당 건축가로 활동한 필딩 나이르 인터내셔널 팀원들이 학교를 방문한 자리에서 찍은 것이다. 2017년의 공간은 별다른 공사가 이루어지지 않았음에도 2012년의 공간과 상당히 달라 보였는데, 이는 '배우는 건물'의 특징이라 할 수 있다.

지역 사회 전체, 어린이들이 참여한 기공식 사진이다. 학교가 학부모, 교사, 학생들이 아주 색다르게 느낄 만큼 혁신적으로 설계될 수 있는 비결은 바로 지역 사회의 참여와 지원이다.

콜로라도주 에리에 있는 볼더 밸리 학군의 메도라크 학교

의 거의 모든 것이 달라졌다는 점이다. 학교 조직을 바꾸는 데 자금은 거의 들지 않았다. 그 모든 변화는 많은 이동식 칸막이를 재배치하고 몇몇 새로운 가구들을 들여놓음으로써 가능했다. 우리는 시간이 지남에 따라 그와 같은 변화가 생겨날 수 있게 학교 고유의 '뼈대'를 만들어 냄으로써, 학교가 2011년 당시에 시의성 있고 유의미해 보이던 아이디어로 인해 건설된 지 수십 년 후에도 조직 모델 등에 갇혀 있지 않게 했다.

건물에서 나타난 민첩성은 봄베이 미국 학교의 모든 측면에서도 똑같이 드러난다. 그들은 변화를 열정적으로 받아들인다. 그들에게 변화는 두려워해야 할 것이 아닌 삶의 한 방법일 뿐이다! 우리는 변화의 여정을 시작하는 모든 학교가 이와 같은 사고방식을 가졌으면 한다. 다음 모퉁이에서 기다리고 있을 새롭고 흥미로운 기회가 무엇이든 간에 열린 마음으로 준비하길 바란다. 지난 몇 년의 시간이 미래에 나아가야 할 방향에 대한 어떤 암시를 준다면 분명 많은 기회가 기다리고 있을 것이다.

8장

선도 과업
첫걸음 내딛기

"분에 넘치는 일을 하지 마라."라는 말은 참되고 지속적인 교육의 변화에 관심이 있는 모든 이들에게 조언하고 싶은 격언이다. 학교의 학생 수가 200명이든 4,000명이든, 그리고 현대식 교육 모델을 지지하는 모든 이해 관계자들을 얼마나 전략적으로 배치해 왔든 상관없이 실제 변화의 과정은 여전히 어렵고 복잡할 것이다.

우리는 변화해야 할 부분이 너무 많고 지나치게 야심 찬 계획을 세우는 경우 결국 혁신이 뒤로 밀려나 버리는 것을 몇 번이고 목격했다. 바로 그 혁신을 위해 모든 과정이 디자인되었음에도 불구하고 말이다. 수년간 이 문제를 해결하기 위해 우리는 학교가 작지만 가시성 높은 프로젝트부터 시작할 것을 추천하고 있다. 여기서 말하는 프로젝트는 이상적으로 4~6명의 교사들과 100~150명의 학생들로 이루어진 하나 또는 그 이상의 러닝 커뮤니티를 만드는 것을 가리킨다.

우리는 이러한 소규모 시범 프로젝트를 선도 과업Pathfinder이라
고 부르는데, 이는 각 학교가 성공으로 가는 자신들만의 고유한 경
로를 찾을 수 있게 도와주기 때문이다. 하나 또는 그 이상의 선도
과업 프로젝트를 통해 변화의 여정을 시작할 경우 얻을 수 있는 몇
가지 이점이 있다. 다음은 그중 일부이다.

**선도 과업은 '가장 쉽게 달성할 수 있는 목표'라고 생각하는 것을 중심으로 구
축될 수 있다.**

학교는 최소한의 노력으로 완성할 수 있는 프로젝트를 선택할
것이다. 예를 들어, 학교는 리노베이션할 곳으로 기술적 또는 구조
적 문제가 최소한으로 발생하는 공간을 선택할 것이다.

교사들은 스스로 선택할 수 있다.

선도 과업은 규모가 작기 때문에 모든 교직원의 지지가 필요하
지는 않다. 학교는 선도 과업 팀에서 일할 혁신적인 교사들을 찾는
다는 내부 광고를 내고 거기에 스스로 지원하는 교사들만을 팀원
으로 고려할 수 있다. 또한 '혁신 연구원(선도 교원)'과 같은 특별한
직함을 부여하거나 적절하게 급여를 인상해 주는 등의 재정적 인
센티브를 제공함으로써, 용감하게 나서는 교사들의 구미를 당기게
할 수도 있다. 선도 과업을 위해 일할 사람들을 자발적으로 지원한
이들로 제한하게 되면 현상을 유지하고자 하는 '저격수'들을 없앨
수 있기 때문에 선도 과업이 성공할 가능성은 더 커진다.

우리가 경험한 바로는, 선도 과업 프로젝트는 교육 환경을 극
적으로 변화시킴으로써 미래의 모습을 보여 주는 빛나는 본보기의

뉴욕주 채퍼콰에 있는 호러스 그릴리 고등학교는 9~12학년을 대상으로 하는 공립 학교로, 미국의 상위권 고등학교 중 하나이다. 이 학교는 높은 지위를 유지하기 위한 최초의 선도 과업 프로젝트로 기존의 전형적인 교실 3개를 개조해 아이랩을 개발했다. 이것이 엄청나게 성공함으로써 호러스 그릴리 고등학교뿐만 아니라 학구 전체에 걸쳐서 더욱 혁신적인 교수·학습 방식들이 채택되었다.

역할을 한다. 선도 과업 프로젝트의 결과물인 새로운 모델을 선도 과업을 적용하지 않은 다른 부분, 즉 오래된 모델과 나란히 놓고 보면 새로운 모델의 양적·질적 이점이 빠르게 드러난다. 이 방법은 자발적인 변화를 유도하고, 강요보다는 영감에 의해 움직이게 한다. 새로운 길로 나아가기 위해 선도 과업을 활용해 변화를 확장하는 학교와 학구는 학교 내에서 대대적인 문화적 변화를 가져오

사진 속 선도 과업 공간은 플로리다주 탬파에 있는 홀리 네임스 아카데미의 중학교 학생들을 위한 아이
랩이다. 이곳은 원래 전통적인 형태의 컴퓨터실이었다. 이 선도 과업 프로젝트의 성공으로 고등학교에
도 유사한 공간을 만들었으며, 대대적인 리노베이션 프로젝트를 통해 교수·학습 모델을 중학교 전체로
확장했다.

려고 하는 학교와 학구보다 훨씬 더 성공할 가능성이 크다.

선도 과업은 행동으로 옮길 수 있는 일련의 디자인 가이드 원칙
으로 정리될 때 성공적으로 이루어질 가능성이 가장 크다. 다음은
'러닝 커뮤니티 선도 과업'을 진행할 때 공간 디자인, 교육 과정, 하
루 일과 계획, 교수법, 학생과 교사를 그루핑하는 방식에 있어서 참
고할 수 있는 몇 가지 가이드 원칙이다.

1. 교사는 교실을 소유할 수 없지만 공동 작업 공간은 공유해야 한다.

2. 교사는 학제 간 교육 과정을 설계하고 제공하기 위해 협력해야 한다.

3. 수업은 학생의 자율성, 팀워크, 참여를 극대화하면서 직접 지도를 제한하는 방식으로 계획되어야 한다.

4. 과제를 수행하는 과정에서 학생들은 다양한 학습 방식에 노출되고, 자신들의 필요에 가장 잘 맞는 다양한 공간을 활용하도록 지도받는다.

선도 과업이 성공적으로 확장된 몇 가지 사례가 있다.
뉴욕주 채퍼콰에 있는 호러스 그릴리 고등학교Horace Greeley High

두 공간 사이의 폴딩 도어에 주목하라. 두 공간은 각각의 교사들이 자신의 학생들만을 관리하던 별도의 교실이었다. 이제는 (대부분의 경우) 폴딩 도어를 열어 놓으면서 학생과 교사가 공간을 넘나들며 자유롭게 어울릴 수 있는 '러닝 스위트learning suite'[2]가 생겨났다. 이러한 배치는 학생들이 서로 자원을 공유하고 더욱 다양한 학습 경험을 할 수 있게 한다.

싱가포르 미국 학교

두 개의 방으로 만든 더 큰 공간footprint에서는 여러 학습 방식이 동시에 일어날 수 있다. 이러한 공간에서 학생들은 오래된 개별 교실 공간에 있을 때보다 조용하고 독립적으로 책을 읽을 수 있다.

School에서 시작된 아이랩 프로젝트는 나중에 호러스 그릴리 학교 전체뿐만 아니라 교육구의 다른 모든 학교에서 다양한 프로젝트로 변형되었다.

플로리다주 탬파의 홀리 네임스 아카데미는 도서관을 아이랩으로 전환한 선도 과업을 발판으로 삼아 중학교 전체를 완전히 바꾸었다.[3]

싱가포르 미국 학교 산하 중학교에서 진행하고 있는 작업 또한 성공적인 선도 과업의 예로 꼽힌다. 이 학교는 "짓고, 살고, 소유하라."라는 철학을 실천한다. 이 책이 집필될 당시 싱가포르 미국 학교 산하 중학교의 교육자 두 명은 새로운 러닝 커뮤니티 모델이 그곳에서 어떻게 작동하는지에 대한 흥미로운 글을 썼다. 싱가포르 미국 학교 교사들의 블로그(Teacher Perspectives)[4]에 게시된 로런 메르바흐Lauren Mehrbach와 크리스 바인게스너Chris Beingessner의 글을 원문 그대로 여기에서 소개하겠다.

왜 유연한 학습 환경인가?
—로런 메르바흐와 크리스 바인게스너

지난해(2017년) 싱가포르 미국 학교의 중학교는 교육 건축 회사인 필딩 나이르 인터내셔널과 협력해 6학년 A팀 공간을 개조함으로써 보다 유연한 학습 환경을 조성했다. 이번 여름 우리는 6학년 학생과 교원 모두가 보다 유연한 학습 환경에 접근할 수 있도록 6B와 6C로 이어지는 두 번의 리노베이션을 더 진행할 예정이다. 제이콥스Jacobs와 올콕Alcock(2017)이 언급했듯이, "학교의 가장 근본적인 구조는 종종 스케줄, 물리적 공간, 학습자를 그룹화하는 패턴, 인적 구성 등에서의 진보를 방해한다." 우리는 학생들에게 좀 더 개인화된 학습 경험을 제공하기 위해 노력하는 가운데, 그에 필요한 능력이 물리적 공간에 의해 제한받고 있다는 것을 깨달았다. 대부분의 성인들은 자신들이 전통적인 교실 환경에서 잘 교육받았다고 생각했다. 그렇기에 부모들은 우리가 왜 이런 변화를 만들려고 하는지에 대해 의문을 품을 수 있다.

유연한 학습 환경은 개인화 학습과 어떤 관련이 있는가?

"유연한 학습 환경은 학교가 개인화를 최대한 지원하기 위해 교직원, 공간, 시간과 같은 자원의 활용을 조정하는 것을 의미한다(월Wall, G. 2016, 20쪽)." 그렇다면 싱가포르 미국 학교에서 개인화는 무엇을 의미하는가? 그것은 학생들이 원할 때 필요로 하는 것에 접근할 수 있게 하고 학습의 다음 단계가 무엇인지 알게 하고 강점과 관심 분야를 추구할 수 있게 하는 것으로, 서로 다른 구조와 교수 전략과 교육 과정에 대한 접근 방식의 조합이다. 우리는 어린이에게 개인화된 경험을 형성해 주는 데 필수적인 요소에 대한 우리의 생각을 표현하기 위해 '유연한 학습 환경', '맞춤형 경로', '역량 기반 발달 과정'이라는 용어를 사용하고자 한다.

따로 쓰던 두 개의 공간을 두 명의 교사가 공유하는 싱가포르 미국 학교의 러닝 스위트는 유연한 학습 환경의 한 예이다.

유연한 학습 환경이란 무엇인가?

사람들은 유연한 학습 환경이라고 하면 단지 물리적인 공간만을 생각하는 경향이 있다. 공간이란 원래부터 유연한 것이 사실이지만, 유연한 학습 환경을 만드는 요소에는 단지 물리적인 평면도나 가구에 대한 선택권 외에도 훨씬 더 많은 것들이 있다. 현대의 유연한 학습 환경을 이야기할 때에는 학습하는 중에 학생들을 그룹화하는 방법, 하루를 더 유연하게 사용하는 방법과 같은 학습 환경의 다른 요소들도 다룬다.

유연한 물리적 공간

리노베이션 이후에는 6학년의 러닝 커뮤니티들이 유연성을 갖게 될 것이다. 교사들과 학생들은 교육과 학습에 가장 적합하다면 여전히 전통적인 교실과 유사한 환경의 작업 공간을 구성할 수 있다. 하지만 분명한 것은 모든 학습이 의자와 테이블이 있는 하나의 방 안에 22명의 학생들이 모여 있는 형태로만 이루어지지 않을 것이라는 사실이다.

새로운 러닝 커뮤니티는 다양한 크기의 그룹을 위한 공간을 만들어 유연성을 추가로 확보한 것이 특징이다. 곳곳에 브레이크아웃 공간이 있어 학생 그룹이 협업하며 작업할 수 있다. 아주 작은 브레이크아웃 공간에서 할 수 있는 활동으로는 도서 파트너십과 문학 모임, 수학 탐구, 단독 작업, 그룹 발표를 위한 협업 등이 있다. 또한 교사는 학생들에게 개념을 다시 가르치거나 학생들이 파악하고 있는 개념을 확장시키는 수업을 하기 위해 학생 그룹을 아주 작은 브레이크아웃 공간으로 끌어들일 수도

사진은 덜 '교실같이' 배치된 유연한 학습 환경의 다른 부분이다. 이 공간이 리노베이션될 때 생성된 외부 공간을 향한 투명성에 주목하라.

있다. 이러한 공간은 대규모 그룹 활동을 위해서 학년 단위의 모든 학생들을 한자리에 모으기 위해 개방될 수도 있다. 가령 방문자들이 학생 전체를 대상으로 프레젠테이션을 하거나 학생들이 지역 사회와 배움의 축복을 나눌 때 등을 예로 들 수 있다. 6학년 수학 선생님인 크리스 먼든Kris Munden은 다음과 같이 말했다. "네 개의 벽이 있는 전통적인 교실에서 여러분은 그 네 개의 벽에 의해 제한을 받습니다. 하지만 여기에는 네 개뿐 아니라 열고 닫을 수 있는 여러 개의 벽이 있기 때문에, 공간이 우리에게 해야 할 일을 지시하는 것이 아니라 공간을 우리의 필요에 맞게 만들 수 있습니다."

유연한 시간

유연한 학습 환경에는 물리적인 공간 말고도 훨씬 더 많은 것들이 있다. 유연성은 시간을 어떻게 쓰는지에 대한 문제로도 이어진다. 우리 중학교의 모든 핵심 팀들은 자신들의 일정을 유연하게 조정할 수 있으며 실제로도 종종 그렇게 하고 있다. 각 학년에는 영문학, 수학, 과학, 사회, 체육 등의 핵심 프로그램에 전념할 수 있는 타임 블록a block of time이 주어진다. 각 팀은 자신들에게 배정된 타임 블록을 다양한 용도에 맞춰 여러 가지 방법으로 재구성할 수 있다. 예를 들어, 초청 연사나 홈 베이스에서의 활동을 위해 스케줄을 조정하거나 수업 시간을 단축하는 식이다. 6학년의 경우, 종종 점심시간 이후에 유연하게 쓸 수 있는 타임 블록을 만들기 위해 핵심 교과 블록core block을 단축하기도 한다. 학생들은 교사의 지도를 받아 학습과 관련

유연한 학습 환경에는 비공식적인 작업, 소규모 그룹 교육, 독립적인 학습을 위한 공간이 포함된다.

하여 자신이 지원받기를 원하는 것이 무엇인지 스스로 파악하고, 타임 블록을 활용하여 부족한 부분을 보강하기 위한 워크숍에 참여한다. 이를 통해 학생들은 어떤 날에는 그날 배운 개념을 교정할 수도 있고 어떤 날에는 충분히 이해하고 있는 개념을 확장시킬 수도 있다. 때때로, 이러한 타임 블록은 학문 간의 명시적인 연관성을 만드는 데에도 사용된다. 학생들은 이 시간을 이용하여 여러 과목에서 학습한 내용을 하나로 묶어 주는 단원 마무리 프로젝트를 수행할 수도 있다. 이러한 유연한 타임 블록을 통해 학생들은 자신의 학습 경로를 개인화하고, 여러 학문의 지식을 연계하며, 자신의 배움에 있어 스스로의 목소리와 선택권을 가질 수 있게 된다.

유연한 학생 그루핑

전통적으로, 학생들은 학기 초부터 특정 시간에 특정 수업을 위해 그룹 지어지며, 그렇게 정해진 그룹은 학년 내내 변하지 않는다. 예를 들어 영문학 수업을 듣는 한 학생의 급우들은 일 년 내내 그대로 변함없이 유지된다. 그러나 이는 모든 학생들이 동일하고, 동일한 시간에 같은 배움의 기회를 필요로 한다고 가정하는 것과 같다. 우리는 모든 학생들이 독특하다는 것을 알고 있고, 그런 점에서 이 모델은 한계가 있다.

우리 학교 교사들은 긴밀히 협력하여 학생들의 필요에 따른 수업 계획을 세운다. 만약 한 그룹의 학생들이 특정한 수학 개념을 이해하기 위해 시간을 좀 더 필요로 하는 경우, 그들이 어떤 수학 수업에 속해 있는지에 관계없이 유연하게 쓸 수 있는 타임 블록을 이용해 학생들에게 추가 시간이 주어진다. 교사들은 다음 단계에서 학생

유연한 학습 환경의 일부로서, 교사들은 작업과 계획을 수행할 수 있는 자신만의 공간을 가진다. 애플의 '지니어스 바Genius Bar'처럼 생긴 안내 데스크가 있는 개방형 사무실을 주목하라. 학생들이 도움이 필요할 때면 언제든 교사를 찾아가 도움을 요청할 수 있다는 발상에서 나온 공간이다. 사진에서 볼 수 있듯이 공간에는 학생들이 다른 러닝 커뮤니티를 방해하지 않고 팀으로 작업할 수 있는 소그룹 공간들이 인접해 있다.

들이 학습해야 하는 것이 무엇인지 확인하기 위해 정기적으로 형성평가를 실시한다. 그런 다음 학생들은 해당 데이터에 의거하여 그룹 지어지거나 다른 그룹으로 재편되기도 한다. 다음의 리서치 결과 역시 이를 확인해 준다. "학생의 필요에 맞도록 학생 그룹화 전략을 수시로 조정하기 위해 데이터를 활용하는 것이 개인화의 핵심적인 측면이다. 이는 교사가 학생들의 필요에 부응하고 학생들이 콘텐츠를 통해 다양한 경로를 택할 수 있게 하는 또 다른 방법이다(페인Pane, 스타이너Steiner, 베어드Baird 그리고 헤밀턴Hamilton, 2015, 22쪽)." 아이들이 리노베이션된 공간에 있는지의 여부와 관계없이, 중학교 전체 교사 팀들은 유연한 학생 그루핑에 집중할 방법을 찾고 있다.

유연한 학습 환경은 학습 수준을 향상시키는가?

교사는 동료들과 더 협력적으로 일할 때 특정 과목에서 다루는 능력과 내용 전체를 가로지르는 연계성을 본다. 우리의 조사 데이터에 따르면 6A 공간에서 학습하는 학생들은 자기 반 선생님들이 다른 반에서 무슨 일이 일어나고 있는지 알고 있다고 느꼈고, 해당 학생들은 유연한 학습 환경에 있지 않은 학생들보다 여러 과목을 연계해서 이해할 가능성이 더 높았다.

학제 간 계획과 대화는 교사들이 교과 영역을 초월하는 기술에 대한 공통의 언어를 개발할 수 있게 해 준다. 예를 들어 주장을 명문화하

싱가포르 미국 학교의 선도 과업 중 하나는 메이커 스페이스와 그곳에 인접한 학습 영역을 잘 통합하는 것이었다.

싱가포르 미국 학교는 선도 과업으로 조성한 학습 공간을 설명하는 포스터를 게시했다. 초기의 선도 과업은 4,000명의 학생이 있는 학교에서 비교적 적은 수의 학생에게만 직접적인 영향을 끼쳤다. 그렇기 때문에 이러한 홍보 작업은 선도 과업의 공간에서 구현되는 철학, 교수법, 교육 과정의 규모를 확장하고 복제하기에 앞서 학습 환경을 개선하기 위해 학교 측에서 기울인 노력을 학교 공동체 전체에 알린다는 점에서 가치가 있었다.

고, 증거로 그 주장을 뒷받침하며, 추론을 사용하는 것은 형식은 다를지라도 거의 모든 과목에서 수행하는 활동이다. 유연한 학습 환경에서 교사들은 자신들의 언어를 더 쉽게 보정하고, 학생들은 교과 영역의 내용과 기술을 명확하게 연결한다. 비록 이것이 표준화된 평가 결과에 명시적으로 나타나지 않을 수도 있지만, 학생들은 우리가 알고 있듯 세상을 상호 연결된 것으로 보는 능력을 키울 수 있다.

사실, 학교 운영을 위해 과목을 분리하기 시작한 것은 1892년으로 거슬러 올라간다. 그 당시 뉴욕의 전국교육협회는 공립 학교 기관으로 하여금 교과 분리 방침을 따르게 했다(제이콥스와 올콕, 2017, 65쪽). 우리는 별개로 분리된 교과목대로 세상을 경험하지 않는다. 따라서 학생들 역시 그런 방식으로 세상을 경험하지 않게 해 주는 것이 합당하다. 덧붙여서, 학생들은 유연하게 그루핑하고 융통성 있게 시간을 사용함으로써 강점이 있는 영역에서는 더 나아갈 수 있고, 도전의 영역에서는 추가적인 시간과 지원을 얻을 수 있다. 랜드 연구소의 연구에 따르면, "개인화된 학습 관행을 활용하는 학교의 학생들은 그렇지 않은 학교의 또래 학생들에 비해 두 학년을 뛰어넘을 정도로 학업 능력이 향상했으며. 학업 수준이 뒤처졌던 학생들도 지금은 전국 평균을 따라잡았거나 그 이상의 성적을 기록하고 있다(페인 외, 2015, 34쪽)."

유연한 학습 환경은 교사의 효율성을 어떻게 증가시키는가?

우리 모두에게는 삶에서 효율성을 높여 주는 파트너가 있다. 그는 업무 중 몰랐던 것들을 알려 주는 직장 동료이거나 육아에 대한 책임을 공유하는 배우자일 수도 있다. 공동의 목표를 위해 누군가와 긴밀히 협력하는 것(직장에서 업무 성과를 높이거나 자녀를 훌륭한 인간으로 성장시키는 것 등)은 우리의 삶을 향상시킨다. 파트너나 지원해 주는 팀이 있을 때 우리는 더 나은 결정을 내리고 더 나은 성과를 낼 수 있다. 교사들도 마찬가지이다. 동료들과 함께 협력적으로 일할 때, 그로부터 오는 이점은 상당하다. 교사들은 서로에게서 배울 수 있고 자신의 교수 활동에 관해 더 정기적인 피드백을 받을 수 있다. 보다 유연한 환경에서 오는 투명성은 교사들로 하여금 가능한 한 가장 높은 수준으로 일하게끔 한다. 몇몇 교사들은 유연한 환경이 날마다 '최고의 성과'를 끌어 낼 수 있게 해 준다고 말한다. 교사들은 모든 학생의 학습에 공동의 책임감을 느낀다.

참고 문헌

Jacobs, H. H., & Alcock, M. (2017). Bold moves for schools: How we create remarkable learning environments. Alexandria, VA, USA: ASCD.

Pane, J., Steiner, E., Baird, M., & Hamilton, L. (2015). Continued Progress: Promising Evidence on Personalized Learning. doi:10.7249/rr1365

Wall, G. (2016). The Impact of Physical Design on Student Outcomes (New Zealand, Department of Education). Retrieved from (https://www.education.govt.nz/assets/Documents/Primary-Secondary/Property/School-property-design/Flexiblelearning-spaces/FLS-The-impact-of-physical-design-on-student-outcomes.pdf)

선도 과업 평가 도구

이론적으로는, 혁신적이고 새로운 접근 방식을 학교 전체에 적용하기 전에 작은 규모로 먼저 시도해 보는 것이 타당하다. 하지만 그렇게 하더라도 "그 방식이 효과가 있을지 어찌 아는가?"와 같은 커다란 의문점은 여전히 남는다. 선도 과업(들)이 구축되면 후속 질문들이 이어진다. "시행한 방식의 효과는 어떻게 알 수 있는가?", "그 방식이 우리가 전에 적용했던 것보다 얼마나 더 나은가?"

우리가 이 책의 전반에 걸쳐 언급했듯이, 배움의 공간은 우리가 무엇을 배우고, 어떻게 배우고, 얼마나 잘 배우는지에 영향을 미친다. 그러나 배움의 공간 그 자체는 단지 전체 이야기의 일부일 뿐이다. 배움의 공간의 진정한 효과는 그곳을 점유하는 교사와 학생들에 의해 학습 자원으로서의 잠재력이 충분히 활용될 수 있을 때에만 확인될 수 있다. 이는 여느 학습 자원과 다를 바 없다. 포장을 뜯지도 않았거나 인터넷에 연결되지 않은 채로 책상 위에 놓여 있는 컴퓨터는 학습자를 온라인에서 정보의 세계 혹은 다른 사람들과 연결해 줄 수 있는 컴퓨터만큼 효과적일 수는 없다.

우리는 '선도 과업 평가 도구'라는 것을 개발했다. 이는 구축된 환경의 가치를 극대화하기 위해 일정, 평가 같은 보조적인 요소들을 어떻게 활용하고 있는가에 관한 맥락에서 학습 공간의 품질과 사용을 평가하는 하이브리드 도구이다. (앱을 통해 모바일 기기에서도 이용할 수 있다.)

선도 과업 평가 도구는 선도 과업이 완료되기 전과 후 기존 공간의 전반적인 교육 효과를 살피는 기준으로 사용하기에 가장 유용하다고 할 수 있다. 선도 과업 평가 도구는 교육 과정, 교수법, 일정, 학생 주도성, 교사의 협력, 그리고 평가의 완벽한 혼합이다. 이는 학습 내용과 상관없이 학생들을 위한 훌륭한 교육 경험을 설계하는 메커니즘 역할을 하며, 본질적으로 교수·학습에 지대한 영향을 미치는 질적 요소가 무엇인지를 정량화할 수 있는 척도가 된다.

선도 과업 평가 도구 - 교육 및 학습의 효능

이 양식을 사용하여 선도 과업이 완성된 전과 후 제안된 선도 과업 공간 내에서의 지정된 타임 블록의 수업 또는 학습 활동의 효능을 평가한다

활동	설명	중요도	맞음	부분적으로 맞음	아님	가중 점수
			2	1	0	
독립 작업	과제는 학생들이 독립적으로 공부할 수 있는 기회를 준다.					
소규모 팀	과제는 학생들이 2~5명으로 구성된 작은 팀으로 일할 수 있는 기회를 준다.					
다양한 기술	다양한 기술이 제시되며 학생들은 그러한 기술들을 교사의 도움 없이 이용한다.					
학생 중심	작업의 대부분은 최소한의 직접 교육을 받은 학생들에 의해 이루어진다.					
학생 주도	학생들은 무엇을 언제 어디서 어떻게 배울 것인가를 결정하는 주도권을 가진다.					
코치로서의 교사	교사들은 대부분 옆에서 지켜보며 학생들의 요청이 있을 때만 도움을 준다.					
다중 그룹화	공간은 다양한 크기의 학생 그룹을 수용하도록 설계되었다.					
유연한 일정	일정은 학생들이 지속적인 간섭 없이 일하면서 시간을 보낼 수 있도록 설계되었다.					
실내외 작업	공간은 날씨 좋은 날에 학생들이 밖에서 작업할 수 있도록 설계되었다.					
학제 간	학생 작업에는 학제 간 융합 요소가 있다.					
실습	학생들은 자신의 이론 지식을 실습으로 응용할 수 있는 기회를 갖는다.					
평가	평가는 학생들이 필수적인 삶의 기술을 얼마나 활용하고 향상시키는지 측정하기 위한 것이다.					
교사 협업	공간은 교사들에게 협력하고 협업할 수 있는 기회를 제공하기 위해 설계되었다.					

*이 값은 제안된 가중치일 뿐이며, 각 학교 또는 학군은 우선순위에 따라 가중치를 조정해야 한다.	매우 우수	85-100%	실제 점수	
	우수	70-90%	최대 가능 점수	
	보통	50-70%	최대 가능 점수의 백분율 점수	
	부족 - 노력이 필요함.	30-50%	선도 과업 등급 척도 © 필딩 나이르 인터내셔널	
	매우 부족 - 상당한 변화가 필요함.	30% 미만		

선도 과업 평가 도구는 선도 과업이 완료되기 전과 후 기존 공간의 전반적인 교육 효과를 살피는 기준으로 사용하기에 가장 유용하다고 할 수 있다. 선도 과업 평가 도구는 교육 과정, 교수법, 일정, 학생 주도성, 교사의 협력, 그리고 평가의 완벽한 혼합이다. 이는 학습 내용과 상관없이 학생들을 위한 훌륭한 교육 경험을 설계하는 메커니즘 역할을 하며, 본질적으로 교수·학습에 지대한 영향을 미치는 질적 요소가 무엇인지를 정량화할 수 있는 척도가 된다.

이 과정에서 학교가 캠퍼스 전체를 리노베이션하거나 건물을 증축하는 등의 더 큰 규모로 프로젝트를 진행하고자 할 때 이를 정당화하는 데 필요한 신빙성 있는 데이터도 제공해 줄 수 있다.

9장

변화의 확대
볼더 밸리 학교 이야기

이 책에서 초점을 맞추는 새롭게 개선된 교육 모델은 리처드 엘모어 박사가 제11장에서 상세히 기술하고 책 전반에 걸쳐서 언급하기도 한 학습 연구에 기초를 두고 있다. 이 책에서는 학교를 구조화하는 새로운 방법을 제안한다. 이는 현재 대부분의 학교가 설계되는 방식과는 매우 다른 것이다. 이 방법은 '교실 모델' 대신에, 학생들이 독립적 학습, 동료 간 학습, 팀 협업, 연구 및 프레젠테이션과 같은 다양한 학습 방식 가운데 원하는 학습 방식을 자유롭게 선택할 수 있고 교사들은 전통적으로 디자인된 학교 건물에서보다 더 강력한 교육 기회의 다채로움을 가질 수 있는 '러닝 커뮤니티 모델'을 채택할 것을 권장한다.

여기에 제시된 많은 아이디어는 대다수의 교육자들이 지지하는 근거를 바탕으로 하기 때문에 이의를 제기할 여지가 거의 없다. 하지만 그렇다고 해서 교육 모델을 교사 중심에서 학생 중심으로, 그

콜로라도주 에리에 있는 볼더 밸리 교육구의 첫 번째 학교인 메도라크 학교는 PK(유아원)에서 8학년까지의 학생들을 수용한다. 학교는 다섯 개의 러닝 커뮤니티로 구성된 역동적인 학습 환경을 자랑한다. 건물 안팎의 혁신적인 교육 공간들은 모든 주체들을 위한 협업과 파트너십을 촉진한다. (이상 교장 브렌트 칼드웰Brent Caldwell과 교감 세넨 크나우어Sennen Knauer로부터의 전언)

사진 © 프레드 J. 후르마이스터

리고 교실 기반에서 커뮤니티 기반으로 바꾸는 것이 쉽다는 뜻은 아니다. 경쟁이 치열한 시장 안에 있는 명문 사립 학교조차도 변화에 어려움을 겪는다. 특히 전체 교육구와 여러 학교에 걸쳐 변화를 적용하는 것에는 훨씬 더 많은 어려움이 따른다. 그럼에도 불구하고, 큰 규모의 변화를 일으키는 것이 결코 불가능한 일은 아니라는 사실을 보여 주기 위해 이 장에서 볼더 밸리 교육구Boulder Valley School District(이하 BVSD)의 사례를 소개하고자 한다.

향후 몇 년간, 건물의 노후도 때문에라도 전국 수천 개의 학교들을 업그레이드해야 하는 상황이다. 학교를 양호한 상태로 보수하기 위해 수십조 원의 건설 자본이 지출될 것이다. 이 지출이야말로 교육의 미래에 대한 고민을 바탕으로 새로 짓거나 리노베이션하는 학교 건물을 통해 새로운 교육 모델을 진정으로 구현해 볼 수 있는 엄청난 기회이다. 비슷한 크기의 교실들이 연속된 곳에서 볼 수 있는 교육 모델이 아닌 오늘날의 요구에 더 잘 부합하는 교육 모델 말이다.

BVSD는 매우 용감했다. BVSD에는 미국 콜로라도주 볼더를 포함하여 인근 지역 사회에 위치한 56개 학교에 3만 1,000명의 학생들이 있었다. BVSD의 일원들은 학교를 짓고 리노베이션하기 위해 주민(공채) 투표 제도를 통해 모금한 5억 7,600만 달러(한화 약 8,000억 원)가 학생들에게 더 나은 학습 장소를 제공해 주고 교사들에게는 다른 교육 모델(더 협력적이고 다학제적인)을 실행해 볼 기회를 주는 데 활용될 수 있음을 인식했다. 기금의 상당 부분은 BVSD의 여러 학교에서 건축학적·공학적·구조적으로 필히 개선되어야 하는 부문들에 할당되었다. 공채 예산에는 3개의 새로운 초등학교와 1개의 K-8 학교 신축 비용, 그리고 중고등학교를 포함한 여러 학교의 대대적인 리노베이션 자금이 포함되어 있었다. 한편 다양한 학교의 혁신적인 프로그램을 지원해 주기 위해 따로 떼어 놓은 약 2,000만 달러(한화 약 280억 원)의 임의 기금(자유 재량 기금)이 있었는데, 이를 받기 위해 각 학교는 자본금 지출로 어떻게 직접적인 교육적 이득을 만들어 낼 수 있는지를 보여 주는 혁신 프로젝트 계획을 개발했다. 이를 성공적으로 수행해 지원 기금을 받은 학교들 가운데 일부 사례가 이 장에 요약되어 있다.

우리는 이번 장에서 교육구의 관점에서 본 볼더 밸리 이야기를 소개하기 위해 교육혁신국장 키파니 리촉Kiffany Lychock을 초청해 이야기를 들었다. 또한 새롭게 리노베이션된 시설에서 일하고 있는 교사들을 대상으로 설문 조사를 실시해 줄 것을 BVSD 측에 요청했다. 우리는 교사들이 교육구의 강한 열망을 달성하는 데 혁신적인 학습 환경이 얼마만큼 기여했다고 느끼는지 이해하고 싶었다. 이 책에 (경고와 함께) 제시한 설문 조사 결과는 교사가 1년 미만의 시간 동안 실무를 하는 데 있어 상당히 중요한 변화를 겪었음을 보여 준다. 우리는 새로운 학습 모델이 표준이 되었을 2~3년 후에 동일한 조사를 실시해 본다면 그 결과는 학습 공간과 교수 관행 간의 훨씬 더 긍정적인 상관관계를 보여 줄 것이라고 확신한다.

혁신과 건설 자금이 BVSD의
배움의 스토리를 어떻게 변화시켰는가

―교육혁신국장 키파니 리촉[1]

건축과 관련하여, "형태는 기능을 따른다."라는 말이 있다. 교육자들의 혁신적인 가르침에 영감을 받아 미래를 위한 학습 환경을 구축하고 있는 볼더 밸리 교육구 학교들이야말로 이 말의 가장 확실한 사례에 해당한다.

BVSD의 '학생의 성공을 위한 건축' 채권 프로그램 중에서 교육 혁신 부문은 혁신적인 교수 활동을 육성하기 위한 촉매로서 지역 사회가 그들의 학교 시설 개선을 지원하면 무엇을 달성할 수 있는지를 보여 주는 좋은 예이다.

볼더 밸리의 납세자들은 2014년에 5억 7,600만 달러(한화 약 8,000억원)의 채권을 통과시켰다. 이 기금의 절반은 학생들을 위해 건물을 안전하고 건강하고 편안하게 만드는 데 드는 수리 및 유지 보수 비용으로 유보해 두는 한편, 또 다른 초점은 교육에 대한 혁신적인 접근 방식을 지원하는 학습 환경을 창조하는 것에 두었다.

러닝 커뮤니티 철학의 핵심은 교사와 학생의 협업이다. 이는 전통적인 방식(모두 같은 크기의 개별 교실로 둘러싸인 복도가 있는)으로 설계된 BVSD의 학교들 입장에서는 큰 변화가 아닐 수 없다. 전통적인 방식의 학교 환경은 교사가 주도하는 강의 위주의 교육적 경험을 위해 만들어진 것이다. 교수·학습의 수요에 더 잘 부응하는 공간의 질을 극대화하기 위해 학교를 혁신적으로 설계할 수 있는 방법을 재고하는 일은 우리가 다양한 학습 방식들을 뒷받침할 수 있는 공간을 만

켄타우루스Centaurus 학교의 리노베이션은 21세기에 학생들의 성공을 지원하려면 어떻게 학교를 지어야 하는지를 재고할 수 있게 한다. 켄타우루스는 이 교육구에서 교육 혁신의 본보기로 여겨져 왔다. 이 학교는 BVSD의 전략 계획과 혁신 가이드 원칙에 활기를 불어넣어 줄 혁신적 학습 환경뿐만 아니라 교수·학습에 대한 21세기적 접근 방식의 모델 역할을 하게 될 것이다.

드는 데 힘을 실어 주었다. 이와 같은 공간으로는 전문가에게 배우기 좋은 공간(보다 전통적인 강의 스타일 교육), 학생들이 소그룹으로 작업하면서 서로 배울 수 있는 협업 공간, 프레젠테이션 공간, 교사 협업실, 개인이 조용히 일하고 성찰할 수 있는 공간, 더 큰 커뮤니티가 모일 수 있는 공간 등이 있다. 목표는 학생들의 학습 요구에 민첩하게 반응하고 다양한 기능을 하는 학습 환경을 만드는 것이다. 혁신적인 학습 환경은 전통적으로 설계된 건물에 존재하는 장벽을 제거하고 학생과 교사가 더 광범위한 기회의 스펙트럼에 접근할 수 있게 한다.

에메랄드Emerald는 현실 세계를 반영하는 다양성의 균형을 갖춘 지역 학교이다. 학교는 2016~2017학년도에 완전히 재건되었고, 에메랄드 2.0은 2017년 8월에 문을 열었다. 새 건물은 혁신적인 학습 환경, 실외와 자연광에 대한 접근성, 완전히 업데이트된 기술을 특징으로 한다. 우리는 긍정적인 관계를 형성하고 모든 학생에게 집중, 성실, 존중, 공감이라는 네 가지 마법의 단어를 분명하게 가르치는 것이 학습의 효과를 극대화하는 가장 중요한 일이라 믿는다.

https://www.bvsd.org/elementary/emerald/Pages/emerald.aspx

채권이 승인된 지 불과 몇 년 만에, 볼더 밸리는 옛 건물에서는 구현이 거의 불가능했던 학생 중심 교수·학습 모델을 촉진하기 위해 4개의 학교를 새로 짓고 기존의 여러 건물을 리노베이션했다.

BVSD는 채권 자금을 활용해 최첨단 학습 환경을 조성하기로 한 데 이어, 4개의 학교 신축 및 2개의 리노베이션 프로젝트를 위해 세계적인 디자인 회사인 필딩 나이르 인터내셔널(이하 FNI)을 건축 설계사로 선정했다. FNI는 각각의 학교를 위해 지역 건축가와 협력 관계를 맺었다.[2]

첫 번째 업무로 FNI의 설계자와 교육 컨설턴트는 BVSD와 긴밀하게 협력하여 교육의 미래에 대한 더 큰 학교 커뮤니티의 열망과 이러한 열망이 건축 프로그램을 통해 실현될 수 있는 최선의 방법을 정의했다. 리더십 팀은 학생, 교사, 학부모, 관리자, 교육구의 교육 리더 등 주요 이해 관계자 그룹의 대표가 참여하는 협업 비저닝 프로세스collaborative visioning process를 진행했다. 이 과정에서 교육구의 혁신 가이드 원칙이 만들어졌고, 이는 이후 새로 지어지거나 리노베이션될 학교를 위한 기획, 설계, 건설, 운영 등의 전 과정에 적용되었다.

모든 학교에서 종종 간과되지만 매우 중요하게 고려되어야 하는 부분은 방문객을 따뜻하게 맞이하는 학교의 입구이다. 학교의 심장 역할을 하는 볼더 밸리의 에메랄드 초등학교 입구는 학생과 방문객 모두에게 따뜻하고 편안한 장소로 쓰이며 실제로 사용하는 벽난로가 놓여 있다. 이곳은 멋진 자연 채광이 들어오는 큐리오시티 센터Curiosity Center와 바로 연결되어 있어 그곳으로 쉽게 이동할 수 있다.
사진 © 폴 브로커링Paul Brokering

학교 신축 및 리노베이션 설계에 적용된 BVSD의 혁신 가이드 원칙

학습은 탐구에 기초한다.

우리는 배움이 진정한 질문으로부터 영감을 얻는 여정이라고 믿는다. 탐구의 여정을 통해 학습자들은 다음 여정을 위한 지식, 능력, 사고방식, 기술을 습득한다. 탐구는 학습의 여정을 떠난 이들을 특정 지식과 기술로 안내하려는 촉진자에 의해 시작될 수 있으며, 보다 이상적으로는 학습자 자신으로부터 시작될 수 있다. 우리는 질문이 정답만큼 중요하게 여겨지고, 모든 학습자가 질문할 수 있게 격려하는 문화를 육성할 것이다.

학습은 호기심과 위험을 감수하는 문화를 조성한다.

우리는 성공하기 위해서는 먼저 시도해야 한다고 믿는다. 이해를 추구하는 과정에서 학습자는 적절한 위험을 감수할 기회를 얻고, 그에 대한 지도와 격려를 받을 수 있어야 한다. 즉, 자신이 알고 있는 것과 할 수 있는 것의 한계 또는 현재 상황에 대한 한계를 확장해야 하는 것이다.

우리는 학습 과정에서 모든 연령대의 학습자가 크고 작은 위험을 감수하는 것을 지지한다. 우리는 호기심이 기계적 암기보다 더 중시되고, 이해를 추구하는 과정에서의 실패가 안일함(자기 안주)보다 더 중시되는 문화를 적극적으로 만들어 갈 것이다.

완전 학습 여부는 여러 가지 방법으로 입증된다.

우리는 기술에 대한 깊은 이해와 습득 수준을 보여 줄 수 있는 많은 방법이 있다고 믿는다. 학습자는 기술을 개발하고 자신이 아는 것을 다른 사람이 보고, 이해하고, 구축할 수 있는 방식으로 보여 준다. 학습자는 구두로, 시각적으로, 디지털 방식으로 그리고 다양한 매체를 활용하여 프로젝트를 완료함으로써 자신이 이해한 것을 표현하도록 요구받는다. 학습 촉진자뿐 아니라 학습자도 다양한 도구와 방식으로 스스로의 기술에 대한 이해도를 측정할 것이다.

학습은 사회적 과정이다.

우리는 배움에 상호 작용이 필요하다고 믿는다. 배움이 고립된 상태에서 이루어지면, 다른 사람들과 생각을 나눌 기회를 가질 수 없다. 학생들에게 협업의 기회를 제공해 주면, 학생들은 자신의 학습을 개선하고 성찰하고 그와 관련하여 영감을 받는 데 다른 사람들의 생각을 활용할 것이다. 이를 통해 학습자는 더욱 심도 있고 의미 있는 학습을 가능케 하는 매우 효과적인 협업을 추구하게 될 것이다. 우리는 의미 있는 상호 작용을 장려하고 모든 학습자가 안심하고, 귀 기울이며, 존중받는다고 여기는 커뮤니티를 구축하는 문화를 육성하기를 열망한다.

학생들이 지역, 국가 또는 글로벌 커뮤니티에 영향을 미치는 진정한 도전에 대한 솔루션을 제시할 수 있을 때 학습은 강력한 힘을 발휘한다.

우리는 실제 세계야말로 학습을 위한 가장 적절한 맥락이라고 믿는다. 지식과 기술을 자신이 살고 있는 세상에 적용할 때, 학습자는 자신이 배우고 있는 것에 더 관심을 가지게 될 것이다. 실제의 맥락에서 배우는 것이 학생들로 하여금 학습에 대한 더 큰 목적의식을 갖게 한다. 우리는 학습자가 자신에게 밀접하다고 느끼는 광범위한 커뮤니티에 영향을 미칠 수 있는 기회를 가지도록 학문적으로 엄밀한 학습 경험, 프로젝트, 사례 연구, 인턴십 및 봉사 학습을 설계하고 촉진한다.

학습은 개인화되고 학습자가 주도한다.

우리는 학습자가 자신의 학습을 높은 수준으로 관리하고, 자신의 학습에 소유권과 책임을 행사할 수 있는 기술과 역량을 개발하는 것이 중요하다는 것을 인식하고 있다. 우리는 학생들에게 자율성, 선택권, 자기 평가, 여러 번의 반복 학습, 적극적인 탐구, 다양한 학습 방식을 강조하는 학습 경험을 제공한다. 교수법의 경우 학습을 의미 있고 적절하며 매력적이고 효과적으로 만들기 위해 설계된 기초 형성, 구

에메랄드 초등학교의 큐리오시티 센터는 학생들이 탐구에 몰두하게 하는 공간의 훌륭한 예이다. 큐리오시티 센터는 학생들에게 정보의 생산과 창작을 장려하는 책과 다양한 기술들을 제공함으로써 도서관에 대한 아이디어를 완전히 새로운 차원으로 끌고 간다.

조화된 가이드, 촉진, 동료 간 학습 및 동료 평가, 커뮤니티와의 연계 및 기타 전략들을 강조한다.

혁신 가이드 원칙은 신축 학교와 리노베이션 프로젝트 모두에 대한 교육구의 이정표 역할을 하는, 열망을 담은 성명서이다. 새로 디자인된 학교들은 교육구의 혁신 학습 공간과 혁신 교육을 위한 청사진의 역할을 한다는 점에서 '청사진 학교Blueprint schools'라고 불린다. 청사진 학교라는 이름은 혁신적인 교육 공간과 혁신적인 교수·학습 관행을 연결하는 강력한 근거를 제공하는 책 『내일을 위한 청사진Blueprint for Tomorrow』에서 인용한 것이다.[3]

프로젝트가 구현되는 동안 청사진 학교에서 일상의 책임을 주도한 각 학교의 교장들과 교감들이 보여 준 상당 수준의 리더십에 특별히 감사의 인사를 표한다.[4]

다음은 혁신 가이드 원칙이 청사진 학교의 설계와 리노베이션 프로젝트 모두에서 어떻게 활용되었는지를 보여 주는 사례들이다.

큐리오시티 센터로의 변화는 과거에 볼더 밸리에서 도서관이 잘 운영될 수 있었던 모든 이유에 바탕을 두고 이루어졌다. 큐리오시티 센터는 학생들이 자기 주도권을 갖고 긴장을 풀 수 있는 조용한 공간이자 무엇보다도 편안한 환경에서 훌륭한 책들과 함께할 수 있는 장소이다.

메도라크 학교 큐리오시티 센터

청사진 학교에서

각각의 새로운 학교에 있는 큐리오시티 센터는 학생들이 탐구에 몰두하게 하는 훌륭한 장소이다. 정보화 시대의 도래와 인터넷을 통한 정보 접근성의 급격한 증가로 학교 도서관은 학생들의 학습을 지원하는 방법을 재정의해야 했다.

큐리오시티 센터에는 책은 물론 학생들이 조사하고 연구하는 데 도움이 되는 다양한 디지털 도구 및 자원들이 있다. 우리 학교의 교장 중 한 분은 이곳을 '끝내주는 도서관'이라 부른다.

큐리오시티 센터에는 연구를 위한 자원 외에도 아이들이 디자인 및 창작을 통해 탐구할 수 있는 메이커스페이스 공간이 마련되어 있다. 메이커스페이스에서는 보통 3D 프린터, 로보틱스, 그린 스크린 및 디지털 녹화 장비를 이용할 수 있다.

크리크사이드 초등학교는 교훈인 '호기심 키우기'의 일환으로, 호기심 양성에 대한 가이드 원칙을 채택했다.

이 학교는 학생들과 교사들에게 메이커스페이스 장비를 사용하여 호기심을 탐구하게 하는 것으로 첫해를 시작했다. 올해 교직원들은 '메이커 문화'를 만드는 데 더 중점을 두고 있으며, 메이커스페이스의 도구 활용 범위를 러닝 커뮤니티와 다른 커먼스 영역으로 확장하여 모든 학문 영역에서 교육을 강화하기 위해 노력하고 있다.

큐리오시티 센터는 학생의 탐구를 촉진하는 것 외에도 내부 라우팅 프로토콜 또한 확실히 지원한다. 학생들은 디지털 도구뿐 아니라 인쇄물과 디지털 정보에도 접근할 수 있어 독서와 리서치를 통해 호기심의 세계를 탐험할 수 있다.

러닝 커뮤니티 모델에 기반을 두고 지어진 새 건물들은 우리 교육구와 건축 지도자들에게 도전을 가했다. 특히 교사들의 경우 그들의 교수 관행을 재고하는 데 있어 상당한 위험을 감수하게 했다는 점에서 더욱 그러했다. 이는 우리에게 수많은 성공의 기회와 상당한 실패를 안겨 준 중대한 이차적 변화second-order change[5]였다. 그러나 이러한 실패 덕분에 우리는 '학생들에게 더 혁신적인 학습 기회를 제공하기 위해 우리의 생각을 확장한다'는 목표 아래에 재정비하고 다시 생각하고 재충전할 수 있었다.

리노베이션 프로젝트에서

휘티어 국제 초등학교Whittier International Elementary는 국제 바칼로레아(국제 학력 평가 시험) 초등 교육 프로그램Primary Years Program을 오랫동안 진행해 왔으며, 항상 학생들이 학습에 주도권을 가지고 자신의 세계에서 행동할 수 있도록 하는 다학제transdisciplinary 교과 단위 구성에 주력해 왔다. 휘티어는 교수자와 학습자의 요구에 맞도록 공간의 다양성을 확보하기 위해 이동이 가능하고 배치를 자유롭게 바꿀 수 있는 가구와 여러 종류의 좌석을 마련하는 데 혁신 자금을 투자했다. 교사들은 학습 환경을 개별 작업에 맞게 설정된 공간에서 다양한 규모의 그룹의 협업을 지원하는 공간으로 신속하고 유동적으로 전환할 수 있는 기능을 원했다.

새로운 가구 덕분에 다학제적 학습 단위의 목표에 더 잘 부합하는 학습 환경이 조성됐기 때문에 이제 학생들은 어떤 환경에서 배울지뿐만 아니라 무엇을 배울지에 대한 주도권과 선택권을 갖게 되었다. 이 프로젝트로 탄생한 학습 환경은 국제 바칼로레아 초등 교육 프로그램의 효과를 높였고, 이는 휘티어의 교실에서 매일 확인할 수 있다. 휘티어 국제 초등학교 교장은 "화장실은 쉬는 시간을 즐기는 학생들로 늘 소란스럽곤 했는데 공사 이후로 조용해졌다. 반면 새로운 가구 덕분에 학습하는 동안의 이동과 유연성에 대한 학생들의 욕구가 충족되면서 교실이 활기를 띠고 있다."라고 말했다.

애스펀 크리크Aspen Creek K-8 초등학교는 새로운 학습을 위한 아지트를 만들고, 도서관을 재설계하고, 원격 학습실을 만들고, 기존의 컴퓨터실을 '싱크 탱크'라는 이름의 메이커스페이스로 변경하는 등 학

볼더 밸리에 있는 서밋 중학교는 복도를 확장하고 그곳에 학습 스튜디오와 연계된 브레이크아웃 공간을 조성했다. 이전에는 활용하지 않던 복도를 어떻게 학교 일과 시간 내내 사용할 수 있는, 완전하게 기능하는 공간으로 만들 수 있었는지에 주목하라.

메도라크 학교의 카페테리아에서는 멋진 산을 전망할 수 있을 뿐 아니라 좋은 커피숍 수준의 편의 시설도 이용할 수 있다.

생들이 만들고, 발명하고, 새로운 아이디어를 실행해 볼 수 있는 공간에 접근할 수 있도록 했다.

이 학교는 학생들에게 발명하고, 만들고, 해체할 수 있는 장소와 기회를 제공해 주고자 학생 주도의 실험 영역을 만들었다. 또 다른 프로젝트의 일환으로 다른 학생이 진행하고 있는 작업물을 전시하는 공간을 만들어 학생들의 아이디어를 자극하고자 했다. 학습하는 동안 탐구와 창조에 몰두하는 학생들을 지원하기 위해 호기심과 디자인의 과정이 있는 유연한 영역들이 구축되었다.

지금까지 소개한 것들은 신축 및 리노베이션이 이루어진 볼더 밸리

학교 신축 및 리노베이션 프로젝트를 진행하는 과정에서 학생들은 '벽의 안쪽과 바닥 아래를 볼 수 있는' 흥미로운 기회를 통해 실제로 건물이 어떻게 제어되는지 볼 수 있다. 노출된 전기 시설, 기계, 배관 시스템의 요소들은 학교의 형식 교육과 비형식 교육의 주제가 될 수 있다.

메도라크 학교 사진 © 프레드 J. 후르마이스터

의 다양한 학교들이 BVSD의 혁신 가이드 원칙에서 영감을 받아 현실화한 수십 가지 혁신적 사례 중 일부에 불과하다.[6]

이 글을 쓰고 있는 시점에서 신축 및 리노베이션이 이루어진 BVSD의 학교들은 새 건물을 이용한 지 이제 막 2년째에 접어들었다. 얼마 되지 않은 시간에도 불구하고, 학생과 교사에게 혁신적인 교육 환경에서 학습할 수 있는 기회가 주어질 때 혁신적이고 학생 중심적인 교육 관행이 번성한다는 의미 있는 사례들이 나타나고 있다.

BVSD의 교사들을 대상으로 한 설문 조사 결과

이 장을 집필하기 위한 사전 준비로서, 우리는 교사 설문 조사를 통해 교수·학습의 관점에서 신축 및 리노베이션이 이루어진 학교 건물들에 대한 효율성을 측정해 줄 것을 BVSD에 요청했다. 다음은 교사 설문 조사 결과를 요약한 것이다.

1. 신축 및 리노베이션이 이루어진 6개 학교의 86명의 교사들이 설문 조사에 참여했다.
2. 전체 교사의 53%와 핵심 교과 교사의 100%는 새로운 학습 공간으로 이전한 결과 자신들의 교수법을 '상당히' 또는 '보통'으로 조정했다고 답했다.
3. 전체 교사 중 74%가 가르치고 배울 수 있는 새로운 기회를 많이 허용하는 새로운 공간으로의 전환이 '어렵지 않았다'고 답했다.[7]
4. 교사들은 신축 및 리노베이션 결과 가장 크게 개선된 점으로 '학생 중심 학습을 위한 공간', '일조 환경', '더 다양하고 편안한 가구'를 가장 많이 꼽

았다.

5. 교사들은 학생들의 학습에 가장 긍정적인 영향을 미치는 요소로 '다양한 공간'과 '이동이 가능한 모듈식 가구'를 꼽았다.

6. 교사의 97~99%는 신축 및 리노베이션이 이루어진 학교 건물들이 6가지 혁신 가이드 원칙의 이행을 '촉진했다'고 느꼈다.

이 결과들은 BVSD가 자본 건설 프로그램을 활용하여 그들의 교육 비전을 성공적으로 진일보시켰음을 보여 준다. BVSD는 신중하고 체계적이며 포괄적인 방식으로 자본 건설 프로그램을 실행함으로써 학교 커뮤니티 전체가 건축가 및 전문 개발 팀과 손잡고 건설 전중후의 모든 과정에서 협력할 수 있도록 했다. 교사들이 새로운 공간에 친숙함과 편안함을 느낄수록 그들의 교수 관행과 학생들의 학습에 계속해서 긍정적인 영향이 미친다는 증거가 있다. 학생들의 성취도는 전통적인 방식의 시험뿐만 아니라 복잡한 문제 해결, 비판적 사고, 창의력과 같은 가치 있는 기술의 획득과 구축 등에서도 필연적으로 향상될 것이다.[8]

볼더 밸리 교육구 신축 및 리노베이션 학교 교사 설문

학교별 설문 조사 건수

교사 수 (x축): 0 1 2 3 4 5 6 7 8 9 10 11 12 13 14 15 16 17 18 19 20 21

- 서밋: 14, 5, 1
- 메도라크: 12, 3, 2
- 크리크사이드: 10, 3, 3
- 에메랄드: 7, 5, 3
- 더글라스: 8, 2, 5
- 켄타우루스: 6, 3, 1

교사 유형

- 학년 수준 - 핵심 내용
- 미술, 음악, 체육, 미디어 전문 교사
- TAG(영재 교육), 리터러시, 특수 교육, ELD(디지털 리터러시 교육)

새 건물에서 귀하의 교육 관행을 얼마나 조정했습니까?

교사 수 (x축): 0 5 10 15 20 25 30 35

- 상당히: 22, 6, 3
- 적당히: 24, 5, 4
- 약간: 9, 3, 3
- 전혀: 1, 1

새 건물에서 가르치는 일에 적응하는 것이 얼마나 어려웠습니까?

교사 수 (x축): 0 5 10 15 20 25 30

- 매우 어려움: 3, 1
- 어려움: 13, 3, 2
- 보통: 18, 4, 7
- 쉬움: 15, 6, 1
- 매우 쉬움: 6

「내일을 위한 청사진」이라는 책을 읽었습니까?

교사 수 (x축): 0 10 20 30 40 50

- 예
- 아니요

어떤 과정 또는 행사에 참석했습니까?

- 프로젝트 기반 학습 과정 소개: 43%
- innovate@BVSD 이벤트: 16%
- 「내일을 위한 청사진」 스터디 그룹: 16%
- 「스스로 학습의 리더들」 스터디 그룹: 10%
- PK 영 학교 웨비나: 6%

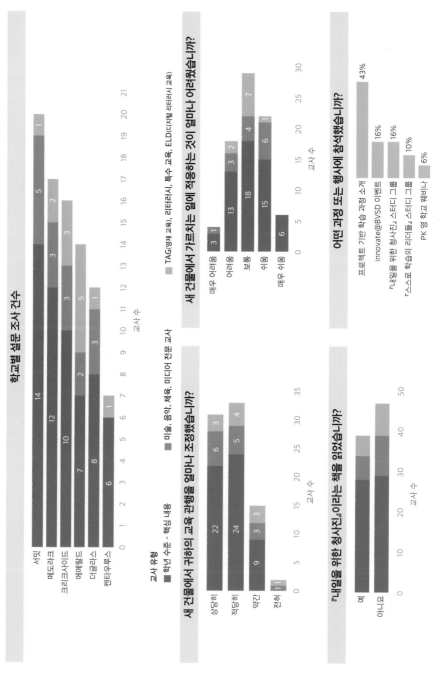

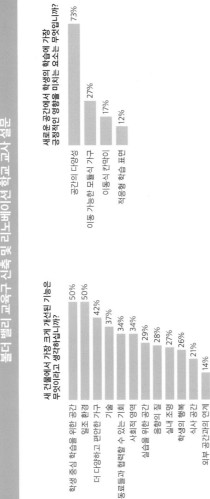

볼더 밸리 교육구 신축 및 리노베이션 학교 교사 설문

새 건물에서 가장 크게 개선된 기능은 무엇이라고 생각하십니까?

- 학생 중심 학습을 위한 공간 — 50%
- 일조 환경 — 50%
- 더 다양하고 편안한 가구 — 42%
- 기술 — 37%
- 동료들과 협력할 수 있는 기회 — 34%
- 사회적 영역 — 34%
- 실습을 위한 공간 — 29%
- 음향의 질 — 28%
- 실내 조명 — 27%
- 학생의 행복 — 26%
- 식사 공간 — 21%
- 외부 공간과의 연계 — 14%
- 학생의 성과 — 9%

새로운 공간에서 학생의 학습에 가장 긍정적인 영향을 미치는 요소는 무엇입니까?

- 공간의 다양성 — 73%
- 이동 가능한 모둠식 가구 — 27%
- 이동식 칸막이 — 17%
- 적응형 학습 표면 — 12%

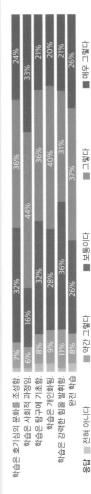

귀하의 새 건물은 BVSD의 혁신 가이드 원칙을 얼마나 잘 지원하고 있습니까?

	전혀 아니다	약간 그렇다	보통이다	그렇다	매우 그렇다
학습은 호기심의 문화를 조성함.	7%	32%	36%	24%	
학습은 사회적 과정임.	6%	16%	44%	33%	
학습은 탐구에 기초함.	8%	32%	36%	21%	
학습은 개인화됨.	9%	28%	40%	20%	
학습은 강력한 힘을 발휘함.	11%	36%	31%	21%	
완전 학습	8%	26%	37%	26%	

응답

10장

새로운 세상을 위한
새로운 방향

이 책에 제시된 아이디어를 실행하면 학교 전체, 학교 시스템, 궁극적으로는 교육을 극적으로 전환할 수 있다. 하지만 불행히도 변화는 그런 식으로 일어나지 않는다. 실질적이고 지속적인 변화는 종종 우리가 익숙하게 알고 있는 교육의 범위 내에서 다룰 수 있는 정도의 소규모 혁신으로부터 시작된다.

이 장에서는 몇 가지 선도적이고 혁신적인 아이디어에 관해 더 상세히 설명하려 한다. 이러한 논의는 전 세계 학교에서 일어나고 있는 모든 위대한 혁신에 대한 포괄적인 보고가 아닌 단지 추후 진행될 연구와 리서치의 마중물로 쓰이기를 바란다.

다음에 제시되는 아이작 윌리엄스Isaac Williams의 글에서는 미국의 한 교육구가 새로운 고등학교 설립에 관한 자신들의 계획을 면밀히 검토한 뒤에 예상 입학률 증가에 대응할 더 좋은 방법을 찾는 과정을 살펴볼 수 있다.

고등학교의 미래를 위한 비전
— 필딩 나이르 인터내셔널의 아이작 윌리엄스

미국 버지니아주의 앨버말 카운티 공립 학교Albemarle County Public Schools(이하 ACPS)는 우리가 교육구 전체 규모로 설계한 첫 번째 러닝 커뮤니티이다. ACPS는 고학년 학생들을 위한 배움이 어떤 모습이어야 하는지를 다르게 생각함으로써, 고등학교가 무엇을 할 수 있고 어떤 모습이어야 하는지에 대한 다른 비전이 출현할 수 있음을 보여주는 흥미로운 사례이다.

앨버말 카운티는 여러 면에서 미국의 축소판이다. 726평방마일로 지리적으로 큰 편인 이곳은 샬러츠빌과 같은 몇 개의 큰 마을과 도시, 많은 농촌으로 이루어져 있다. 이곳은 또한 경제적·인종적으로 다양하며 지역 전체에 걸쳐서 존재하는 많은 도전 과제와 불평등을 해결하고자 노력한다. 이러한 이유에서 ACPS는 미국 내에서 ACPS와 유사한 규모의 수많은 마을과 도시에 적용될 시스템적인 변화에 대한 흥미로운 사례 연구의 대상이 된다.

ACPS는 샬러츠빌 교외의 입학률 증가 문제를 해결하기 위한 계획 연구를 의뢰했다. 인구 통계 데이터는 샬러츠빌 북부와 서부의 교외 지역으로부터 유입된 고등학생들이 향후 10년 동안 적어도 주요 4개 고등학교 가운데 2개 이상의 고등학교에 과밀 현상을 초래하기 시작할 것임을 시사했다. 그리하여 카운티에 귀속되어 있는 샬러츠빌 북서쪽의 부유한 교외 지역에 다섯 번째 고등학교를 설립하자는 이야기가 제기되었다.

교육감 팜 모란Pam Moran이 이끄는 ACPS는 학습 과정에서의 공간의

한 커뮤니티 구성원이 커뮤니티 타운 홀의 벽면에 게시된 시나리오들을 자세히 살펴보고 있다.

ACPS 전 교육감 매슈 하스Matthew Haas(왼쪽)와 아이작 윌리엄스(가운데)가 연구 예비 조사 결과 및 당시 고려하고 있던 시나리오의 세부 사항에 대해 논의하고 있다.

역할에 대해 선도적이고 창의적으로 사고함으로써 전국에서 인정받았으며, 교육구 전체 고등학교들이 포함되도록 연구를 확장함으로써 교육구 전체에 걸친 솔루션을 고려할 수 있게 하였다.

ACPS는 2022년의 고등학생이 살아갈 하루에 대한 비전을 담은 비디오를 제작했는데, 이를 기반으로 우리는 원형으로 삼을 만한 미래 ACPS 학생의 하루 일과를 상상하며 작업을 시작했다. ACPS가 제작한 비디오는 고등학교의 고난이도 프로젝트 작업부터 지역 사회의 인턴십 및 견습에 이르기까지, 오전 8시부터 밤늦게까지 이루어지는 모든 경험들을 훌륭하게 포착했다. 영상 속 학생들은 열정을 추구하면서 자신들의 작업을 뒷받침해 줄 학교 안팎의 자원들과 접촉하고 있었다. 학교는 더 이상 장소가 아니었다. 이 시나리오 안에서 학교는 지역 사회 전체의 경험과 자원의 네트워크였다.

자원 네트워크

우리는 ACPS를 단순한 학교 시스템이 아닌 자원 네트워크라고 상상하면서 고등학교의 개념뿐만 아니라 학교 시스템 전체를 다시 생각하기 시작했다. 모든 교육구의 사명은 단지 학교를 운영하는 것이 아니라 아이들이 건강하고, 현명하고, 생산적인 성인과 시민이 되도록 교육하는 것이다. 2019년의 도서관이 전 세계 모든 도서를 소장할 수 없는 것처럼 개별적인 학교 시스템하의 미국의 전통적인 종합 고등학교가 모든 학생들의 열정과 관심사를 지원할 수 없음은 분명했다. 도서관이 누구나 원하는 모든 지식에 이르는 길이 될 수 있는 것과 마찬가지로, 지식을 향한 학생들의 탐구도 학교 건물의 네 벽 안에 묶여 있을 필요가 없다. 4개의 고등학교는 인근에 사는 운 좋은 학생들에게만 서비스를 제공할 수 있다는 한계를 지닌다. 따라서 이와 동일한 한계를 지닌 새로운 종합 고등학교를 교육구에 하나 더 추가하자는 것은 더 이상 설득력이 없는 계획이었다. 학교에 대한 새로운 접근이 필요했다. 그래서 나오게 된 질문들은 다음과 같다.

- 커져 가는 흥미를 일깨우고 지원해 주는 지역 사회의 자원과 학생들을 더 직접적으로 연결해 주려면 어떻게 해야 할까?

네 번째 종합 고등학교부터 카운티 전역에 배치된 다양한 소규모 테마 학습 센터에 이르기까지 다양한 시나리오가 검토되었다.

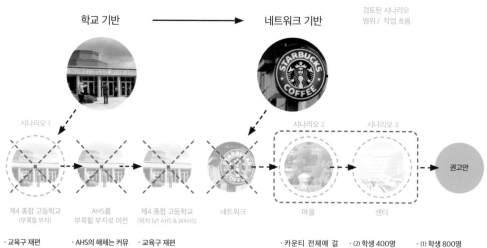

학교 기반 → 네트워크 기반

검토된 시나리오 범위 / 작업 흐름

시나리오 1

제4 종합 고등학교 (부록힐 부지)
- 교육구 재편
- 서부가 아닌 북부의 성장 및 발전과 연관된 부지 위치
- ACPS의 모든 학생들이 새로운 시설에 접근할 수 있는 형평성이 부족함.

AHS를 부록힐 부지로 이전
- AHS의 해체는 커뮤니티를 위해 애시당초 성공하기 어려움.
- 교육구 재편이 불필요함.
- WAHS 및 MHS에 비해 AHS에서 불균형적으로 많은 수의 학생이 배출됨.
- ACPS의 모든 학생들이 새로운 시설에 접근할 수 있는 형평성이 부족함.

제4 종합 고등학교 (위치 b/t AHS & WAHS)
- 교육구 재편
- 지방 도로에 기반한 AHS와 WAHS의 입학 등록률 압박을 해소할 수 있는 논리적 위치를 찾기 어려움.

네트워크
- 카운티 전체에 걸쳐 여러 개의 소규모, 주제별 학습 센터를 산발적으로 설치함.
- 운영이 복잡하고 구현하기 어려움.

시나리오 2

마을
- (2) 학생 400명
- 카운티 단위의 학제 간 고등학교 센터를 전략적으로 배치함.
- 운영상의 어려움은 있지만 네트워크 방식보다 관리가 용이함.
- 부분 일과 프로그램

시나리오 3

센터
- (1) 학생 800명 자유 입학 방식의 학제 간 고등학교 센터
- 전일제 프로그램
- 네트워크 기반 모델 중 가장 구현 가능성 높음.

권고안

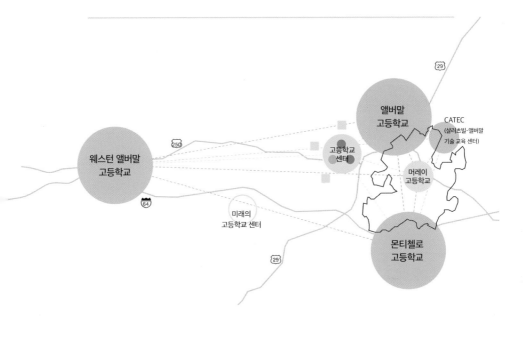

기존의 종합 고등학교들에 더해 지역 사회의 자원 및 프로그램 네트워크에 향상된 전문 프로그램을 갖춘 두 개의 고등학교 센터를 추가하는 안이 채택되었다.

- 흥미와 열정을 북돋고 지원해 주는 자원을 모든 학생이 공정하게 이용하게 하려면 지역과 시간의 장벽을 어떻게 극복해야 할까?
- 고등학교 건물에서의 학습 경험과 커뮤니티 내에서의 학습 경험 사이의 이상적인 조합은 무엇인가? 그러한 조합이 더 큰 자원 네트워크의 일부로서 학습을 제공하는 고등학교 건물의 역량과 역할에 대한 우리의 사고방식에 어떤 영향을 미칠 수 있을까?

고등학교 센터 — 제3의 장소

앞선 질문들에 대한 대답은 '고등학교 센터'라는 형태로 나타났다. 고등학교 센터는 인턴십과 같은 기회를 주는 지역 사회와 관심사를 발전시키고 열정을 탐구하며 궁극적으로는 성공적인 직업을 추구하는 데 필요한 교육 과정의 기반을 제공하는 고등학교의 사이에 있는, 일종의 '제3의 장소'이다. 고등학교 센터는 샬러츠빌 시내의 미디어 및 엔터테인먼트에서부터 좀 더 시골 지역인 앨버말 서쪽의 환경 과학 및 지속 가능한 시스템에 이르기까지 고급 전문 프로그램을 다양하게 제공할 예정이다. 교육구 전역의 학생들은 자신들의 관심사에 따라 센터를 이용할 수 있을 것이다. 이 센터는 학생들이 기회를 찾기 위해 먼 거리를 이동하지 않고서도 지역 사회와 비즈니스에 참여할 수 있게 한다는 점에서 지역 사회와 관계 맺고 지역 산업과 함께 일할 수 있는 관문이 될 것이다. 고등학교 센터는 기존의 비즈니스와 산업 허브를 기반으로 교육구에 전략적으로 배치돼 있어 가장 외딴 지역에 살고 있는 학생들도 접근할 수 있다.

기존의 고등학교는 9, 10학년 학생들을 위한 '홈 베이스'이자 기지로 재탄생했다. 이들 학생들은 교육 과정을 통해 다양한 관심사와 기회에 노출되며, 열정을 뽐내고 장기적으로는 성공하기 위해 특히 필요한 비판적 사고, 협업, 창의성, 의사소통 등의 필수적인 기술을 개발한다. 11, 12학년 학생들은 ACPS의 맞춤형 진로Customized Pathways에 대한 비전을 토대로 자신들의 작업에 필요한 스케줄을 자유롭게 조정해 기존 고등학교에서 고등학교 센터로, 그리고 지역 사회로 확장해 나갈 수 있는 기회를 갖는다. 예를 들어, 사업에 관심이 있는 학생은 아침에 고등학교 센터에서 지역 멘토들과 자신의 사업을 위한 아이

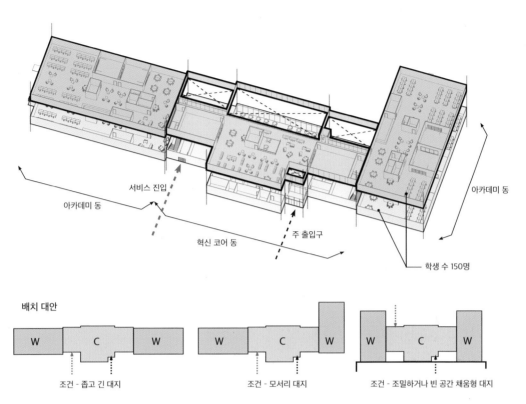

서비스 진입

아카데미 동

혁신 코어 동

주 출입구

아카데미 동

학생 수 150명

배치 대안

W	C	W

조건 - 좁고 긴 대지

W	C	W

조건 - 모서리 대지

W	C	W

조건 - 조밀하거나 빈 공간 채움형 대지

권고안 | 고등학교 센터[프로토 타입]

주요 개념

- 프로토 타입의 개념은 2개의 아카데미 동Academic Wings과 1개의 혁신 코어Innovation Core로 이루어진 세 가지 유연한 구성 요소를 가지고 있다.
- 아카데미 동들은 유연성을 극대화하고 다양한 부지 조건에서 작업하기 위해 다양한 구성으로 코어에 연결할 수 있다.
- 프로토 타입은 600명의 학생을 수용할 수 있도록 설계되었다.
- 각 아카데미 동은 총별로 150명의 학생을 수용할 수 있는 2개의 층으로 구성되어 있다.
- 아카데미 동은 학생이 직접 디자인한 학업을 유도하기 위한 곳으로, 여기서 학생들은 21세기 작업을 지원하는 다양한 공간 유형 안에서 공부할 수 있다.
- 혁신 코어는 진정성 있고 학제적인 학업을 위한 공간을 제공하며 아카데미 동들이 폐쇄된 방과 후 시간에도 개방하여 커뮤니티 지향적 공간으로 운영될 수 있다.
- 코어 동과 아카데미 동에는 각각 프레젠테이션 영역, 프로젝트 스튜디오 및 협업 영역이 있어서 학생들에게 커뮤니티의 전문가 및 리더와 소통할 수 있는 기회를 제공한다.

앨버말 카운티 고등학교 센터의 프로토 타입. 학생들에게 인턴십과 같은 기회를 주는 지역 사회와 기존의 종합 고등학교 사이에 있는 제3의 장소이다.

디어를 개발하고, 저녁에는 온라인으로 지역 대학 비즈니스 과정을 수강한 뒤 다시 고등학교로 돌아와 밴드 활동을 할 수 있다.

ACPS의 자원 네트워크는 현재 커뮤니티에 존재하는 놀라운 학습 기회를 활용하고 고등학교 센터에서의 전문화된 자원으로 그러한 학습 기회를 늘림으로써 학생들이 파트너십을 통해 관심사를 추구할 수 있는 기회를 고무하고 지원한다. 모든 학생이 영감을 받고, 참여하고, 열정을 키우고 추구할 수 있게 하는 이 교육구의 '2022 고등학교 비전'은 교육구의 운영 방식과 고등학교에 대한 완전히 다른 시각을 이끌어 내었다.[2]

젊은 기업가 스튜디오

앞 장에서, 고등학교의 미래가 얼마나 확실히 달라질 수 있는지 살펴보았다. 그렇다고 학교가 '장소'로서 존재할 수 없다는 뜻은 아니다. 사실, 우리는 학교라 불리는 장소가 어떻게 하면 다시 흥미롭고 의미 있게 될 수 있는지에 대한 예를 보여 주고자 이 책을 썼다. 이 장에서는 교실 두 칸 크기의 공간에 개발된 '젊은 기업가 스튜디오'에 대한 아이디어를 소개하고자 한다.

여기서 "왜?"라는 질문이 제기될 수 있다. 왜 우리는 기업가 정신을 가르쳐야 하고, 그를 위해 스튜디오가 있어야 하는 까닭은 무엇인가? 이 장은 두 질문 모두에 대한 답변이다.

"사회가 혁신하는 동안 우리의 K-12 학교들(유치원에서 고등학교까지)은 정체되어 있었다. 그 결과 학교들은 세계가 필요로 하는 행동가, 제작자, 최첨단의 사상가들을 배출해 내지 못했다. 대부분의 기관은 현대 교육의 중심이 되어야 할 기업가 정신, 즉, 기업을 시작할 수 있을 뿐 아니라 창의적이고 야심 찬 생각을 할 수 있는 능력을 가르치지 않고 있다."[3]

"기업가 정신에 관한 교육은 아이들에게 틀에 박히지 않은 사고와 관습적이지 않은 재능 및 기술을 길러 주기 때문에 모든 사회·경제적 배경을 지닌 학생들에게 혜택을 준다. 더 나아가 기회를 창출하고, 사회 정의를 보장하며, 자신감을 심어 주고, 경제를 활성화한다."[4]

학교에서 기업가 정신 교육이 이루어져야 하는 명확한 이유를 고려하여 우리는 이 중요한 주제를 전담할 스튜디오를 설계하기로 결정했다. 우리는 학생들이 자신과 관련 있다고 느끼는 과제에는 진정성 있게 참여한다는 것을 깨달았다. 그렇다면 학생들이 비즈니스를 개발하고 운영하는 데 직접적으로 관여하지 못했던 이유는 무엇일까? 아래 그림은 제품을 판매하는 스토어와 비즈니스 운영에 필요한 모든 작업을 수행하는 백 오피스back office(지원 사무실)를 결합한 젊은 기업가 스튜디오를 스케치한 것이다.

여느 실제 기업과 마찬가지로, 이 기업에도 최고 경영자와 마케팅, 영업, 재무 업무를 담당하는 직원이 있을 것이다. 또한 이곳 역시 고객 서비스를 우선순위에 둘 것이다. 초기 고객들은 학교의 학

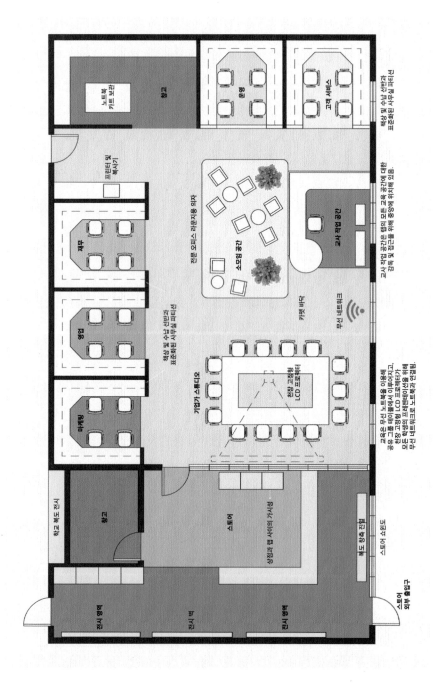

젊은 기업가 스튜디오의 배치 제안 스케치. 이 스튜디오는 두 개의 교실 공간을 결합해 만든 곳으로 여름 방학 동안 완공될 수 있다.

부모 커뮤니티나 사업에 호의적인 지지자들 정도일 수 있다. 하지만 추후 사업이 성공한다면 상품과 서비스를 더 큰 지역 사회에 팔 수도 있을 것이다.

이 스튜디오는 중학생과 고등학생 모두에게 적합하다. 교육 과정에는 성공적인 사업을 운영하는 데 필요한 모든 요소들이 포함되며 이는 중학교와 고등학교에서 배워야 할 필요가 있는 내용들과 연관될 수 있다. 교육 표준안의 일부인 놀라운 양의 콘텐츠, 기술과 핵심 역량은 성공적으로 비즈니스를 운영하기 위한 작업을 하는 과정에서 자연스럽게 습득하게 될 것이다. 당연히 이 과정은 풀타임으로 이루어질 필요가 없다. 즉, 학생들은 파트타임으로만 근무하며, 주에서 지정한 교육 과정의 필수 과정을 이행하기 위해 보충 수업에 참여할 수 있다.

이와 같은 과정에 적합한 좋은 교사는 파트타임으로 조언자 역할을 수행하며 학생들이 비즈니스 계획을 개발하고 구현하는 데 도움을 줄 수 있는 지역 사회의 성공한 기업가일 것이다. 이때 교사의 역할은 사업을 책임지고 운영하는 것이 아닌 자연스럽게 굴러가도록 두는 것이다. 현실 세계에서는 대부분의 스타트업 기업들이 실패하므로, 설령 학교 기반 비즈니스가 실패하더라도 학생들은 중요한 교훈들을 얻을 수 있다.

228쪽에 제시한 젊은 기업가 스튜디오 스케치의 디자인과 레이아웃은 다양한 비즈니스의 필요에 따라 쉽게 조정할 수 있다. 이 스케치는 좀 더 사무실 느낌이 날 필요가 있는 서비스 지향적 비즈니스에 맞게 디자인된 것이다. 생산 지향적인 학생 비즈니스의 경우 백 오피스가 제작 스튜디오가 된다. 백 오피스는 대체로 열린 공간으로 쓰이는데, 젊은 기업가들이 기획하고, 개업하고, 운영하기로 선택한 비즈니스의 성격에 따라 작은 이동식 칸막이와 적절한 가구를 이용해 역동적으로 바꿀 수 있다.

젊은 요리사 스튜디오

음식은 약이 되고 약은 음식이 되게 하라.
― 히포크라테스

제6장에서 아이들이 창의성을 발휘할 수 있는 중요한 통로로써 요리와 제빵 기술을 습득하는 것이 중요하다고 논한 바 있다. 여기에서는 요리와 제빵에 관한 아이디어를 공간 디자인의 영역으로 가져오고자 한다. 그러한 맥락에서 '젊은 요리사 스튜디오'라고 불리는 주방과 카페가 결합된 공간을 제안한다. 앞서 논의한 기업가 스튜디오와 마찬가지로, 실제적이고 의미 있는 학습은 실제적이고 의미 있고 보람 있는 작업의 부산물이다. '요리합시다'(5,000개 이상의 학교 기반 가족 요리 동호회로 구성된 네트워크)에 따르면, "동호회에 참여하는 사람들의 약 60%가 균형 잡힌 식사 요리법을 배운 후 더 건강한 식단을 섭취하게 되었다고 한다. 또한 10명 중 9명 이상 (92%)의 동호회 참여자들이 집에서 정기적으로 새 요리 기술을 활용한다고 한다."[5]

젊은 요리사 스튜디오는 학교 건립 초기부터 설계할 수도 있고, 기존 학교에서 주방과 카페테리아를 약간 개조해 만들 수도 있다.

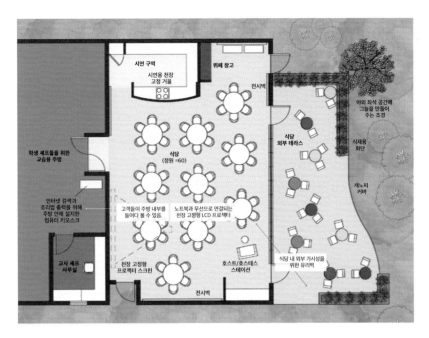

식당 내 외부 가시성을
위한 유리벽

시연 구역

시연용 천장
고정 거울

뷔페 창고

전시벽

야외 좌석 공간에
그늘을 만들어
주는 조경

식재용
화단

식당
외부 테라스

학생 셰프들을 위한
교습용 주방

식당
(정원 =60)

캐노피
커버

인터넷 검색과
조리법 출력을 위해
주방 안에 설치한
컴퓨터 키오스크

고객들이 주방 내부를
들여다 볼 수 있음.

노트북과 무선으로 연결되는
천장 고정형 LCD 프로젝터

교사 셰프
사무실

천장 고정형
프로젝터 스크린

호스트/호스테스
스테이션

전시벽

젊은 요리사 스튜디오의 레이아웃을 표현한 스케치. 이런 공간은 주방과 인접해 있는 기존의 학교 식당을 변형해 만들어 낼 수 있다. 젊은 요리사들을 위한 교육용 주방으로 최적화하기 위해 주방을 약간 개조해야 할 수도 있다. 야외에 식사를 할 수 있는 테라스도 있으면 좋겠지만, 스튜디오를 운영하는 데 반드시 필요한 것은 아니다.

이 책에서 소개하는 스케치는 하나의 접근 방식일 뿐이며, 그 디자인을 그대로 따라야 할 필요는 없다. 예를 들어, 모든 학교에 카페와 붙어 있는 야외 식사 공간을 조성해야 하는 것은 아니다. 기본 목적이 중요하다. 학생들은 상업용 주방에서 전문 요리사와 함께 작업하면서 요리하는 법을 배울 수 있다. 그 과정에서 여러 단계의 음식 준비, 음식 배달 및 저장, 건강과 위생 같은 주방의 보조적인 작업들을 접하게 된다. 학습은 관찰에 의해서가 아닌 실행을 통해 이루어진다. 학생들은 요리 교육을 받는 과정에서, 많은 그룹의 사람들을 위한 전체 식사를 계획하고, 수량을 결정하고, 학교 농장이나 현지 식품 시장에서 신선한 재료들을 구하고, 메뉴를 만들고, 실제 고객들을 위해 음식을 준비하고 서빙을 할 수 있는 기회를 갖게 될 것이다. 젊은 요리사 스튜디오의 단골손님들은 학교 일과 시간 동안에는 학생들이 될 수 있고, 학교 카페를 전문 레스토랑처럼 세팅할 수 있는 저녁과 주말에는 지역 사회 구성원들이 될 수 있다. 이러한 상황은 학생들에게 기대할 수 있는 자질에 대한 기준을 높여 준다. 또한 우리의 경험에 의하면, 학생들에게 이런 종류의 책임감과 빛날 수 있는 기회가 주어질 때마다 그들은 한 단계 성장하고 기대에 부응하는 모습을 보여 준다.

학교 농장과 야외 학습

제3장에서 정원을 가꾸고 동물을 돌보게 하는 것의 중요성에 대해 간단히 살펴보았다. 야외에서 진행하는 학습 프로그램은 모든 학교에서 긍정적인 효과를 낼 수 있으며 그것의 이점에 대해서는 논쟁의 여지가 없다. 하지만 대부분의 학교들은 옥외 공간이 휴식을 취하고 자연과 연결될 수 있는 장소라는 것을 인정하면서도 모든 '진짜 배움'은 교실 안에서 일어난다는 사고방식에 여전히 사로잡혀 있다. 이 장에서 우리는 부가적인 부분으로서가 아니라 학교의 문화와 교육 과정의 근본적이고 필수적인 부분으로서 야외 학습의 가치를 강조하고자 한다. 우리는 학교가 야외 학습 요소를 학교생활의 필수적인 부분으로 완전히 수용하는 모든 사례에서,

뒤셀도르프 국제 학교 야외 자연 학습장의 한 구역.

학생들이 실내에 있을 때보다 야외에 나왔을 때 자신의 일에 눈에 띄게 더 많이 참여한다는 점을 발견했다.

다음으로, 야외 학습 프로그램을 시행한 몇몇 학교들의 사례를 소개하고자 한다.

"자연은 최고의 교사입니다." 플로리다주 루츠에 있는 러닝 게이트 커뮤니티 학교의 넓은 숲속 정원에서 일하는 학생들.

뒤셀도르프 국제 학교

뒤셀도르프 국제 학교의 아이들은 날씨에 구애받지 않고 야외 활동을 한다. 아이들은 외부 활동을 하는 동안 건축, 예술, 정원 가꾸기 등 다양한 활동에 참여하고, 신선한 공기를 마시며, 동물들과 교감하고, 다른 아이들과 어울려 놀 기회를 갖는다. 학교에서 주최하는 야외 학습에 관해 논의하는 행사에서 뒤셀도르프 국제 학교 책임자는 다음과 같이 말했다. "우리의 야외 학습 프로그램은 지난 10년간 발전해 왔습니다. 지금 우리 초등학교에서는 예비 학년부터 5학년까지 야외 교육을 실시합니다. 야외 학습이 이 정도로 정착한 국제 학교는 유럽에서 우리가 유일합니다."

러닝 게이트 커뮤니티 학교

이 학교의 좌우명은 자연이 최고의 교사라는 것이다. 27에이커 규모의 러닝 게이트 한나 캠퍼스는 이전에는 오렌지 과수원이었다가 점차 울창한 참나무 숲으로 바뀌어 지금의 장소가 되었다. 캠퍼스에는 전 학년에 걸친 다양한 수업과 프로젝트에 활용되는 연못, 늪, 호수가 있다. 모든 학생(K-5학년)은 수업 중에 이곳에 사는 동식물의 서식지 관리와 모니터링을 돕는다. 운영되는 프로젝트로는 침입 식물 경연 대회, 파충류와 포유류의 종 추적, 철새 연구 프로

바위즈 농장은 지속 가능한 많은 기능을 활용하는 친환경적인 프로젝트로 운영된다. 1만 2,000평방피트의 시설은 지열 난방, 고성능 단열재, 정화장, 생태 저류 연못, 완전 가동 중인 온실을 이용한다.
사진 © 크리스토퍼 라크Christopher Lark

젝트 지원 등이 있다.[6]

러닝 게이트 모델은 환경에 대한 학습에 초점을 맞추는 것뿐만 아니라 학생들이 스스로 학습을 구성할 수 있는 프레임 워크로 학교 주변 환경과 커뮤니티를 적극 활용한다. 학생들은 검증된 교육 관행을 사용하는 교사와 관리자의 안내를 받아 사고력과 문제 해결력, 기본 생활 기술, 지역 사회 및 주변 환경에서의 인간관계에 대한 이해 등 모든 영역에서의 학습을 위해 환경을 이용한다.[7]

밸러랫 그래머 학교의 마운트 로언 농장 Mount Rowan Farm

호주 빅토리아에 있는 밸러랫 그래머 학교는 야외 학습에 관한 개념을 완전히 새로운 차원으로 끌어올렸다. 이 학교는 메인 캠퍼스에서 차로 10분 거리에 있는 곳에 마운트 로언 농장 캠퍼스를 설립했다.

혁신적인 농장 캠퍼스에는 학교의 농업 및 원예 연구 분야뿐만 아니라 12개월 4학년이라는 독특한 프로그램도 있다. 마운트 로언에서 진행되는 4학년 프로그램은 학생들을 지역 사회의 절도 있고 능동적인 구성원으로 만들고자 고안된, 장소 기반 학습에 초점을 맞춘 혁신적 모델이다.[8]

블룸필드 힐스 학교의 찰스 L. 바워즈 농장 Charles L. Bowers Farm

밸러랫 그래머와 마찬가지로, 미시건주 블룸필드 힐스에 있는 바워즈 농장은 전형적인 학교 캠퍼스에서 찾을 수 없는 풍부한 자원을 제공하는 학교 밖 활동 농장이다. 교육구에서는 다음과 같이 이야기한다. "찰스 L. 바워즈 농장은 1960년대 중반 블룸필드 힐스 학교가 토지 실험실로 사용하기 위해 매입한 곳이다. 우리는 블룸 필드 힐스 내의 90에이커 부지에 살고 있다. 양, 말, 라마, 당나귀와 같은 동물들은 목초지에 방목한다. 우리는 또한 토끼와 염소를 포함한 모든 종류의 가금류를 사육하고 있다. 이곳 농장의 모든 동물들은 일정한 목적에 따라 사육되며, 농장의 장비들은 교육용 농업 생산 기업으로서의 자산 유지를 위해 매일 사용되고 있다.”

바워즈 농장은 지속 가능한 많은 기능을 활용하는 친환경적인 프로젝트로 운영된다. 1만 2,000평방피트의 시설은 지열 난방, 고성능 단열재, 정화장, 생태 저류 연못, 완전 가동 중인 온실을 이용한다. 재활용 목재, 대나무, 친환경 접착제와 점착제, 카펫은 물론 외부의 빛이 건물 안으로 스며들면 어두워지기 시작하는 조명 장치도 학교에서 사용되고 있는 또 다른 친환경 이니셔티브이다.[9]

전문가 개발 센터

케리 R. 리나Carrie R. Leana가 2011년 스탠퍼드 연구 논문으로 발표한 「학교 개혁의 잃어버린 고리The Missing Lint in School Reform」[10]는 통상적인 믿음과는 다르게 개별 교사의 능력 향상에 초점을 맞춘 개혁 활동이 교사들을 집단으로 참여시키는 개혁 활동보다 효과가 적다는 증거를 제시한다. 즉, 리나의 말에 따르면 “교사들 간의 신뢰와 의미 있는 의사소통이 진정한 개혁 활동의 기반”인 것이다.

만약 이 기념비적인 연구 결과가 학교 시설을 설계하는 데 직접적으로 적용된다면, 가장 먼저 변해야 할 것은 교사 개개인을 동료

이스라엘의 100개 학교 네트워크 AMIT의 GOGYA 전문 개발 센터에서 열린 워크숍에 리처드 엘모어 교수가 참석한 모습. GOGYA 전문 개발 센터가 개발된 후, 수천 명의 교사들이 이 센터에서 학습해 왔다. GOGYA의 교사들은 이곳에서 다면적인 방식으로 배운다. (GOGYA는 필딩 나이르 인터내셔널 및 알레프벳 플래너가 설계했다.)

GOGYA의 매이커 랩에서 교사들은 창의적 체험 학습을 위한 최신 장비와 기술을 갖춘 현대의 학교에서 학생들이 경험하는 것과 동일하게 체험 학습을 해 볼 수 있다.

들과 교류할 기회가 거의 없는 상자에 가두는 전통적인 교실이다. 교사 개개인이 개별 교실을 소유하는 대신 교사 그룹이 러닝 커뮤니티를 소유할 수 있다. 이 커뮤니티에서 교사들은 동료들과 상의하고 학생들을 위한 연령 간, 학제 간 학습 기회를 다양하게 개발할 기회를 자주 가지게 될 것이다.

이러한 사실에도 불구하고 왜 모든 학교가 교실 대신 러닝 커뮤니티를 개발하는 데 뛰어들지 않고, 왜 교사들은 감옥 같은 폐쇄적인 교실에서 석방해 달라고 요구하지 않는 것일까? 이는 닭이 먼저냐 달걀이 먼저냐의 문제이다.

학교에는 교육 과정이 있고 교사는 학년 기반의 교실 안에서 가장 잘 작동하는 교수법에 숙달되어 있다. 교육 과정과 교수법이 과거에 고정되어 있는 이유는 기존의 직접 전달stand-and-deliver 교육 모델이 물리적 공간에 최적화되어 있으며, 이 모델에서 크게 벗어나는 교육 과정과 교수법은 말 그대로 교실의 범주 내에서는 적용하기 힘들기 때문이다. 이는 물리적 공간의 한계 때문에 교육 과정과 교수법이 변하지 않고 변할 수도 없다는 것을 의미한다. 교실과 같은 폐쇄적인 공간이 보편화된 교육 모델에 가장 적합하다는 이유로 학교 건물들은 과거에 단단히 갇혀 있게 된 것이다.

이 모든 것을 더욱 악화시키는 것이 교사의 전문성 개발인데, 그것은 교사들에게 러닝 커뮤니티를 운영하는 방법이 아닌 교실에서 최고의 가치를 얻는 방법을 훈련시킨다. 교사들이 교실에 기반을 두는 학교에 있고 그곳에서 러닝 커뮤니티와 관련된 아이디어를 적용할 수 없다면, 러닝 커뮤니티 기반으로 일하도록 교사들을 훈련시키는 것이 무슨 소용이 있는가? 이는 단지 문제의 일부분일

학습, 식사, 사교를 위해 야외 공간을 이용하는 것은 GOGYA의 큰 특징이다. 소규모 야외 모임을 위한 원형 극장 같은 계단식 좌석(1층보다 낮은 높이에 위치한)에 주목하라. 외부 차양은 일과 시간에 따라 열리거나 닫힐 수 있다.

뿐이다. 더 큰 문제는 교사들이 수련하는 방식에 관한 것이다. 교사들이 수련하는 전문 개발 센터가 교실과 복도가 있는 전통적인 학교같이 생겼고, 그들의 수련에 사용되는 교수법이 대부분 교사 주도적인 것이라면? 이러한 방식으로 수련한 교사들이 전통적인 형태의 교실이 있는 학교로 돌아가서 교사 주도적 교수법을 쓰는 것이 과연 놀랄 만할 일일까?

이러한 딜레마에 대한 우리의 해답은 교육 과정, 공간, 교수법이 모두 현대적이고 동시대적인 전문 개발 센터를 개발하는 것이다. 교사는 그러한 시설에 들어서는 순간, 이곳이 지금까지 자기가 수업하던 학교와는 전혀 다른 공간이라는 것을 깨닫게 될 것이다. 이는 단지 첫 단계일 뿐이다. 전문 개발 센터의 혁신적인 공간이 지니는 잠재력은 우리가 학생들에게 적용되기를 바라는 방식으로 교사들이 배울 때 진정으로 발현된다. 다시 말해, 전문 개발 센터는 그 자체가 러닝 커뮤니티와 같은 기능을 하도록 설계되었으며, 교육 훈련은 협업을 강조하고 작업은 대부분 학습자에 의해 주도된다. 이러한 종류의 전문성 개발을 통해 교사들은 학생 주도 학습 모델을 장려하고 촉진하면서 자신들 학교에 있는 혁신적 학습 공간을 최대한 활용하기 위한 준비를 잘할 수 있을 것이다.

자녀에게 오늘 학교에서 '무엇을 배웠는지' 물어보면 보통 어깨를 으쓱하고 말 것이다. 하지만, 오늘 학교에서 '무엇을 했는지' 물어보면 그날의 활동에 관해 매우 열정적으로 설명하는 아이의 모습을 보게 될 것이다. 사진은 베가의 예술 수업 장면이다.

베가 학교의 똑똑하고 명석한 가이드 아르야 샤르마, 슈리얀시 수파르카와 함께한 저자들.

민주주의를 실행하는 뉴델리 베가 학교

2017년 화창한 겨울날 우리(이 책의 저자 프라카시와 로니)는 뉴델리에 있는 베가 학교를 방문해 혁신적인 시설을 살펴보고 그곳의 독특한 교육 모델을 배웠다. 리셉션에서 환영 인사를 나누고 나서 학교를 안내해 줄 9세의 두 학생 아르야 샤르마Arya Sharma와 슈리얀시 수파르카Shriyansh Suparkar를 소개받았다. 학교를 돌아보는 내내 이들은 프로젝트 기반으로 학습하는 베가의 교육 철학을 설명하고,

깨끗한 공기를 위한 캠페인(대기 오염이 매우 심각한 수준인 도시 뉴델리에서는 매우 중요한 문제이다.)과 종교에 대한 관용적 분위기의 조성과 같은 지역 사회의 과제에 관해서도 논의했다.

우리가 던진 많은 질문들에 답하며 보여 준 두 학생의 높은 자신감과 성숙함은 우리를 놀라게 했다. 그들은 기본 학습 영역이나 교실도 보여 주었다. 벽이 없이 디자인된 이 공간들은 전통적인 교실처럼 보이지 않았다. 곳곳에 소규모 회합 공간들이 있었고 복도는 존재하지 않았다. 이 외에도 음악과 춤, 지역 사회 행사를 위한 다목적 강당의 역할을 하는 실내 체육관이 있었으며, 협소한 부지 내 작은 야외 공간은 야외 활동과 녹지로 최대한 활용되고 있었다.

두 친구들과 헤어진 후, 베가의 교육이 어떤 모습이고 이곳에서 성취하고자 하는 바가 무엇인지에 대한 깊은 이해를 위해 9살 네타냐 사이니Netanya Saini를 소개받았다. 이곳의 학생들은 파트너처럼 대우받고 목표를 설정하는 과정에 함께한다. 그들은 한 학기 동안 수행할 작업을 안내받고 자신의 진행 상황을 측정할 수 있는 도구들을 제공받는다. 네타냐는 한 학기 동안 그녀가 실제로 작업한 성과를 담은 포트폴리오를 가지고 우리 앞에서 공식적으로 프레젠테이션해 주었다.

의사소통을 더 잘하는 사람이 되겠다는 목표를 가지고 한 해를 시작했다는 네타냐의 말은 우리를 미소 짓게 만들었다. 왜냐하면 누가 봐도 그녀는 그 목표를 크게 초과 달성했기 때문이다! 우리는 약 25분간 이어진 프레젠테이션 내내 난처할 수도 있는 질문으로 네타냐의 말을 가로막았지만, 그녀는 침착함을 잃지 않고 참을성 있게 대답하며 나이를 훨씬 뛰어넘는 성숙함을 보여 주었다. 당연하게 우리는 베가가 '준비된 학생'으로 네타냐를 선택했다고 생각하고, 그녀에게 그것이 사실인지 물었다. 네타냐는 놀란 표정으로 말했다. "아니요. 이곳의 모든 학생들은 돌아가면서 자신의 작품을 발표해요. 오늘은 우연히 제 차례였을 뿐이에요."

학생들과 함께한 두 시간은 베가가 화려한 말보다 행동으로 보여 주기 위해 진정으로 애쓰고 있다는 것을 보여 주었다. 베가는 학생들의 목소리가 중요하다는 자신들의 가르침을 실천하기 위해 최선을 다했다. 물론 베가에도 몹시 '학교같이' 보이는 요소가 있었고, 학생들이 배우는 콘텐츠 중 일부는 전 세계의 학교에서 매

베가의 학생은 문제를 해결하고, 의사소통하고, 성찰하고, 호기심을 갖고, 창의력을 발휘하고, 생각과 감정을 분명히 표현하고, 분석하고, 평가하고, 효과적으로 협력할 수 있게 될 것이다. 사진은 베가에서 운영되고 있는 러닝 커뮤니티이다.

일 학생들에게 강제로 주입하는 것과 비슷해 보이기도 했다. 하지만 베가가 다른 곳들과 다른 점은, 베가는 학생들이 감성 지능, 공감 능력 같은 보조 기술과 함께 복잡한 문제 해결력, 비판적 사고 같은 중요한 소프트 기술을 개발할 수 있게 하는 데 진정한 노력을 기울이고 있다는 것이다. 또한 콘텐츠는 대부분 기술을 구축하기 위한 수단으로 존재한다는 점을 명백히 이해하고 있었다.

베가가 자신들의 철학을 설명하기 위해 사용하는 단어들을 보면 흥미롭다. 왜냐하면 그 단어들은 이 책의 기본 논제와 매우 일맥상통하기 때문이다. 그들의 말에 따르면 "당신은 이 작은 실험에 놀라게 될 것이다! 자녀에게 오늘 학교에서 '무엇을 배웠는지' 물어보라. 그러면 아이는 보통 어깨를 으쓱하고 말 것이다. 하지만, 오늘 학교에서 '무엇을 했는지' 물으면 어떨까. 아이는 그날의 활동에 관해 매우 열정적으로 설명할 것이다. 전 세계의 일류 학교들은 아이들이 배우기 위해 학교에 가는 것이 아니라는 사실을 알고 있다. 아이들은 친구들과 재미있는 활동을 하는 것이 즐겁기 때문에 가는 것이다. 이를 고려한 베가 학교의 교육 과정은 전 세계 학교들의 모범 사례를 활용하여 아이들이 좋아하는 일에 학습을 접목시킨 것이다. 그리하여 베가의 학생들은 문제를 해결하고, 의사소통하고, 성찰하고, 호기심을 갖고, 창의력을 발휘하고, 생각과 감정을 분명히 표현하고, 분석하고, 평가하고, 효과적으로 협업할 수 있게 될 것이다. 성공은 자신감을 낳고, 아이들이 평생의 기술을 개발할 수 있도록 돕는다."[11]

베가는 샌디 후다Sandy Hooda의 아이디어의 소산이다. 그녀가 가진 사명은 '왜' 그리고 '어떻게' 배울 것인지에 대한 연구를 기반으

로 교육을 혁신해 학교 교육, 배움에 대한 사랑, 인생에 있어서의
성공이 완벽한 조화를 이루도록 하는 것이다.[12]

리버사이드Reberside 이야기

버락 오바마가 '예스, 위 캔Yes, We Can(그래, 우리는 할 수 있다)'을 국
가처럼 만들었을 때, 비슷한 후렴구인 '아이 캔I CAN(나는 할 수 있
다)'은 이미 전 세계 수만 명의 어린이들에게 최선을 다하도록 힘을
실어 주는 표현으로 교육 분야에서 활용되고 있었다. 아이들이 너무
뻔한 장애물을 무기력하게 뛰어넘는 보편적인 교육 모델로부터의
놀라운 이탈로서, 아이 캔 운동은 각각의 아이들이 목소리를 내게
하고 아이들의 열정을 활용하여 세상이 긍정적인 방향으로 변화할
수 있게 이끌었다. 인도 아메다바드에 있는 작은 학교 리버사이드에
서 소박하게 시작된 이 실험은 오늘날 60개국 이상에서 220만 명의
아이들과 6만 5,000명의 교사들의 삶에 긍정적인 영향을 끼쳤다.

이 모든 것은 2001년 키란 비르 세디Kiran Bir Sethi라는 어느 학부
모가 자기 아들을 관찰한 후 교육에 대한 명백한 진실, 곧 교육이
효과가 없다는 사실을 깨닫게 되면서 시작되었다. 그녀는 교육이
아들의 목소리와 창의성을 앗아 갔다는 사실에 충격을 받았을 뿐
만 아니라 교육이 부모로서 자녀를 대하는 자신의 행동에 얼마나
많은 영향을 미치고 있는지를 확인하고 슬픔을 느꼈다.

키란은 교육자로서의 경험은 없었지만, 인테리어 디자이너로
일하면서 쌓은 경험을 리버사이드 학교를 설립하기에 앞서 완전히

교육 선지자인 키란 비르 세디가 리버사이드 학교에서의 소박한 실험으로 시작한 '변화를 위한 디자인' 이니셔티브는 오늘날 60개국 이상에서 220만 명의 어린이와 6만 5,000명에 이르는 교사들의 삶에 긍정적인 영향을 주고 있다.

프란치스코 교황과 함께 있는 키란 비르 세디의 모습.

리버사이드에서 너무 어리다고 목소리를 낼 수 없는 아이는 없다.

새로운 교육 모델을 만드는 데 기초로 삼았다. 교육 쪽에 특별한
연고나 이해관계가 없는 외부인이었던 키란은 전국의 소위 성공적
인 학교들에서 실마리를 찾는 대신 교육 기관이 완전히 포기한 것
처럼 보이는, 표면적으로는 '사용자'인 아이들로부터 시작했다. 자
신의 길을 가기로 결심한 것이다. 그녀는 교수·학습 모델의 초석
이 될 다음 세 가지 기본 가치에 기반하여 리버사이드를 설립하겠
다고 결심한다.

1. 인간적이기 Be Humane

2. 공감하기 Have Empathy

3. 윤리적이기 Be Ethical

리버사이드는 바로 이러한 인간적인 이상을 디자인 사고의 세 가지 교의인 영감 Inspiration, 아이데이션(관념화) Ideation, 구현 Implementation 과 결합시킨다.[13] 리버사이드에서 철학적인 동력으로 자리 잡은 아이 캔 운동은 2009년 키란 비르 세디가 시작한 '변화를 위한 디자인 Design For Change' 이니셔티브의 일환으로 국가적이고 세계적인 운동이 되었다. 변화를 위한 디자인 이니셔티브는 모든 아이디어와 원칙을 한 지붕 아래에 가져와 모든 학교에서 쉽게 접근하고 이용

야외 학습은 리버사이드 교육 과정의 핵심 구성 요소이다.

리버사이드 캠퍼스는 대부분의 학교 건물과 같이 위협적이거나 시설처럼 보이지 않고 따뜻하고 환영받는 느낌이 들도록 설계되었다.

할 수 있게 해 준다.

키란이 리버사이드에서 그랬던 것처럼 아이 캔 운동의 옹호자인 아이들은 사회 및 커뮤니티의 문제에 대한 해결책을 찾는 데 있어서 누가 왜 해야 하느냐는 질문으로 시작해 무엇을 어떻게 할 것인가라는 질문으로 나아간다. 전통적인 학교 교육 과정이 무엇을 어떻게 할 것인가를 주로 다루는 것과는 대조적이다. 아이 캔 운동은 단순하지만 혁신적인 모델에 기반을 두고 있다. 이는 아이들로 하여금 자신을 괴롭히는 문제가 무엇인지 느끼고, 개선할 방법을 상상하고, 변화를 실천하고, 자신의 변화에 대한 이야기를 세상과 공유하게 한다.[14]

느끼고, 상상하고, 실행하고 공유하라. 이는 아이들이 자신감과 책임감이 있고, 창의적이며, 사회에 공헌하는 구성원으로 자라는 데 필요한 모든 콘텐츠와 기술을 전달할 수 있는 잠재력을 갖는 네 개의 단어들이자 세계에서 가장 강력한 교육 과정 가운데 하나이다. 아이들은 자신의 흥미와 열정에 자극받고 세상을 개선한다는 높은 이상에 이끌려 자연스럽게 탁월함을 추구하게 된다. 이러한 탁월함의 추구는 특별한 성취로 끝나지 않고 오히려 진화적 사고를 장려하는 성장의 사고방식이 된다.[15]

대부분의 부모들은 물론, 심지어 리버사이드 모델의 기본 가치에 완전히 동의하는 부모들까지도 시험 성적이나 대학 입학률 같은 전통적인 평가 기준에 따른 리버사이드 학생들의 성취도를 가장 궁금하게 여길 수 있다. 이 책의 제2부에서 리처드 엘모어가 강조한 진정한 배움의 본질을 이해한 사람들이라면, 전통적인 방식으로 측정한 학업 성취도를 기준으로 할 때 리버사이드가 인도에서 가장 성공한 소수의 학교들 중 하나로 한결같이 꼽힌다는 것에 놀라지 않을 것이다. 이 책 전체에 걸쳐서 언급했듯이, 실제적이고 진정하고 깊이 있는 학습은 학생들이 진정으로 참여하는 활동에 따른 자연적이고 부수적인 이득으로 일어날 가능성이 더 높다. 리버사이드는 이 원칙이 실제로 적용되는 완벽한 예이다.

교육자로서 뛰어난 업적을 인정받은 키란은 2010년 TED에서 강연했다.[16] 그녀는 계속해서 '삶의 개선을 위한 인덱스 디자인상', 록펠러 재단의 '청년 혁신상', 시카고국제문제협의회의 '퍼트리샤 블런트 콜다이크 장학금', '아시아 게임 체인저상', '교육 리더십 우수상' 등을 수상했다. 이 수상 내역만으로 그녀의 업적과 국제적인 명성을 모두 열거하는 것은 불가능하다. 대부분의 평범한 사람들은 이 인상적인 이력에 만족했을 테지만 키란에게 그것들은 아이들을 위한 다음 모험의 발판이 되었을 뿐이다. 2018년 6월 9일 그녀는 바티칸에서 교황을 만나, 전 세계 46만 개 이상의 가톨릭 학교에 '변화를 위한 디자인'을 도입하는 협약에 서명했으며,[17] 2019년에는 로마에서 100개국 4,000명의 어린이를 대상으로 아이 캔 국제회의를 개최하였다.

키란 비르 세디와 리버사이드 학교에 관한 이야기의 분명한 교훈은 교육에 있어서 실질적이고 지속적이고 오래가는 변화를 이끄는 리더십의 중요성이다. 물론 모든 사람이 키란처럼 될 수는 없겠지만, 수백만 명의 아이들이 10년 동안 해 온 것처럼 우리 각자의 이야기를 아이 캔 운동에 추가하지 못할 이유는 없다. 모든 아이들이 인생에서 성공할 수 있는 진정한 기회를 가질 수 있도록 교육이 공평한 기회균등의 장이 되기를 기대하는 우리 모두는, 각자 할 수 있는 범위에서 일하며 서서히 자신의 영향력을 확장하고 세계에 긍정적인 영향을 미침으로써 궁극적으로는 변화를 위한 대리인이 될 수 있다.

2부

내일 학교를
향한 여정

11장

배움과 디자인의 과제

리처드 F. 엘모어[1]

    어른과 청년들로부터 자신의 학습자로서의 능력을 개발하고 발휘할 수 있게 하는 조직을 설계해 달라는 요청을 받았다고 해 보자. 다시 말해, 학습 조직을 설계해 달라는 요청을 받았다고 가정해 보는 것이다. 그리고 이 조직은 건강하고 참여도가 높은 학습자 개인을 집합적으로 구현한 것이라고 가정해 보자. 즉, 주변 환경과 어느 정도 끊임없이 관계 맺고, 주변과 협력하면서 어느 정도 지속적으로 적응할 수 있는 능력이 있고, 주변과 관계 맺는 내내 학습한 내용에 맞춰서 내부 구조와 프로세스를 조정할 수 있는 어느 정도 민첩하고 유연한 조직인 것이다. 다시 말해, 이 학습 조직은 고도로 진화한 학습 유기체처럼 보이고 행동하며, 집단적 열망과 학습자로서의 능력에 대응하여 끊임없이 적응하고 변화한다.

    이 책의 주요 전제는 우리가 배우는 물리적 환경이 학습에 대한 가장 강력한 열망과 유망한 아이디어를 반영해야 한다는 것이다. 그리고 이 전제는 학습이 일어나는 방식에 대한 우리의 가장 강력한 아이디어는 새로운 지식과 학습 관행을 일상적인 업무의 요구에 적응시키는 경험에 따라 끊임없이 변화한다는 당연한 결과로 이어진다. 이상적인 세계에서 학교와 그 학교가 뿌리 내리고 있는 시스템은 '사회의 나머지 구성원들을 위해 학습이 어떤 모습이어야 하는지'를 모델로 삼을 것이다. 하지만 현실 세계에서 학교는 종종 '더 이상 존재하지 않는 세계에서 학습이 어떤 모습이었는지'를 모델로 삼는다.

> 학습 조직은 진정으로 원하는 결과를 만들어 내기 위해 자신의 역량을 지속적으로 넓히게 하고, 새롭고 광범위한 사고 패턴을 고무하며, 집단적 열망을 자유롭게 하고, 전체를 함께 보는 방법을 지속적으로 배울 수 있게 한다.
>
> — 피터 센게Petter Senge(1990/2006, 3)

만약 학교가 의도적인 학습 환경으로서 센게가 정의한 것과 같은 의미의 '학습 조직'이 된다면, 과연 학교는 어떤 모습일까? 학교는 단지 어른들과 아이들이 과거의 관행에 기초한 예측 가능한 활동 패턴으로 참여하는 장소가 아니라 배움이 무엇인지, 어떻게 배우는지에 대한 정의가 일어나는 장소이며, 또한 그 자체가 연구, 경험, 관찰, 열망 그리고 아마도 궁금증(우리가 인간 활동으로서 배움을 이해하는 데 충분히 야망을 가지고 있는지에 관한)을 기반으로 한 끊임없는 학습의 결과가 되는 장소일 것이다.

이 장에서는 학습이 발생하는 다양한 방법과 학습 방식들의 기반이 되는 조직 구조 및 프로세스에 대한 분석 틀을 살펴볼 예정이다. 그런 다음 최근의 학습 연구에서 도출된 일련의 예비 설계 원칙을 바탕으로 학습 조직을 구축하고 유지하는 방법을 알아보고, 학습 환경의 미래를 설계하기 위한 일련의 과제들을 살피는 것으로 끝을 맺고자 한다. 본격적으로 들어가기에 앞서 학교와 기타 여러 학습 환경을 학습 조직으로 대하는 것이 무엇을 의미하는지에 대한 다섯 가지 명제를 숙고해 보길 바란다.

다섯 가지 명제

분명히 하자면, 이 장의 맥락에서 '학습'이란 근거, 경험, 성찰이 있는 상황에서 신념, 이해, 행동을 의식적으로 수정하는 인간의 능력을 말한다. 이 장의 후반부에서 이 정의는 확장될 것이다. 이 대목에서 배움은 진화적·생물학적·실제적 필요에 따라 인간이 추구하는 활동이라는 것을 인지하는 것으로 충분하다. '디자인'은 개별적 또는 집단적으로 바람직한 결과를 얻기 위해 문화적·행동적·물리적 규범과 구조를 의도적으로 사용하는 것을 의미한다. 학습은 인류의 진화와 생존의 핵심이며, 디자인은 인간이 의도적으로 다양한 학습의 방법과 양식을 창조하는 수단이다.

학습과 디자인에 관한 다섯 가지 명제

학교의 기존 디자인이 현재와 과거의 학습 이론을 어떻게 반영하는지를 이해하고 평가하라.

학교 업무와 관련된 일상적 요구가 조직 디자인을 성찰하는 데 반드시 도움이 되는 것은 아니다. 아마도 사람들은 주어진 구조와 과정에 적응하는 법을 배울 테고, 적응이라는 것도 기껏해야 실무에서의 개인적 차이와 선호도에 맞추기 위해 하는 정도일 것이다. 수족관의 물은 그 안에서 헤엄치는 물고기들을 위해 제공된 것이다. 이처럼 대부분의 교육자들에게 있어서 학습 공간의 디자인은 의식적인 행동의 결과가 아니라 그냥 주어진 것이다.

사실, 기존의 학교 디자인은 의도적이든 아니든 수십 년간 일상의 업무에서 발생한 수천 가지 선택이 축적되고 남은 잔여물이다. 예를 들어, 교실의 세포 구조는 전형적으로 어른이 특정 기간 동안 학생 그룹을 감독하는 물리적 환경에서 학습이 이루어져야 한다는 이론을 구현한 것이다. 복도를 따라 교실을 배열하는 것은 하루 종일 어느 정도 예측 가능한 방식으로 학생들의 움직임을 관리하고 제어하기 위함이며, 이는 물리적 환경하에서의 보호와 통제에 대한 명백한 이론을 구체화한다. 어른을 위한 전용 작업 공간의 존재 여부는 어른들이 개별적 혹은 집단적으로 다른 어른들 그리고 작업 공간 주변의 학생들과 상호 작용을 하는지 안 하는지에 달려 있다. 교사가 수업하는 공간을 '소유'하고 자신들의 사적인 영역으로 간주하는 정도는 공공 공간의 사적인 사용에 대한 일련의 복잡한 합의를 나타낸다. 전용 공간에서 행정 기능을 분리하는 것(즉, 행정 업무로부터 학습과 관련한 업무를 공간적·문화적으로 분리하는 것)은 학생들과 직접 일하는 사람들과 그 일을 감독하는 사람들 사이의 업무 분리에 관한 이론을 구체화한다. 교실 안 공간의 물리적 배열과 그 공간들을 사용하는 방식에 대한 교실마다의 다양성은 어른들이 학습을 어떻게 생각하는지, 그리고 조직 전체가 개인적·집단적 학습 이론을 어떻게 다루는지를 나타낸다. 학교 디자인의 기반이 되는 이러한 이론들이 학교에서 일하는 사람들의 무의식이라는 안갯속으로 사라져 버렸을지도 모른다. 그렇다고 해서 이러한 것들이 학습을 정의하고 실행enact하는 방법을 결정하는 데 중요한 영향력을 미칠 수 없다는 것은 아니다.

학습과 디자인 사이의 관계를 이해하는 첫 번째 단계는 조직의 익숙한 패턴과 관행을 기본 학습 이론으로 간주하는 것이다. 그것들은 어떤 시점에서는 옹호할 만한 학습 이론을 대표했기 때문에 존재한다. 어떤 학습 이론이든 다 수용할 수 있는 물리적·문화적 공간으로서의 중립적인 학습 환경은 없다. 익숙한 환경이라고 해서 그곳이 학습 환경으로 기능할 수 있는 것도 아니다. 모든 학습 이론이 모든 물리적 환경에 적용될 수 있는 것은 아니며, 그 반대의 경우도 마찬가지이다. 환경의 구조는 그 안에서 일어나는 학습의 정의를 제한하고, 구체화하고, 재현한다.[2]

학습 환경을 의도적으로 디자인하려면 학습과 학교 교육 사이의 전통적 관계의 반전이 필요하다.

교육자들이 학습과 학교 교육 사이의 관계에 대해 의례적으로 생각해 온 방식은 어떻게 하면 학습에 관한 최고의 아이디어를 기

환경의 구조는 그 안에서 일어나는 학습을 제한하고, 구체화하고, 재현한다. 예를 들어, 메도라크 학교 카페테리아에 인접한 계단식 좌석은 이 공간을 프레젠테이션 및 공연 공간으로도 활용할 수 있게 해 준다. 대부분의 학교 식당이 점심시간에만 쓰이는 것과 다르게 메도라크 학교의 카페테리아와 같은 공간은 소규모 그룹 작업, 번잡한 프로젝트, 자습 등의 목적으로 학교 일과 시간 내내 사용될 수 있다.

사진 © 프레드 J. 후르마이스터

존의 문화적·물리적·조직적 모델에 맞출 수 있을지를 고민하는 것이었다. 통상적으로 학교 교육에서 혁신은 확립되고 고정된 형태의 조직 내에서 관행을 변경하는 것 또는 학습과 관련해서 일어나는 점진적 변화를 수용하기 위해 고정되어 있는 물리적·조직적 구조 내에서 미미한 수준으로 적응하는 것 정도로 여겨진다. 하지만 의도된 디자인은 연구 및 관행에 대한 성찰, 열망, 행동을 요구하는 질문에서 파생된 일련의 원칙들(학습 이론)을 수용하는 구조와 프로세스를 만들 것을 요구한다. 관습적인 혁신에서의 학습은 학교 교육에 적응하지만, 의도된 디자인에서의 학습은 학습이 일어나는 구조와 프로세스보다 선행해 그것들에 영향을 미친다(엘모어 2018 / 엘리스Ellis, 굿이어Goodyear, 마멋Marmot 2018).

명제를 선언하는 것과 그것을 실행하는 것은 별개이다. 선진 사회에서 교육은 고도로 제도화된 부문이다. 이는 곧 교육이 통제되고 관리되는 구조 및 프로세스는 예측 가능성과 안정성을 중시하는 특별한 사고방식을 수반한다는 것을 의미한다. 더욱이 학습에 대한 물리적·문화적 제약은 지역 거버넌스 구조부터 상업적·정치적 이해에 따른 조직화된 이해 집단에 이르기까지 고도로 제도화된 이해관계를 나타낸다. 의도된 디자인으로 전환하려면 예측 가능성과 안정성에서 정보에 근거한 선택과 적응으로, 확립된 패턴과 절차에서 유연성과 반응성으로, 확립된 진실에서 의문과 질문으로 사고방식을 전환해야 한다.

의도된 디자인에는 종종 기관을 신봉하는 신념과 실제 신념 사이의 차이에 대한 골치 아픈 고심의 과정이 수반된다. 구체적으로 말하자면, 학교는 제도적 수사rhetoric를 통해 학습이 일어나는 장소로 이상화될 수 있지만 사실 학교의 주된 사회적 기능은 사회에서 갖는 특권을 배당하는 것일 수 있다.

다중 학습 방식은 다중 관행 양식과 다중 조직 양식을 필요로 한다.

나중에 살펴보겠지만, 학습은 사회 전반에 걸쳐 개별적·집단적인 면에서 여러 형태로 자연스럽게 일어나는 기본적인 인간 활동이다(국립연구위원회National Research Council, 2000). 반면에, 학교 교육은 구조적이고 절차적인 규범에 의해 제도적으로 규정된 부문에서 발생하는 특수하고 제도화된 학습 형태이다. 인간은 진화와 실천의 경험을 통해 다중의 학습 방식들을 구현하게 되었는데, 그중 일부는 공식적 제도에 수용될 수 있는 것들이고 다른 일부는 훨씬 더 유동적이고 느슨하게 분산된 상호 작용 방식을 필요로 하는 것들이다.

학습 환경을 의도적으로 디자인하려면 친숙하고 확립된 것만이 아닌 학습 방식 전반을 이해해야 한다. 매우 효과적인 디자인은 인간이 의도된 학습에 참여할 수 있는 모든 방법을 수용하는 데 초점을 맞춘다는 점에서 배타적이기보다 포용적이다. 디자인은 학습을 제한하기보다는 확장하고, 접근을 통제하기보다는 허용하고, 학습 방식을 한정하고 선호도를 통제하기보다는 학습 방식들 간의 차이에 적응하는 일에 관한 것이다.

다시 말하지만, 이러한 사고방식의 전환은 기술 또는 관리 관행의 전환 못지않은, 혹은 그보다 더한 수준의 전환이다. 디자인 사고방식은 인간의 학습 능력 및 더 넓고 다양한 인문 환경에서 학습할 기회를 추출하는 능력에 대한 깊은 이해와 더불어 학습을 조직하기 위한 색다르고 더 넓은 대안적 형태의 어휘를 수반한다.

학습을 조직화하는 방법에 대한 우리의 아이디어가 변화함에 따라 학습에 대한 지식 자체도 변화하고 있다. 맥락이 달라지면 평범한 문제들에 대한 다른 해결책이 필요하다.

학교 교육에서 '혁신Innovation'에 대한 종래의 아이디어들은 '실행Implementation'이라 불리는 사고방식을 구현한다. 여기서 학습에 대한 새로운 아이디어는 일련의 특정한 관행으로 구체화되고, 이러한 관행은 학교와 교실에서 실행된다. 실행이라는 사고방식은 기존의 관행에 충실할 것을 요구함과 동시에 규모에 맞게 실행될 수 있는 혁신이 성공적 혁신이라는 개념을 내포한다. 즉 좋은 혁신은 서로 다른 사회·문화적 맥락을 갖는 다양한 장소에서 거의 동일한 복제물을 생산할 수 있는 것이다.

학습에 대한 우리의 지식이 늘어남에 따라 실행의 사고방식은 점점 덜 유용해진다. 최선의 노력을 기울였음에도 불구하고, 우리의 최고의 아이디어는 능력과 선호도, 그리고 실제로 사람들이 적용하는 조건에 따라 다른 맥락에서 매우 다양한 결과를 만들어 낸다. 동시에 학습의 신경 과학[3]에 대한 연구는 개인의 학습 차이에 대한 표준화된 대응이 훌륭한 결과를 낳을 것이라는 기대에서 멀어지고 있다. 우리는 개인 수준의 학습을 다루는 기초 과학이 빠른 속도로 성장하고 개인과 개인 간의 차이 그리고 개인과 그들이 학습하는 맥락 간의 차이에 대한 이해가 커지는 시대를 살고 있다. 실행의 사고방식은 교육처럼 고도로 제도화된 부문에서는 편리한 허구가 될 수 있는 한편, 학습에 대해 고찰하기에는 점점 더 제한

이 커지는 사고방식이다(호니히Honig, 2006).

이러한 맥락에서 학습에 매우 효과적인 디자인은 변화와 불확실성, 특정 개인과 맥락 간 차이에 대한 우발성과 적응성, 답변보다는 질문, 안정된 가정과 통념보다는 호기심과 경이로움을 위해 의도적으로 디자인하는 것을 말한다. 다시 말해, 효과적인 디자인은 과거의 문제에 대한 실현 가능한 해결책으로서의 디자인이기보다는 변화하는 지식에 대응하며 시간이 지남에 따라 학습이 의도한 대로 이루어지게 하는 디자인이다.

은유는 중요하다.

인지 심리학자와 신경 과학자들의 연구 덕분에, 인류가 일상생활에서의 어렵고 뒤얽힌 현실을 이해하고 문제를 해결하기 위해 은유에 크게 의존하고 있다는 사실은 수십 년 전부터 알려져 왔다(라코프Lakoff와 존슨Johnson, 1980/2003). 은유에는 많은 기능이 있지만 그중 가장 중요한 기능은 복잡한 문제들을 의도적이고 상징적으로 단순화하고, 그렇게 단순화한 것을 무언가 이해하고 행동하는 데 지침으로 사용할 수 있게 하는 것이다. 은유적 사고는 우리가 삶을 이해하기 위해 사용하는 언어에 깊이 내재되어 있다. 예를 들면 "그 음악은 나를 공중에 떠 있게 했다.", "내 발밑에 있던 양탄자가 당겨진 것 같은 기분으로 회의를 떠났다.(회의를 마치고 나올 때 뒤통수를 얻어맞은 기분이었다.)", "쓰레기를 넣으면 쓰레기가 나온다.(콩 심은 데 콩 나고 팥 심은 데 팥 난다.)" 등의 표현처럼 말이다. 은유는 안정적이고 예측 가능한 환경으로부터 더 불확실하고 예측 불가능하지만 학습 기회는 더 풍부하고 안전성과 보안성은 덜한 환경으로

사진 속 장소는 사우스캐롤라이나주 그린빌에 있는 피셔 스팀 중학교Fisher STEAM Middle School의 러닝
커뮤니티이다. 이를 269쪽 사진 속 전통적인 교실의 모습과 대조해 보라. 이 공간을 디자인한 사람들은
보호와 통제에 대해 분명히 다른 철학을 가지고 있었다.

사진 © 크리스 데커 Kris Decker, **파이어워터 포토그래피**Firewater Photography

수월하게 전환할 수 있게 해 준다.

새로운 학습 환경에 대한 개념화 및 디자인과 관련해 최근 우리 주변에서 볼 수 있는 상황을 표현한 한 가지 은유를 제시해 보겠다. 이 은유는 물질 상태의 변화와 관련한 물리학에서 유래한다. 물리적 세계에서 우리는 고체(내 컴퓨터가 놓여 있는 테이블), 액체(테이블 위 컵에 들어 있는 커피), 기체(실내를 순환하는 공기)를 서로 다른 물질의 상태로 경험한다. 우리는 일상생활에서 이와 같은 물질 상태의 구분을 편안하게 받아들인다. 왜냐하면 물질의 상태는 예측 가능한 방식으로 변화하기 때문에 물질의 상태가 무작위로 바뀔지도 모른다고 걱정하는 데 많은 시간을 할애할 필요가 없기 때문이다. (아마도 내일 아침에 일어났을 때 테이블은 그 상태 그대로 제자리에 있을 것이다.)

하지만 물리학자에게 이 안정적이고 예측 가능한 세계는 지루한 환상이다. 물리학자가 보는 것은 끊임없이 변화하는 세계이며, 이 세계에서 물질 상태의 변화는 다양한 조건의 변화에 대응하여 항상 다양한 형태로 일어난다. 고도로 정교한 결정 구조는 에너지가 증가하거나 감소함에 따라 비결정성 유체로 바뀌고, 결국 기체로 변화한다. 물리적 세계는 엄청난 수의 변형으로 가득 차 있고, 변형의 형태와 특성은 저마다 고유하다. 각각은 상세히 묘사하고 연구할 가치가 있으며, 각 변형의 과정은 서로 다른 유형의 변형들 간의 미묘한 차이에 대한 일련의 새로운 질문들로 안내한다.[4]

사회 안에서 일어나는 학습의 변화에 대해서도 비슷한 방식으로 생각할 수 있다. 경제 및 사회가 선진화됨에 따라 우리는 학습을 안정적이고 오래가는 결정형의 제도화된 구조와 연관 지어 생각하기에 이르렀다. 제도화된 구조는 그 안에서 살아가는 이들이 어느 정도 이해할 수 있고, 세상의 특정 부분이 돌아가는 방식을 납득하는 데 도움이 되는 은유를 마음속에 심어 주고, 개인적·사회적 행위로서 학습이 실제로 어떻게 작동하는지를 이해해야 하는 복잡한 과제에 대한 부담을 덜어 준다. 그러나 안정된 결정형 구조가 유연한 상태를 거쳐 대기 상태에 이르게 되기까지 비교적 완만하게 일어나는 은유의 변화를 통해, 우리는 완전히 다른 관점에서 학습을 바라보게 될 것이다. 학습은 무한하게 다양한 형태를 취할 수 있는 생물학적·진화적 명령에 기인하는 자연 발생적인 인간 활동으로 볼 수 있으며, 그중 일부는 인간의 특정한 목적에 맞추어 의도적으로 형성될 수 있다.

우리는 다음 두 가지를 선택할 수 있다. 첫째, 특정한 한 가지 물질 상태에 구속되지 않을 수 있고, 둘째, 학습의 자연적 변화를 반영하는 새로운 조직 형태를 형성하기 위해 인적 통제 및 주도권

이와 같은 교실의 모습이 우리에게 친숙하고 흔하다고 해서 잘 기능하는 학습 환경인 것은 아니다.

을 행사할 수 있다.

　이어지는 단락에서는 몇 가지 목적을 달성하기 위한 간단한 프레임 워크를 제시하고자 한다. 그것은 익숙하고 고도로 제도화된 학습 형태를 묘사하는 데 도움을 주는 한편 어떤 면에서는 친숙한 모양과 느낌을 다소 낯설게 여기게끔 만들 것이다. 친숙한 것을 낯설게 만드는 것은 결정형의 제도화된 학습 구조를 해동시켜 보다 민첩하고 유동적인 조직의 형태를 상상하기 시작하는 데 있어 중요한 단계이다. 이 프레임 워크의 또 다른 목적은 사회에 존재하는 다른 형태의 학습을 포착하기 시작하는 것이며(나는 여기서 시작을 강조한다.), 그렇게 포착한 다른 형태의 학습을 어떻게 하면 미래의 학습 환경 디자인에 대한 우리의 생각에 편입할 수 있는지를 제시하는 것이다.

학습 환경을 의도적으로 디자인하려면 친숙하고 확립된 양식뿐 아니라 학습 방식의 전체 범주에 대한 이해가 필요하다. 교실 기반의 학교는 캠프파이어 학습Campfire learning에 최적화되어 있지만 다른 학습 방식에는 그렇지 못하다. 이 그림은 데이비드 손버그David Thornburg 박사의 네 가지 원시 학습 은유를 나타낸 것이다.

캠프파이어　　　　물웅덩이　　　　동굴　　삶

4중 프레임 워크[5]

처음에는 단순성, 다음은 복잡성이다. 원형의archetypal 4중의 표는 비교적 단순한 모델 안에 적당한 수준의 복잡성을 통합하는 방법이다. 그러기 위해서는 우선 의도적으로 지나치게 단순화하고 나서 복잡한 상태로 조정해 나가야 한다.

사회적 학습 조직에 관한 단순한 버전의 모델(표)을 만든다고 할 때 두 가지 넓은 차원에서 생각해 볼 수 있다. (1) 학습이 위계적Hierarchy인 방식으로 조직되거나 보다 분산적Distributed이고 수평적인 방식으로 조직되는 정도 (2) 학습을 주로 개인적Individual 활동으로 생각하거나 보다 집단적Collective이고 사회적인 활동으로 생각하는 정도이다. 이 모델에서 '위계'는 몇 가지 의미를 지닌다. 먼저, 지식을 가지고 있다고 추정되는 사람에게서 지식이 없다고 추정되는 사람에게로 지식이 전이되는 것이 학습의 주된 부분이라는 의미를 담는다. 또한 지식을 가진 사람들과 (적어도 아직까지는) 지식이 없는 사람들 사이에 지위와 권위의 차이가 있는 학습 조직의 한 형태를 포착한다. 이 모델에서 '분산'은 지식이 한 장소나 제도화된 구조 안에 담겨 있지 않다는 생각을 내포한다. 대신 지식을 다양한 출처에서 다양한 형태로, 일부는 인간 상호 작용을 통하고 일부는 다양한 사회적 인공물들을 통해서 얻을 수 있다고 생각한다. 이 모델에서 '개인'은 학습의 결정자로서 개인의 동기, 행동, 선택에 초점을 맞춘다. '집단'은 다양한 형태의 사회적 상호 작용에서 비롯되는 활동으로서의 학습에 초점을 맞춘다.

각 사분면은 하나의 이상적인 유형으로, 각각의 본질적 특성

학습 양식

위계적인 개인의

분산된 개인의

위계적인 집단의

분산된 집단의

을 특징짓는 예시가 된다. 왼쪽 위 사분면은 고전적인 종합 중학교
나 고등학교를 나타낸다고 볼 수 있다. 이는 전형적으로 행정 직원
과 교사 간, 교사와 학생 간 관계를 필요로 한다는 점에서 위계적
인 조직이다. 그리고 학생들이 학업 성취도_{attainment}에 따라 개별적
으로 평가된다는 점에서 근본적으로 개별 경쟁적이다. 여기에서의

학습은 본질적으로 지식 전이의 하나이다. 즉, 구조화된 교육 과정을 중심으로 조직된 정보는 교사로부터 학생에게로 전이되고, 그것은 동화 과정에 의해 (또는 동화되지 않더라도) 지식이 된다. 이 모델에서의 성공 여부는 누적된 학점, 등수, 시험 점수 등의 성취도에 의해 판단되는데, 그러한 수치들은 능력(실적)$_{merit}$에 대한 사회적 정의를 구체화한 것으로 여겨진다. 즉, 이 가치 지수를 더 많이 축적한 사람들은 그렇지 않은 사람들보다 '더 나은' 지위를 '더 많이 받을 자격이 있는' 것으로 간주된다.

왼쪽 아래 사분면은 왼쪽 위의 것보다 진보적인 버전이다. 이는 조직이 주로 지위와 직책이라는 위계질서에 따라 작동하고 지식은 구조화된 방식으로 성인으로부터 학생에게로 흘러간다고 가정한다는 점에서 여전히 전통적인 성인과 학생 간, 행정 직원과 교사 간의 관계를 구현하고 있다. 다만 왼쪽 위 사분면과 비교할 때 뚜렷하게 다른 점은, 왼쪽 위 사분면이 학교 교육의 목적을 학업 능력에 대한 다양한 척도에 근거해 학생들을 구분 짓는 것에 두는 개별 경쟁적인 모델인 반면, 왼쪽 아래 사분면은 좋은 사회에 대한 어른들의 비전을 기반으로 하는 일련의 집단적 사회 규범으로의 사회화를 강조한다는 것이다. 왼쪽 아래 사분면에서의 학습은 학업 성취도에 대한 어른들의 기대를 충족하는 것인 동시에 학생 행동의 사회적 가치를 보여 주는 것이다. 이 사분면에 해당하는 이상적인 유형은 학교 교육을 민주 시민이 되기 위한 준비 과정으로 바라보는 존 듀이의 비전일 수도 있고, 종교 공동체가 설립·운영하는 학교일 수도 있다.

여기서 중요한 특징은 **왼편의 사분면들은 교육 사회학자들이**

말하는 '진짜 학교'에 대한 사회의 비전을 구현한다는 것이다. '진짜 학교'는 어른들과 아이들이 체계적이고 목적이 분명한 활동에 참여하는 단단한 물리적 경계를 가진 조직이며, 그곳에서의 학습은 사회적으로 입증된 학문적·경제적·사회적·문화적 규범들에 대한 기여를 통해 그 가치가 매겨진다. 이러한 가치와 규범은 정부 기관이나 다른 조직적인 집단에 자신들의 권위를 호소하는 교사들에 의해 성인에게서 학생에게로 옮겨 간다. 이 사분면들에서의 학습은 가르침teaching이라 불리는 활동의 결과로만 발생할 수 있으며, 가르침은 학생들에 대한 권위 있는 평가를 포함해야만 한다. 권위 있는 평가는 조직의 가치에 근거하며 자격에 대한 사회적 정의를 구현하는 것으로 여겨진다.

왼쪽 사분면들에 해당하는 학교는 두 가지 중요한 원천에서 권위를 얻는다. 첫 번째는 학교 교육에 아이들의 참여를 강제하는 국가의 힘이다. (나는 이를 '보호와 통제'라고 부른다.) 두 번째는 가치 있는 학습의 구성 요소와 그 학습으로 인해 발생하는 보상(내가 '성취도'라고 부르는)을 결정하는 여러 수준의 교육 기관의 힘이다. 이러한 권위의 원천은 선진 사회의 질서 안에 깊숙이 자리 잡고 있다. 예를 들어 사람들이 학교가 아닌 다른 곳에서 대부분의 것들을 배운다는 사실에도 불구하고, 대부분의 성인들은 학교라 불리는 곳의 경계 밖에서 어떤 유익한 방식으로든 일어나는 '학습'을 상상하기 어려워한다. 비록 아이들이 경험하는 성장 발달의 대부분이 학교에 입학하기 전에 이루어지거나 입학 후에는 학교 밖에서 이루어짐에도 불구하고, 사회 전체로 볼 때 아이들이 성장기에서 가장 중요한 약 1만 6000여 시간 동안 학교라는 기관의 보호와 통제 아래에 놓이지 않는 세계를 상상하기란 어렵다. 왼쪽 사분면들은 배움에 대한 사회적 인식에 엄청난 영향력과 통제력을 행사한다.

왼쪽 사분면에서 오른쪽 사분면으로 이동한다는 것은 '경계를 넘어서는 것'을 의미한다. 이는 조직화된 학습에 대한 대부분의 논의에서는 익숙하지 않지만 사람들이 학습자로서 실제로 경험하는 부분에서는 상당히 익숙한 일이다.

나는 교육자들과 학습 관련 임상 작업을 할 때면 종종 그들에게 지난 6개월에서 1년 동안 경험한 가장 강렬한 학습 경험을 떠올려보고 자세히 설명해 달라고 부탁하곤 한다. 처음 몇 번은 그들의 이야기를 듣고 충격을 받았지만, 이제는 지배적인 패턴으로 받아들이게 되었다. 그들은 자신들이 몸담고 있는 학교는 말할 것도 없고 그 어떤 공식적인 조직 구조와는 무관한, 매우 강렬하고 때로는 변혁적인 학습 경험을 묘사했다. 가령 중년에 악기를 마스터하는 데 필요한 신체적·인지적 변화라든가 나이 든 부모나 장애가 있는 형제자매를 돌보는 일이 자신의 정체성과 대인 관계 기술에 미치는 깊은 영향, 낯선 요리를 마스터하는 데 요구되는 의식의 변화, 요가를 시도하는 데 수반되는 인지 영역과 신체 부위의 기이한 재구성 등을 묘사하는 식이다. 이와 같은 이야기를 듣다 보면 일반적으로 두 가지 중요한 점을 발견할 수 있다. 하나는 그와 같은 경험을 하는 과정에서 사람들은 자신의 삶에서 의미 있는 어떤 것에 대한 주도권과 통제권을 행사하는데, 그렇기 때문에 그러한 경험들을 강렬하게 느끼게 된다는 것이다. 다른 하나는 이런 경험들은 종종 일상생활 속 익숙한 일과와 관계들을 벗어나는 선택과 가치를 수반하기 때문에 사람들이 매우 개인적인 경험으로 받아들이게 된다는 것이다.

왼쪽 사분면에서 오른쪽 사분면으로 이동하는 것은 학습의 관점이 이동하는 것을 내포한다. 즉 지식의 가치가 권위 있는 기관의 영향을 받지 않는다고 보는 학습의 관점으로부터 학습자가 받아들이는 지식의 유용성과 의미에 따라 지식의 가치가 결정된다고 보는 학습의 관점으로 이동하는 것이다. 이 모델에서 학습이 위계적이기보다는 분산적이라고 말하는 것은 학습하는 내용에 대한 주도권과 통제권이 중요한 면에서 기관에서 학습자로 이동함을 의미한다.

오른쪽 위 사분면은 가장 극단적인 형태의 분산형 학습을 나타내는 것으로, 이 모델에서 학습자는 매우 개별화된 방식으로 가치 있는 학습이 무엇인지 결정하고 자신이 선택한 학습 방식에 따라 지식을 습득하기 시작한다. 학습 방식의 범위는 책, 기사, 온라인 텍스트, 비디오 리소스, 강의, 개별 자습서, 캐주얼 그룹 토론, 동료 간 상호 작용 등 모두가 학습자의 통제하에 기회와 선호도의 조합에 의해 결정된다.

이 사분면에서 실제 학습 방식은 학습 목적과 자원의 평가에 대한 주도권, 선택권, 판단력을 행사하는 데 필요한 기술보다 덜 중요하다. 이 사분면의 이상적인 상을 세상을 망각한 채 트레이닝 바지와 후드 티 차림으로 컴퓨터 앞에 앉아 있는 전형적인 괴짜로 생각하기 쉽다. 실제로 디지털 학습의 성장은 개인 주도 학습의 성장을 엄청나게 가속화했다. 디지털 학습은 참여 형식 및 규칙이 유연하기에 개인의 효용과 선호도에 맞춘 학습에 대한 요구는 디지털 학습 공간의 표준으로 자리 잡았다. 가령 중학교 대수학 수업에서 2차 방정식의 인수 분해를 익히는 데 어려움을 겪는 학생이 있다고 해 보자. 이제는 학교의 물리적 공간, 시간, 인원에 구애받지 않고 온라인으로 학습할 수 있을 뿐만 아니라 자신의 학습 요구에 가장 잘 맞는 플랫폼과 양식을 선택할 수 있다. 게다가 일련의 필수 과목을 성공적으로 이수하고 통과하기 전에 미분학 수업을 듣는 것은 부적절하다고 말하는 미리 정해진 교육 과정 체제 따위는 없다. 수학에서 가속도나 곡선 아래의 면적을 계산하는 법에 관심이 있다면, 몇 번의 타이핑만으로도 그것들을 배울 수 있는 곳을 찾아낼 수 있다.

오른쪽 아래 사분면은 개인들이 상호 관심을 공유하는 지식 영역을 중심으로 다양한 수준의 느슨하고 긴밀한 네트워킹에 결합된 분산적·집단적인 자발적 학습 공동체의 세계로 안내한다. 오른쪽 위 사분면에서의 네트워킹이 조직의 한 형태로서 기술에 내재되어 있는 반면 오른쪽 아래 사분면에서의 네트워킹은 지식을 둘러싼 사회적 상호 작용의 지배적인 형태로서 전면에 자리 잡고 있다.

한번은 캘리포니아주의 센트럴 밸리Central Valley 농장에서 학교 교사들과 함께 일한 적이 있는데 내가 '스타벅스 서클Starbucks Circle'이라고 부르던 것이 청소년들과 대학생들을 위해 조직화된 학습의 지배적인 형태임을 알게 되었다. 평소 이른 아침이나 이른 오후에 동네 스타벅스를 방문하면 주로 라틴계 학생들이 숙제를 하기 위해 모여 앉아 있는 것을 볼 수 있었다. (그래요, 선생님들! 실제로 아이들은 숙제를 공유합니다.) 이러한 스터디 그룹은 느슨하게 조직되어 있지만, 학습에는 깊이 참여한다. 학생들과 대화를 나눈 결과, 학습자의 요구에 대체로 무관심한 세계에서 학생들이 이런 형태의 조직을 생존의 매커니즘으로 보고 있음을 분명히 알 수 있었다.

다양한 수준의 참여와 관심사를 수용할 수 있는 네트워크 구조의 유연성 덕분에 네트워크화된 러닝 커뮤니티의 다양성은 무한하다. 위계적 형태의 학습과 중요하게 다른 점은 네트워크가 공통 관심 영역에서의 매우 다양한 수준의 전문 지식을 수용할 수 있어서 거기에 속해 있는 이들 간의 지식의 흐름이 매우 유동적이고 효율적이라는 것이다. 사람들은 각자의 근접 발달 영역zone of proximal development에 거의 부합하는 지식에 정통한 이들을 네트워크 안에서 찾을 수 있어서, 단일한 자원에 의존하지 않고도 가치 있는 것을 배울 수 있다.

오른쪽 아래 사분면은 현재 첨단 연구·개발 분야에서 학습 및 지식을 전달하는 지배적인 형태이다. 대부분의 대학 교수, 전문 실무자, 연구·개발 전문가, 기업가는 여러 수준의 전문성과 지식 영역을 통틀어 상호 이익 관계를 구축하는 능력에 따라 성공 여부가 좌우되는 고도로 네트워크화된 환경에서 일한다. 그와 같은 능력은 지속적인 참여와 실천, 주도권과 선택권의 개발 및 활용, 통찰력과 창의성의 함양을 통해 키울 수 있다. 이 모델이 실제로 작동하는 모습을 보고 싶다면 주요 연구 대학 주변의 물리적 공간과 디지털 공간의 디자인을 살펴보면 된다. 민간 기업의 연구소는 교통 및 통신 허브를 중심으로 구성된 대학 연구소에 바싹 붙어 있으며, 그곳의 교통 및 통신 허브는 복잡한 네트워크의 노드 간 정보가 24시간 연중무휴로 전송되는 고속 디지털 환경을 통해 전 세계와 연결되어 있다.

앞서 언급한 바와 같이 어떤 도식화된 모델이든 그것은 개인적·사회적 활동으로서의 학습의 진정한 복잡성을 단순화시킨다.

학습 양식 프레임 워크

	위계적인	분산된
개인의	• 학습 내용에 대한 사회적 합의가 있음. • 성과의 측정은 문서와 표준에 의해 구체화됨. • 개별 학습은 표준 및 타인과의 비교를 통한 공통의 측정 기준을 바탕으로 평가함. • 실적과 성과를 기준으로 능력을 판단함. • 개인의 선택에 따른 결과는 개인이 책임을 짐.	• 학습은 가르침이나 학교 교육과 관계없이 발생하는 생물학적으로 긴요한 인간 활동임. • 개인은 궁극적으로 자신에게 가장 중요한 학습 유형을 결정함. • 자신의 필요, 적성 및 관심사를 따름. • 배움의 원천은 사회에 널리 분포되어 있으며, 그 주변 경계는 확산적이며 침투성을 가짐. • 학습의 목표는 개별적으로 결정되며, 개인에게 좋은 학습이 무엇인지는 집단적으로 결정할 수 없음.
집단의	• 기관은 사회의 집단적 목표를 구체화함. • 무엇을 배워야 하는지에 대한 결정이 기관의 규칙, 구조 및 프로세스를 통해 이루어짐. • 학교 학습의 주요 기능은 상식과 사회적 규범을 통해 개인을 사회화하는 것임. • 사회는 조직적인 학습을 통해 개인에 대한 집단적 책임을 수행함.	• 사회적 과정으로서의 학습은 네트워크로 조직된 합의된 커뮤니티에 내재되어 있음. • 시간이 지남에 따라 개인은 자신이 소속될 커뮤니티를 선택함. • 자신의 필요, 적성 및 관심사를 따름. • 사회는 네트워크를 통해 학습을 증진함.

이 도식을 통해 우리는 중요한 디자인 결정을 이해하는 데 도움을 받을 수 있다. 그중 하나는 디자인 결정이 학습자로서 인간이 발전하고 성장하는 데 실질적인 영향을 미친다는 생각을 강화하게 해 준다는 것이다. 여기서의 디자인 결정은 학습자를 배양하고 육성하는 데 어떤 학습 방식의 영향력이 크고, 어떤 신체적·조직적·사회적·문화적 행동 유도성affordances이 어떤 학습 방식에 부합하는지를 선택하는 것을 의미한다.

나의 경험상 교육자들은 어떠한 학습 방식이든 표준적 형태의

학습이 위계적이기보다 분산적이라고 말하는 것은 학습하는 내용에 대한 주도권과 통제권이 중요한 면에서 기관에서 학습자로 이동함을 의미한다.
사진은 중국 충칭시의 예청 국제 학교의 새 중등학교 퍼포먼스 커먼스 영역을 렌더링한 결과물.

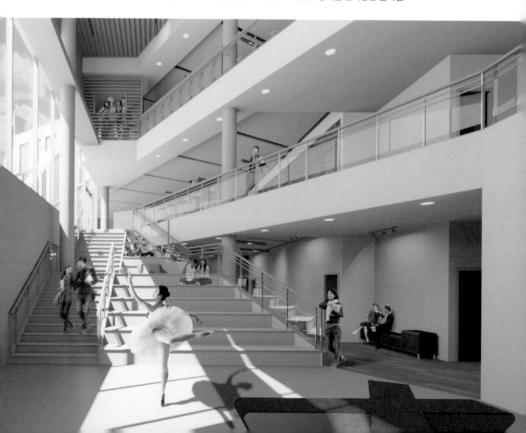

학교 조직에 꼭 들어맞게 할 수 있다고 생각하는 경향이 있다. 하지만 명백히 그것은 틀린 생각이다. 예를 들어 이제는 잘 알려진 '블렌디드 러닝'은 전통적인 학교 교육에 기술을 접목한 사례이다. 블렌디드 러닝의 지지자들은 이것이 주된 혁신이라고 생각한다. 대부분의 경우 블렌디드 러닝은 학생으로 하여금 수업 시간 전후에 전형적인 강의 형식의 온라인 학습을 하게 하고 수업 시간에는 덜 구조화된 토론 지향적인 학습을 하는 것을 의미한다.

학습 방식 프레임 워크 측면에서 이러한 버전의 블렌디드 러닝은 전혀 혁신적이지 않다. 이와 같이 말하는 이유는 다음과 같다. 먼저, 전체 활동이 통제와 성과라는 위계적으로 결정된 구조에 뿌리를 두고 있기 때문에 학습자 측에서의 선택권과 주도권은 면밀하게 짜인 각본 안에서 발생한다. 둘째, 이 기술은 (지식이 교사에게서 학생에게로 흘러가는) 위계적 학습 방식을 강화하기 위해 사용된다. 기존의 위계적 학습 방식에서 유일하게 달라진 점은 강의에서 비디오 클립으로 전달 수단이 바뀐 것이다. 셋째, 이 학습 양식은 실제로 학생들에게 어른이 통제하는 활동에 더 많은 재량 시간을 할애하도록 요구함으로써 학생들의 선택에 대한 어른의 통제력을 높인다. 이러한 특징들은 위계적 학습 환경에서는 긍정적으로 간주될 수도 있지만, 학습자 개개인이 학습과 발전의 중심 주체라고 보는 더 넓은 프레임 워크에서는 '혁신적'이라고 보기 어렵다. 디자인 결정은 기존의 양식을 강화하든 혹은 방해하든 간에 학습에 실질적인 영향을 미친다. 대부분의 변화가 기존의 학습 양식을 강화하도록 만들어지는 경우 우리는 종종 모든 변화를 학습의 변화로 혼동하게 한다.

이 프레임 워크의 또 다른 유용한 점은 사회 전반에서 발생하는 개인적·사회적 활동으로서의 학습을 고도로 제도화된 학습 형태인 학교 교육과 구별하는 더 명확한 방법을 제공한다는 것이다. 미래를 위한 디자인에 관한 중대한 질문들은 보다 광범위하고 유동적이며 반응성이 뛰어난 학습 분야와 학교 교육 간의 관계를 중심으로 전개될 것이다. 이 질문들에 대답하기란 쉽지 않을 것이며, 더구나 그로부터 학습 환경을 위한 유용하고 기능적이며 영감을 주는 물리적 디자인으로 나아가기는 더 어려울 것이다. 이러한 질문에 대한 답을 찾는 한 가지 방법은 학습의 신경 과학 분야의 최근 연구를 바탕으로 학습의 미래를 잠정적으로 살펴보는 것이다.

배움의 미래

우리는 주로 기관과 그러한 기관들이 대표하는 조직적 이해관계에 의해 학습이 정의되는 세상에서 살고 있다. 하지만 점차 인간 활동으로서의 학습이 제도의 경계를 벗어나는 세계로 나아가고 있다. 또한 개인과 사회 전반의 이해관계는 다양한 학습 형태와 방식들을 이해하고 디자인을 활용해 다양한 형태의 학습물을 접할 수 있게 하는 능력에 점차 더 의존하고 있다. 사회 전체를 위한 학습의 미래는 제도적 제약에서 벗어나 학습을 이해하고. 학습이 인간의 능력을 따르고 향상시키는 방향으로 디자인되는 미래를 상상하는 능력에 달려 있다.

사진 속 커피숍은 우수한 학습 환경의 본보기가 될 수 있다. 이러한 공간은 다양한 종류의 좌석이 마련되어 있고, 와이파이에 접속할 수 있으며, 혼자서든 동료나 소규모 그룹과 함께하든 다양한 형태의 학습이 가능하고, 긍정적인 느낌과 분위기를 띠며, 음식과 음료가 제공되고, 괜찮은 수준의 음향 및 조명 시설을 갖추고 있다.

학습은 증거, 경험, 성찰이 있는 상황에서 신념, 이해, 행동을 의식적으로 수정할 수 있는 능력이다.[6]

이와 같은 학습에 대한 정의는 방대한 이론과 연구를 무너뜨리고, 학습의 의미와 관련하여 역사적으로 있어 왔던 대부분의 갈등과 불일치를 없앤다. 동시에 행동 심리학자들과 학습의 신경 과학 연구자들의 생각이 수렴된 학습관을 반영한다.

이 정의가 얼마나 중요한지 이해하는 한 가지 방법은 정의한 내용에 포함되지 않는 것, 즉 학습이 아닌 것이 무엇인지 말하는 것이다. 가장 논란이 되는 부분이기는 하지만 일차적으로 이 정의에서 말하는 학습은 일상적으로 쓰는 구어적 의미에서의 기억과 다르다. 기억은 지식과 경험을 암호화하고 그것들을 나중에 사용하기 위해 저장해 두는 중요한 인지 과정이지만, 사물을 기억하는 능력과 학습이 같은 의미인 것은 아니다. 이렇게 두 용어를 구분하는 이유는 (이와 관련하여 심오한 이론 및 연구가 있으나 단순하게 말하자면) 기억, 즉 과거에 경험했던 것들을 기억하고 반복하는 능력이 실제로 무엇을 아는 데 있어서 매우 신뢰할 수 없는 대용물이라는 것이 밝혀졌기 때문이다. 기억은 사실과 경험을 단순히 저장하고 검색하는 것이 아니다. 기억은 뒤죽박죽된 초기 경험이며, 초기 경험과 관련된 새로운 정보와 경험, 훗날 회상한 모든 것은 한데 섞이고 변질되면서 미래의 모든 경험에 의해 지속적으로 수정된다. 기억은 학습에 큰 역할을 하지만, 그 자체가 학습의 신뢰할 만한 대용물이 될 수는 없다(샥터Schacter, 2001 / 캔들Kandel, 2006). 실제로 기억과 학습에 관한 경험적 연구 전반에서는 망각이 학습 과정에서 맡은 생산적인 역할을 다룬다. 이는 망각이 잠시 멈춰 이전에 생긴 이해와 오인을 재고하고 조정할 수 있게 하며, 기억이 생기기 전후에 학습한 내용을 해당 기억의 사이사이에 끼워 넣어 주기 때문이다.[7]

기억 역시 단일한 현상이 아니다. 가장 신뢰할 수 없는 형태인 장기 기억은 능동적인 학습의 적시에 작용된다고 볼 수 있는 작업 기억working memory과는 상당히 다르다. 교사이자 임상 신경학자인 주디 윌리스Judy Willis는 기억이 학습에 도움이 되는 방식에 대해 가장 명료하게 설명한다. 정보가 작업 기억을 통해 장기적인 기억으로 발전하기 위해서는 기존의 신경망에서 사실상 학습자에게 의미를 창출해 줄 수 있는 곳을 찾아야 한다. 즉, 정보가 의식적인 학습으로 이행하기 위해서는 사전 지식 또는 경험(아무리 신뢰할 수 없는 것이라 해도)과 해당 정보 사이에 연관성이 있어야 한다. 그리고 그 정보를 다시 장기적인 의미에서 사용할 수 있으려면, 그 정보는 반복 수행을 통해 새로운 형태의 정보 및 경험과 관련하여 재창조되고 강화되어야 한다. 이 모든 것은 기호화되어야 하며 성취감과 기쁨의 긍정적인 감각과 연관되어 있어야 한다. 윌리스는 암기가 의미보다는 회상에 강조점을 두고 이루어지는 경향이 있으며, 회상은 주로 매우 짧은 반감기(그녀의 주장에 따르면 약 20분)로 단기 기억에 머무르는 편이라고 말한다(윌리스, 2006, 5쪽).

내가 관찰하고 인터뷰한 교사들은 가르친 것의 거의 대부분을 학생들이 짧은 시간 동안에도 기억하지 못하는 데 대해 종종 불만을 표출한다. 하지만 내가 관찰한 학생들의 작업 대부분이 비교적 짧은 주기로 정보를 소화하고 되새김질하거나 연습장에 그대로 써 보는 연습을 하는 것이었기에 왜 이런 일이 발생하는지 미스터리라고 하기는 어렵다. 이런 경우, 아이들이 학습하고 있는 것은 실제 내용이 아니라 반복적인 주기로 단기 기억을 끌어 내거나 흐트러뜨리는 일이다.

기억과 학습을 이렇게 구분하는 것은 매우 실용적이다. 미국 교실에서 일어나는 교사와 학생 간 상호 작용을 코드화해 봤더니, 학생들에게 주어진 과제의 60~70%가 기억하고 회상하는 일이라는 것이 밝혀졌다. 해당 과제들은 교사가 학생에게 무언가를 하라고 요구하고, 그런 다음 다시 학생에게 그것을 하는 법을 기억하고 있는지 증명하게 하는 식으로 되어 있다. 미국뿐 아니라 국제적으로 학교와 교실마다 매우 다양한 차이가 있겠지만, 미국의 경우 교실에서의 학습에 대한 기능적 정의는 교사가 말하거나 교과서에 있는 내용을 기억하고 반복하는 일이다.

앞서 제시한 학습에 대한 정의의 또 다른 중요한 특이점은 학습은 시간이 지남에 따라 경험과 실천에 크게 영향을 받는 고도로 개별화된 활동이라는 것이다. 이러한 프로세스의 복잡성은 표준적인 경험을 통해서만 신뢰할 만한 학습자의 응답이 도출되는 자극-반응 모델이나 간단한 도식의 입출력으로는 포착할 수 없다. 다시 말하지만, 미국 교실에서의 교사-학생 간 상호 작용의 대다수는 모든 학생이 같은 시간 내에 다소 표준화된 방식으로 정보의 대부분을 흡수할 것이라는 가정 아래 일어나기 때문에 이를 이해하는 것은 중요하다. 우리는 연령에 걸맞은 기대치를 반영한 표준 모델에 따라 학습자가 표준 시간표 내에서 특정 학습 목표에 얼마나 잘 도달했는지를 확인함으로써 학습자로서 학생이 가진 역량을 기계적으로 판단한다. 이러한 견해는 발달적 활동으로서의 학습에 관한 연구에서는 지지하지 않지만, 학교 교육에서는 관료적 필요성에 따라 필요로 한다.

마지막으로, 학습에 대한 그와 같은 정의는 학습이 한 사람에게서 다른 사람에게로 단순히 정보가 전달되는 것이라는 생각을 배척한다. 학습자는 수동적인 저장 장치가 아닌 정보를 수신하고 처리하는 능동적 주체이다. 학습자로서의 역량은 새로운 정보와 경험을 기존 지식 및 이전의 학습 경험에 통합하기 위한 적극적 전략 개발에 온전히 달려 있다.

그러한 정의는 또한 학습이 무엇인지뿐만 아니라 학습이 무엇이 아닌지도 알려 준다. 학습은 전 생애에 걸쳐서 발생하는 누적된 발달 과정이다. 이 과정의 핵심은 신경 가소성neuroplasticity이라는 개념이다.[8] 뛰어난 학습자들은 신경망을 말 그대로 늘리고, 가지치기하고, 연결하고, 정교화함으로써 보다 효율적이고 강력한 패턴으로 만듦으로써 성인기와 노령기에도 신경학적으로 계속 발전한다는 것이 밝혀졌다. 이 과정은 신경학자들이 분지arborization라고 부르는 것을 유발하거나, 고도로 전문화된 인지적·정서적 기능을 중심으로 점점 더 조밀해지는 신경망의 정교화와 통합으로 이어진다. (한번은 내 담당 신경과 전문의가 fMRI(기능적 자기 공명 영상)를 찍고 나서 나의 '훌륭한 분지'를 칭찬했다. 그것이 사실이든 아니든 그날 하루는 행복했다.) 이러한 과정은 우리가 다양한 유형의 경험을 더 효율적으로 처리할 수 있게 됨에 따라 청소년기부터 성인기에 이르기까지의 삶의 단계마다 달라진다. (뇌 질량은 실제로 '가지치기'라고 불리는 과정에 의해 효율적으로 감소한다.)

연습과 사용을 통해 신경학적 효율을 높이는 근본적인 과정은 일생 동안 활발하게 이루어진다. 그런 의미에서 학습은 평생 실천해야 하는 일이며, 인간은 일생에 걸쳐 학습을 얼마나 실천할지를 선택하게 된다. 실천의 함양은 학습 활동의 핵심이다. 실천은 평생의 프로젝트이다.

학습은 생물학적으로나 진화적으로나 꼭 필요한 것이다. 인간은 점점 더 복잡한 형태의 지각과 인지를 발전시키는 활동에 참여함으로써 학습하는 유기체로 진화해 왔다. **인간은 생존과 발전을**

우리는 학습을 의도적이고 의식적으로 추구하고 그것을 통제함으로써 스스로를 발전시킬 수 있다. 우리는 학습을 통해 즐거움을 느끼기 때문에 배우고, 그것은 우리로 하여금 더 많은 배움을 추구하게 하는 동기가 된다.

위해 다른 종에 비해 엄청난 신체적 약점을 극복해야 했다. 그것은 주로 인지적·사회적 기술로 신체적 한계를 상쇄함으로써 가능했다. 이러한 발전의 대부분은 우리 환경과 그 안에 있는 것들을 만들고 수정하는 의도적인 활동을 통한 직접적인 경험의 결과로 일어났다. 이와 같은 의미에서 학습은 특정 시간에 특정 상황에서만 발생하는 것이 아니라 우리가 참여하기로 하든 하지 않든 물리적 필요에 의해 발생하는 어느 정도 지속적인 과정이다.

인간은 환경에 참여하고 경험하는 방식을 의식적으로 수정할 수 있다는 점에서 다른 종들과 구별되며, 그렇기에 특정 목적을 위해 의도적인 방식으로 학습을 바꾸고 관리할 수 있다.[9] 인간은 자기 자신과 자신의 정체성, 그리고 인간 행위자로서의 능력에 대한 의식적 인식과 이해를 발달시킬 수 있다는 점에서 특별하다. 이 과정을 관리하는 뇌의 영역은 신경 과학자들이 실행 기능이라고 부르는 것에 특화되어 있다. 고도로 발달된 실행 기능은 학습자로서의 높은 역량을 나타내는 핵심 지표이다. 우리는 가치, 생계, 즐거움을 창조하는 수단으로 학습을 사용하는 법을 배워 왔다. 이는 학습을 의도적이고 의식적으로 추구하고 그것을 통제하는 것이 스스로를 발전시킬 수 있음을 의미한다. 우리는 배움을 통해 즐거움을 느끼기 때문에 배우고, 그것은 우리로 하여금 더 많은 배움을 추구하게 하는 동기가 된다. 하지만 우리는 의도적이든 의도적이지 않든 즐거운 학습에 대한 추구를 억제하거나 방해하는 활동에 참여함으로써 인간의 진화를 지연시키고 가로막고 있다.

학습은 인지적 활동일 뿐만 아니라 신체적이고 촉각적인 활동이다. 학습 신경 과학의 주요 연구 분야는 뇌로부터 확장된 신체의 생리 현상과 인지 기능 사이의 관계를 연구하는 '체화된 인지embodied cognition'이다.[10] 이 연구의 주요한 발견은 인간이 뇌뿐만 아니라 신체와 뇌의 협력을 통해서도 생각한다는 것이다. 이런 의미에서 경험은 일상생활에서 지각한 것을 단순히 암호화하고 이해하는 것이 아니라, 우리가 살고 있는 환경에 의식적으로 관여하고 그것을 바꾸는 능력이 어떻게 우리가 배우고 발전하는 능력을 키우거나 억제하는지를 이해하는 것이다. 무언가를 만들고 수정하는 것은 우리가 마음과 몸의 연결을 통해 학습하는 주요한 방법이다.

이제는 학습이 훨씬 더 넓은 의미에서의 학습 환경에 대한 정의를 요하는, 단순히 '학교를 다니는 것'보다 훨씬 더 광범위한 활동이라는 것을 분명히 해야 한다. 목수와 정원사 간의 차이를 바탕으로 하는 앨리슨 고프니크Alison Gopnik의 설명은 이러한 생각을 정확히 담아내는 훌륭한 은유 중 하나이다(고프니크, 2017). 고프니크는 출생한 때부터 5세까지의 아동을 대상으로 하는 학습을 연구하는 신경 과학자이다. 그녀의 연구 결과는 그저 놀라울 뿐이다. 그녀는 우리가 지금까지 성인의 것으로만 생각했던 고도로 복잡한 지각 능력 및 인지 능력을 유아와 미취학 아동이 어떤 방식으로 개발하는지에 관한 목록을 제시하였다. 예를 들어 어린이들이 자신의 생각과 자신이 관계 맺는 다른 사람들이 할 만한 생각을 구분하는 능력인 '마음의 이론'이라는 것을 18개월이라는 어린 나이에 개발하기 시작한다는 것이다. 이는 이전에는 훨씬 더 늦은 발달 단계에서 확인되던 능력이다. 과거에는 피실험자에게 높은 수준의 언어 발달을 요구하는 연구 방법에 크게 의존했기 때문에 이와 같은 중요한 발달 패턴을 대부분 이해하지 못했다. 편견을 바로잡아 보면, 이전에는 어른들의 특성으로 여겨지던 강력한 학습 능력 같은 놀라운 신경학적·인지적 복잡성을 매우 어린 아이들에게서 발견할 수 있다.

고프니크는 목수와 정원사에 관한 은유를 사용하여 인간 학습 개발 프로젝트의 틀을 잡았다. 목수들은 무언가를 지을 때 목적과 계획에 따른다. 그들은 불활성 재료를 사용하고, 제품을 생산하기 위해서는 재료들을 결합하고 수정해야 한다. 그들이 작업한 결실은 기능을 하든 그렇지 않든 간에 구체적으로 실재하는 물체이다.

만약 결과물이 제대로 기능하지 않을 경우, 또다른 계획을 세워 그것을 수정하거나 다시 만들 수도 있다. 반면에, 정원사는 목표를 달성하기 위해 자연과 협력하여 작업한다. 그들의 임무는 연구, 관찰, 실습을 통해 살아 있는 유기체가 어떻게 살고 성장하며, 때로 환경의 매우 특수한 변화에 어떻게 적응하는지를 이해하는 것이다. 그들이 작업한 결실은 식물마다 계절마다 해마다 달라지며, 종종 식물과 환경 사이의 잘 이해되지 않는 복잡한 상호 작용에 영향을 받았다.

고프니크는 이와 같은 은유를 사용해 아동의 발달과 학습에 관한 시각이 육아 및 학교 교육에 관한 기본 계획 수립 모델에 의해 어떻게 폄하되고 저해되는지, 그리고 유아와 아동을 다양한 환경에서 움직이는 탄력적이고 능숙하며 고도로 진화된 학습 유기체로 이해하는 일이 어떻게 학습자로서 그들의 능력을 길러 주는 법을 찾는 것으로 이어질 수 있는지 설명하고자 한다.

물론 유아와 아동을 학습 유기체로 보는 이러한 핵심 사상이 고프니크에 의해 처음 등장한 것은 아니며, 그 역사는 오래되었다. 고프니크의 접근 방식이 새로운 것은 아이들이 학습자로서 자신의 능력을 발달시킬 때 일어나는 실제 신경학적 발달과, 그 발달 패턴이 인간이 하나의 종으로서 진화해 온 방식에 관한 우리의 지식과 얼마나 일치하는지에 관한 심층 연구를 통해 자신의 견해를 뒷받침한다는 점이다.

고프니크는 특히 아동 발달에 관한 추상적 모델과 성공적인 아동 양육에 관한 기본 계획 수립의 관점을 강조하는 육아 매뉴얼을 신랄하게 비판한다. 그녀의 비판은 대본이 짜여 있는 듯한 학교의 교육 관행과 고도로 구조화된 성과 기반의 학습 방식으로까지 확장된다. 한편 고프니크의 주장은 미국 교육 개혁의 표준, 엄격함, 타당성에 대한 통념과 학습 신경 과학 분야에서의 새로운 연구 사이에서 곧 발생할 분열을 예고하기도 한다. 미국인들은 진지한 과학적 질문을 능숙하게 학교 디자인에 담아낸 적이 없으며, 미국에서 학습의 신경 과학과 관련된 지식의 성장은 학교 교육에 단기적으로 거의 또는 전혀 위협이 되지 않는다. 왜냐하면, 신경 과학자들은 연구를 하느라 너무 바빠서 표준 교육 관행을 위협하는 임상 실습 모델을 개발할 수 없기 때문이다. 그러나 조만간, 학습의 신경 과학 분야에서의 새로운 발견을 인정하거나 거부할 때가 올 것이다.

다음에 제시되는 내용은 미래의 학습 환경 디자인을 위한 실험으로 인도할 몇 가지 원칙이다.

인간은 학습하는 유기체이다.

인간은 수천 년에 걸쳐 진화하면서 생물학적으로 학습하게끔 프로그래밍되었다. 어떤 의미에서 인간은 배우는 방법을 가르칠 필요가 없으며, 태어날 때부터 배울 준비가 되어 있다. 인간은 5살에서 6살이 되었을 때, 인간이 직면하게 되는 가장 복잡한 인지적·정서적 발달 과제(언어의 발달, 다른 사람과 자신을 구별하는 능력, 의도된 결과를 얻기 위해 인간과 물질적 환경을 다루는 능력 등) 가운데 두세 가지를 이미 터득한다. 성인, 보호자, 그리고 사회 전반이 해야 할 일은 충분한 호기심 및 겸허함을 갖고 타고난 아이들의 생물학적 본능을 억누르거나 무력화하지 않도록 학습에 대한 아이들의 본능을 일깨우고, 격려하고, 지원하고, 발전시키는 것이다. 좋든 나쁘든 간에 진정으로 학습을 발달시키는 작업, 즉 이 세상에서 유능하고 강력한 학습자가 되는 법을 배우는 복잡한 프로젝트는 학습자가 직접 수행할 수밖에 없다. 우리는 그러한 작업을 지원하는 환경을 구축할 수 있고 강력한 학습이 무엇인지 보여 줄 수 있는 역량과 겸손함을 가진 사람들을 그 안에 거주하게 할 수 있으며, 보호하고 통제하고 판단하려는 우리의 충동을 자제할 수도 있다. 하지만 결국 호기심을 자신의 역량으로 바꾸는 일은 학습자의 몫이다.

성취 주도형 학교 교육 모델을 통해 우리가 배운 주요한 교훈은 학습자가 스스로의 학습을 관리할 능력이 없다고 믿게 하는 것이 학습자로서 인간을 무력하게 만들 수 있다는 것이다. 성취 모델은

학습은 단순히 한 사람이 다른 사람에게로 정보를 전달하는 것이 아니다. 학습자는 수동적인 저장 장치가 아닌 정보를 수신하고 처리하는 능동적 주체이다.

성공의 조건으로 실패를 요구한다. 누구에게나 동일한 학습이라는 중요한 작업에 대해 모든 사람이 각기 다른 방식으로 유능하다고 가정하는 모델은 충분한 엄격함과 장점, 정당성이 결여되어 있고 무기력하다고 여겨진다. 또한 이 모델은 현존하는 특권의 분배에 도전하기 때문에 의심을 받으며 그 사회적 비용은 끔찍하다. 문제는 이러한 비용이 보다 다양한 사고를 위한 학습 환경을 디자인할 수 있을 만큼 충분히 중요한지 여부이다. 지식 기반은 성장하고 창의성은 존재하며 미래는 불확실하다.[11]

개인차가 원칙이고 표준화가 예외이다.

인간이 학습 유기체라는 현실을 받아들이는 것은 기존의 학습·교육 모델 측면에서는 감당하기 어려운 비용을 수반한다. 우리는 인간 발달 및 능력에 관한 19세기 모델을 중심으로 제도화된 학습 구조를 조직해 왔고, 그렇게 조직된 구조는 연령-등급 인간 발달 이론에 확고하게 기초하고 있다. 평가 및 임상 처리 모델은 평가 및 실행이라는 대체 양식이 존재함에도 불구하고 정규 분포를 우위에 두는 심리 측정 기술에 주로 기반을 둔다. 정책은 추가적인 가치를 무시한 채 연령-등급 구조에 관여하는 출석과 준수 조치를 지시한다. 물리적 구조는 구금 보호 시설의 건축을 모방한다. 이러한 구조 및 프로세스는 너무 심하게 제도화되어 있어서 학습에 관한 새로운 지식이 얼마만큼의 시간에 걸쳐 발달하든 변하지 않을 것이다.

당분간 이에 대한 해결책은 표준화와 가변성의 순위를 뒤집는 학습 조직의 존재를 증명하는 데 달려 있다. 초기 디자인은 개개인

목수가 아닌 정원사처럼 가르쳐라.

인도 아메다바드의 리버사이드 학교

(어린이와 성인)이 발달적·경험적으로 서로 다른 시작점에서 학습 프로젝트를 접한다는 가정에서 출발해야 한다. 학습에 몰두하는 공통의 문화 안에서 개인의 차이를 기반으로 하는 공통의 학습 문화를 만드는 것은 가능하다. 하지만 이를 위해서는 각각의 학습자를 예측 가능한 연령-등급별 그룹의 대표자처럼 대하는 것이 아니라 하나의 인간 발달 프로젝트로 간주해야 한다.

지식은 정보, 감응, 인지, 유창성의 총체이다.

한평생 교사들의 강력한 대변인으로 살았던 고故 앨버트 섕커 Albert Shanker는 이렇게 말하는 것을 좋아했다. "나는 내용을 가르쳤지만 학생들은 그것을 배우지 않았습니다. 여기서 '가르치다'의 의미를 정의하십시오." 이는 성취 주도 학습의 근본적인 문제 가운데 하나를 포착한 것이다. 성취 중심의 인센티브 구조는 자기 조직화, 호기심, 실행 기능 및 연습을 통한 유창성 같은 보다 복잡한 신경학적 능력보다는 암기를 기반으로 한 성적과 이수 학점을 누적한 결과에 따라 보상한다. 나와 함께 일했던 교사들은 "다음 주제로 넘어가기 전에 정보를 전달할 시간이 얼마 남지 않았다."와 같이, 마치 정보가 가르치는 일의 목적인 것처럼 정보라는 말을 일상적으로 사용했다. 대체로 무심결에 내뱉는 이 표현은 학습이 개별적인 정보를 흡수하는 과정임을 시사한다. 여기서 학생들은 다양한 흡수 능력을 가진 스펀지와 같고, 최고의 학생은 교사가 전달하는 정보를 명령에 따라 가장 빨리 흡수하고 반복하는 학생이다.

실제로 유창하고 열정적인 학습자는 자신이 마주하는 지식에 얼마나 흥미를 느끼는지, 자신이 이전에 경험한 것과 지식의 영역이 얼마나 일치하는지, 그리고 새로운 지식을 습득하는 퍼즐을 푸는 데에 이전에 학습한 기술을 얼마나 잘 활용하는지에 따라 흡수하는 능력이 크게 달라지는 경향이 있다. 대학교 학부 교수진의 공통적인 불만은 학생들이 고등학교(및 대학교) 성적 증명서에 표시된 필수 과목의 내용을 마스터하지 못한 것 같다는 것이다. (이는 대학원 교수진도 마찬가지일 것이라고 보증할 수 있다.) 캘리포니아주 고등교육 기관에 등록하기 위해서는 A부터 G까지의 고등학교 교육 과정 요건을 이수해야 하는데, 캘리포니아주 입법 분석가의 조사 결과에 따르면 이를 이수한 학생들 가운데 25~75%는 고등학교에서 이미 습득했을 필수 지식을 교정하기 위해 비학점 교정 과정을 이

수해야 한다.[12] 명문 대학의 교수진들은 대학 과정 인증 시험Advanced Placement에서 높은 점수를 획득한 학생들에게도 해당 분야의 기본 내용에 관한 입학시험을 치르고 올 것을 요구하기 시작했다. 정해진 교육 과정을 이수했다고 체크 표시를 하는 것과 심지어 아주 유창하지 않더라도 무언가를 알고 있는 것 사이에는 분명히 차이가 존재한다. 확실한 것은, 훌륭한 학생들은 광범위한 영역에 걸쳐 두루두루 아는 것이 많을 것이라는 성과 모델에 내재된 기대는 상당한 비율의 젊은이들에게는 적용되지 않는 듯하다.

교육 과정의 내용과 정보 전달에 과도하게 집착하는 성취 모델의 일면은 유창하고 기량이 뛰어난 학습자가 어떻게 학습하는지에 관해 점점 더 밝혀지고 있는 사실과는 결이 맞지 않는다. 그러한 뛰어난 학습자들은 교육자들이 조금 두렵게 생각하는 방식으로 때로는 지나칠 만큼 자신의 관심사를 따르는 경향이 있다. 이들은 어떤 지식 영역의 복잡한 정보들이 이루는 연속적인 단계를 밟으며 단서를 쫓는 데 능숙하다. 그들은 자신이 학습하고 있는 지식 영역의 개략적인 모델을 바탕으로, 유의미하고 흥미로우며 유용한 정보가 무엇인지 결정하기 위해 휴리스틱heuristics[13]을 개발한다. 그리고 새로운 정보를 축적된 기존 지식과 연관시킬 수 있는 능력을 배양한다. 가장 중요한 것은 그들이 배우고 있는 것에 열정적으로 몰두한다는 것이다. 즉, 정보는 해당 영역에 능통해지기 위해 정서적으로 몰두하고 신중한 태도로 임하는 학습자에게 포착될 때 지식이 된다. 혐오감을 느끼는 분야에서 유창한 학습자가 될 수 있는 사람은 아무도 없다. 어떤 창조적 역할도 주어지지 않는 각본에 따른다면 어느 누구도 유창한 학습자가 될 수 없을 것이다.

학습에 몰두하는 공통의 문화 안에서 개인의 차이를 기반으로 하는 공통의 학습 문화를 만드는 것은 가능하다. 하지만 이를 이해서는 각각의 학습자를 예측 가능한 연령-등급별 그룹의 대표자처럼 대하는 것이 아니라 하나의 인간 발달 프로젝트로 간주해야 한다.

이 모델에 관해 뇌 화학의 관점에서 설명한 해석이 있다. 그에 따르면, 특정 호르몬과 신경 전달 물질은 특정한 종류의 활동에 참여할 때 자극을 받고, 이는 인지 능력의 결합과 주어진 영역에서의 정보 획득 및 처리를 전담하는 뉴런의 복잡성 증가로 이어진다(다마시오Damasio, 2010, 67~94쪽). 물론, 의욕이 넘치고 유창한 학습자는 자신이 당면한 학습 환경을 의도적으로 통제하는 경향이 있고, 새로운 것을 찾는 즐거움을 동기 부여의 주요 원천으로 삼는다는 것을 알기 위해 굳이 뇌 화학에 관해 알아야 할 필요는 없다.

제한된 범위를 넘어선 깊이와 연속성

심리 치료사 데보라 브리츠먼Deborah Britzman은 학교 교육과 관련된 경험을 '확실성의 눈사태', 즉 오랫동안 잊힌 질문에 대한 답변의 쓰나미로 묘사했다(브리츠먼, 2009). 이와 관련해 나는 보일의 법칙에 관해 배우던 고등학교 화학 수업 시간을 떠올렸다. 다른 모범생들이 선생님의 설명과 공식을 공책에 충실히 옮겨 적는 동안, 나는 온도가 일정하게 유지될 때 기체의 압력과 부피는 반비례한다는 설명을 들으며 '도대체 보일은 그걸 어떻게 알아냈을까?'라고 속으로 생각했다. 아무도 묻지 않을 것 같은 질문에 대해 골똘히 생각하는 17세기의 한 아마추어 과학자에 관한 흥미진진한 이야기는 그해 강의 계획서에 적은 일정보다 일주일이나 늦어져 궁지에 몰린 과학 교사에게는 주의를 산만하게 하는 당혹스러운 것으로 여겨졌을 것이다.

내가 보기에 학교에서 가르치는 과학의 대부분은 과학이 어떻게 생겨났는지, 과학자들이 실제로 무엇을 하는지와 같은 내용은 거의 또는 전혀 언급하지 않은 채 암기해야 할 것들만을 다루고 있었다. 나는 학생치고는 고급 과학 과정을 상당히 잘 마친 편이지만 아무도 안 물어볼 것 같은 질문에 대한 답변에는 동기가 부여되지 않았다. 그 이후로 나는 대략 150시간 정도를 중고등학교 수학, 과학 교실을 관찰하고, 기록하고, 분석하는 데 보냈고 관찰의 결과는 내가 학교에서 경험한 것과 일치했다. 더 중요한 사실은 그것이 미국 교실에 대한 집계 자료는 물론 함께 일했던 실무자들이 관찰한 결과와도 일치했다는 것이다. 물론 예외도 있었다. 개중에는 과학자가 실제로 어떻게 일을 하고 수학자가 실제로 무엇을 하는지를 배우는 놀라운 사례들도 있었다. 하지만 예외는 전체의 작은 일부이며 일반적인 사실을 입증할 뿐이다. 광범위한 교실 표본을 바탕으로 한 세밀한 관찰 연구는 한 환경에서 다른 환경으로의 인지적 도전의 수준이 다양하며, 난이도가 낮은 쪽으로 그 분포가 크게 치우쳐 있음을 확인시켜 준다(힐Hill, 블레이자Blazar, 린치Lynch, 2015).

수학을 배운 것은 유익한 경험이다. 하지만 수학은 내가 가장 좋아하는 과목이 아니었기에 학부 1학년 때 수강한 모든 수학 강의는 항상 내가 듣는 마지막 수학 강의가 될 예정이었다. 그러나 나는 엄청난 성취 중독자였다. 대학을 거쳐 대학원에 이르기까지 수학 강의를 계속해서 들었고, 이는 나로 하여금 더 높은 위상을 누릴 자격이 있다고 생각되는 특권층의 일부가 되게 해 주었다.

27살이던 어느 날, 나는 하버드 대학원에서 지금은 기억도 나지 않는 매우 애매한 주제에 관한 계량 경제학 강의를 듣고 나와 하버드 광장 근처의 매우 복잡한 교차로에 서 있었다. 그곳에서 문득 교차로를 지나는 운전자들이 스스로의 행동을 조율하고 있다는 사실을 발견했고, 그 순간 갑자기 번개를 맞은 듯한 충격과 함께 '수학은 어디에나 있다!'라는 생각이 들었다. 그리고 수학의 언어를 사용하여 내가 방금 본 것들을 설명해 주는 모델을 실제로 만들 수 있다는 것을 깨달았다. 몇 년 후, 또 다른 통찰이 같은 크기의 충격으로 나를 때렸다. 왜 나는 점점 더 모호해지고 죽고 싶도록 지루한 수학과 함께 시간을 보내면서, 수학이 세상을 발견하고 묘사하는 데 사용될 수 있는 언어라는 것을 발견하기 위해 27살 때까지 기다려야 했을까? 사실상 해야만 해서 공부했던 모든 수학은 희미한 안개 속으로 사라져 버렸다. 나에게는 일련의 틀을 통해 세상을 보는 다소 겁

우리는 평생에 걸쳐 배운다. 세상을 특별하고 유용하게 보는 성향은 강의 계획서가 아닌 깊이 있는 사고와 실천을 통해서만 기를 수 있다.

인도 아메다바드의 리버사이드 학교

없는 성향만 남았는데, 그러한 틀 가운데 하나가 수학의 언어이다. 만약 다른 학습 환경이었다면 아마도 나는 초등학교 저학년 때 수학의 언어를 배웠을 것이다. 내 학창 시절의 수학은 세계를 탐구하고 이해하는 언어라기보다 무리를 도태시키는 수단이었다.

우리는 강의를 수강하고, 성적표에 들어갈 내용을 채우고, 시험을 응시하고 성적을 확인하는 것을 학습이라고 혼동하면서, 인간이 여러 코드(부호) 또는 상징 언어를 습득함으로써 세계를 감지하고 이해할 수 있는 능력을 개발하고 구축한다는 신경 과학의 중심적인 통찰에서 멀어지게 되었다. 세계를 감지하고 이해할 수 있는 능력을 개발하고 구축하는 것은 코드나 상징 언어에 노출되고 그것을 연습함으로써 가능해지지만, 내 자신의 사례가 입증하듯 단순히 광범위한 언어에 노출된다고 해서 언어를 사용해 세상을 이해하는 방법을 배울 수 있는 것은 아니다. 이러한 의미에서 성취 모델 특유의 학습 내용의 범위에 대한 엄격한 강조는 모든 유용한 영역에서 역량 및 유창성을 구축하는 보다 근본적인 작업을 저해한다.

우리는 평생에 걸쳐 배운다. 세상을 특별하고 유용하게 바라보는 성향은 강의 계획서가 아닌, 깊이 있는 사고와 실천을 통해서만 기를 수 있는 것이다. 만약 대여섯 살의 나에게 클립보드, 연필, 종이 한 장을 쥐여 주고 밖으로 나가 세상에서 나에게 중요한 무언가를 세어 보고 내가 본 것이 무엇이고 그것이 왜 중요한지 설명해 보라고 했다면(9살까지 익혀야 할 20개의 이산 수학 능력 같은 것을 명시하는 극도로 제도화된 지금 세상에서는 그다지 관심 가질 만한 것들이 아니겠지만) 지금의 나는 훨씬 더 바쁘고 유능한 수학자가 되었을지도 모

르겠다.[14]

배움과 디자인에 관한 어려운 질문과 잠정적 답변

불확실한 시기, 야심에 찬 모험은 명확한 답변보다는 어려운 질문에서 시작된다. 좋든 나쁘든 우리는 학습의 의미와 실천이 변화하는 시대에 들어서고 있다. 디지털 문화를 통해 누구나 정보에 접근할 수 있다는 미심쩍은 민주화는 기존 제도권에 의해 길들여지지 않을 것이다. 지니는 램프 밖으로 나왔다. 제도권 기관들의 학습에 대한 독점은 개인이 키보드만 몇 번 두드리면 특정 지식 영역의 세계적인 전문가들과 만날 수 있는 세상에서 오래 지속될 수 없다. 전통적인 성취 구조 안에 깊이 자리 잡고 있는 자격 인정이라는 엄격한 경계는 삶의 한 단계에서의 실패가 다음 단계에서의 변화를 자극하는 평생 프로젝트로서 학습이 기능하고, 생산적인 삶을 위한 지식과 기술 요건이 한 세대에 걸쳐 여러 번 바뀌는 세계에서는 살아남지 못할 것이다. 이러한 극적인 변화는 "난세에 한번 살아보기를……."이라는 중국의 한 풍자적 표현을 떠올리게 한다. 실로 난세이다. 그러나 또한 흥분되고 기대된다.

자 그러면, 학습이라는 관점에서 학습 환경 디자인에 관한 향후 논의 및 프로젝트의 틀을 잡아 줄 몇 가지 어려운 질문들을 살펴보자.

학습이 하나의 기관에서 더 넓은 세계로 이동하기 시작했다. 그에 따라 도전 과제(그리고 기대)는 젊은이들이 있어야 하는 곳이 아니라 있고 싶어 하는 물리적 환경을 만드는 것이 될 것이다.

텍사스주 샌안토니오의 안네 프랑크 인스파이어 아카데미

인간은 학습 관행의 변화에 어떻게 적응할 것인가?

학습이 신경망의 활발한 생성, 가지치기, 정교화, 통합의 과정이라면, 미래의 학습 관행은 어떤 모습일까? 만약 몇 번의 타이핑만으로 사실과 정보, 알고리즘 및 모델에 관한 기억을 디지털 클라우드에서 소환할 수 있다면 학습 관행은 어떻게 변화할 것인가? 정보와 알고리즘의 축적이 아닌 학습 관행의 함양이 학습의 목적이 된다면 삶의 다양한 무대에서 형식적 학습은 어떤 모습일까?

이러한 질문들에 담긴 한 가지 분명한 의미는 학습 환경의 물리적·문화적 디자인이 학습 관행에 대한 새로운 지식과 통찰을 어느 정도 지속적으로 수용해야 한다는 것이다. 디자이너와 학습 전문가에게 주어진 과제는 친숙한 것을 낯설게 만드는 것, 그리고 기존의 학습 구조와 관행이 어떻게 인간이 가능하다고 생각하는 것을 미리 결정하고 제한하며 디자인이 어떻게 인간이 가진 놀라운 기질을 함양할 수 있는지를 질문하는 것이다. 여기서의 물리적 공간은 학습하는 학습자를 주의 깊게 관찰할 수 있는, 개별 학습자의 성향과 역량을 깊이 살필 수 있는, 학습자들이 학습 관행에 있어서 저마다 다른 발달 수준 및 궤적을 가지고 활동할 수 있는, 그리고 학습자들이 서로서로 가르치고 지도할 수 있는 장소이다.

학습 관행과 학습 환경 디자인은 전문성의 민주화democratization of expertise[15]에 어떻게 적응할 것인가?

혹자는 어떻게 생각할지 모르겠지만, 어디에나 존재하는 위키피디아의 존속에 대한 논쟁은 끝났다. 논쟁은 이제 어떻게 하면 스스로 조직하는 학습 환경과 같은 매체를 유지하고, 추적 관찰하고, 개선할 수 있을지를 중심으로 이루어져야 한다. 위키피디아는 스스로 조직하는 학습 네트워크의 수천 가지 예 가운데 하나일 뿐이다. 만약 당신이 이차 방정식 인수 분해 때문에 고생하고 있는 중학생 자녀를 둔 부모라면, 마침내 자녀의 현재 수학 교사가 가진 한계를 보완해 줄 수십 명의 다른 온라인 교사를 선택할 수 있게 된 것이다. 문제는 제도화된 학습의 대안이 있는지 없는지 여부가 아니다. 제도화된 학습을 어떻게 탐색하고 활용할 것인지 그리고 제도화된 학습 환경 안에서 불가피하게 발생하는 사회적 불평등을

인간의 다양한 재능은 학습을 통해 발현된다. 그러한 재능을 아우르는 학습 환경을 구축하기 위한 실제적이고 물리적인 디자인에 도전하는 것은 만만찮은 일이며, 간단한 처방으로 효과를 볼 수 있는 것도 아니다.

사우스캐롤라이나주 그린빌에 위치한 피셔 스템 중학교의 학교 입구와 중심부.

사진 © 크리스 데커Kris Decker, 파이어워터 포토그래피Firewater Photography

어떻게 바로잡을 것인지이다. 향후 10년 내에 사회는 해당 과목에서 무엇을 배울지를 단독으로 결정하는 한 명의 성인과 함께 한 무리의 아이들을 밀폐된 공간에 두는 것이 아이들 각각의 학습 능력을 개발하는 유일한 방법인지에 대해 의문을 품기 시작할 것이다.

앞서 지적한 바와 같이, 학습 환경이 한정된 성취 주도 학습 모델을 기반으로 하는 경직된 결정형 구조에서 개개인의 차이에 더 적합한 보다 유동적이고 유연한 구조를 통해 사회 안에서 전문 지식이 실제로 존재하는 곳의 정세를 따르는 네트워크화된 관계를 향해 변화하는 것은 향후 10여 년간의 핵심 디자인 과제가 될 것이다. 적어도 학습 환경의 물리적·문화적 경계는 정보와 사람의 이동이 가능한, 보다 유연하고 침투성 있는 상태를 필요로 할 것이다.

사회는 제도화된 학습을 해빙unfreezing[16]하는 것과 더불어, 어린이와 청소년에 대한 돌봄의 의무와 사회화를 위한 책무를 어떻게 조율할 것인가?

돌봄과 사회화의 의무가 있는 학교의 역할에 대한 사회의 대답은 비교적 간단하다. 우리는 법적으로 아동과 청소년이 지정된 자격을 갖춘 성인의 (불완전한) 보호와 통제하에 단일한 물리적 환경 안에서 약 1만 6,000시간(숙제 및 시험 준비까지 포함하면 1만 7,000~1만 8,000시간 이상)을 보내게끔 하고 있다. 이러한 합의의 바탕에는 아이들의 시간과 삶에 대한 엄청난 지배가 아이들을 인지적·정서적으로 발달시킨다는 어설픈 전제가 깔려 있다. 양육과 통제에 대한 이러한 실질적인 독점은 명목상 더 큰 사회에 특권과 공적을 배분할 책임이 있는 권위적인 성취 구조와 혼동되고 정당화된다. 학습이 이 구조의 경계를 벗어나기 시작하면 학습의 사회적 권위는 약화되기 시작할 수 있다. 성취 구조는 선진 자본주의 사회에 깊숙이 뿌리박혀 있는 구조이기 때문에 사회가 학습의 사회적 권위가 약화되는 것에 어떻게 대응할지에 대한 플랜 B를 가지고 있는지는 명확하지 않다.

미래 학습 환경 디자인의 핵심이면서 수많은 생각과 창의성의 중심이 되는 질문은 '유능하고 숙달된 학습자가 발전하는 데 중요하게 작용하는 요소인 인간 사이의 연결 및 관계를 어떻게 지켜 낼 것인가'이다. 이 질문에 대한 아주 분명한 답변 중 하나는 학습 환경이 젊은이들이 원하는 장소, 즉 열정과 호기심을 가진 사람들이 거주하는 매력적이고, 민감하며, 의도에 맞게 조정할 수 있는 편안한 공간이어야 한다는 것이다. 우리는 이러한 환경을 설계하는 방법을 많이 알고 있다. 하지만 제도화된 학습에 들어가는 막대한 자본을 그러한 공간을 만드는 데로 돌리는 방법에 대해서는 분명히 훨씬 모르고 있다. 학습이 기관에서 벗어나 더 넓은 세계로 이동하기 시작함에 따라 도전 과제(그리고 기대)는 점차 젊은이들이 있어야 하는 곳이 아니라 젊은이들이 있고 싶어 하는 물리적 환경을 만드는 것이 될 것이다.

학습 환경은 개인화라는 도전에 어떻게 대처할 것인가?

학습의 신경 과학과 학습의 사회적 민주화는 모두 같은 방향을 가리키고 있다. 즉 학습의 형식, 내용 및 관행을 학습자의 개인차에 더 많이 맞추는 것이다. 이론적으로는 제도화된 학습의 특징은 평등이었다. 능력에 대한 객관적인 측정을 바탕으로 하는 성취 구조에서 규정한 내용에 보편적으로 접근할 수 있는 것이 여기서 말하

사우스캐롤라이나주 그린빌에 있는 피셔 스팀 중학교의 외관.
사진 © 크리스 데커, 파이어워터 포토그래피

는 평등의 정의였다. 이 성취 구조를 개인차에 맞추도록 만들려는 노력은 지속적으로 있어 왔고 그 의도는 좋았으나, 예상한 대로 효과는 없었다. 학습하는 과정에서 일어나는 개인의 성장과 발전, 그리고 전반적으로 활력 넘치고 창조적인 사회·경제를 만드는 데서 오는 사회의 이익 모든 측면에서도 이 성취 구조는 더욱 말이 되지 않는다. 상당수 젊은이들의 보장된 실패와 종속에 기반을 둔 구조로 사회의 문제를 해결하려는 방식은 점점 더 타당성을 잃고 있다.

인간의 다양한 재능은 학습을 통해 발현된다. 그러한 재능을 아우르는 학습 환경을 구축하기 위한 실제적이고 물리적인 디자인에 도전하는 것은 만만찮은 일이며, 간단한 처방으로 효과를 볼 수 있는 것도 아니다. 이를 위해서는 다음과 같은 문화가 창조되어야 한다. 학습하는 유기체로서의 인간의 능력에 깊은 호기심을 갖고 탐구하는 문화, 학습하는 존재인 인간 유기체의 풍부함과 다양성, 탁월한 지략에 기꺼이 놀라워하는 것을 특징으로 하는 문화, 가치가 더하거나 덜한 개인을 구별하는 것보다 개인의 흥미와 능력을 배양하는 데 더 많이 투자하는 문화, 따라서 목수보다는 정원사의 문화.

학습을 위한 물리적 환경은 그곳에서 발생하는 다양한 일에 대응할 수 있는 곳이어야 한다. 예를 들어 학습자가 유명무실한 교사나 강사의 지식과 역량을 능가하거나, 사전 준비를 거의 하지 않은 영역에 학습자가 깊은 관심을 보이거나, 학습이 기존 내용 영역을 뛰어넘고 기존 교육 과정에 도전하거나, 신경 영역과 관련된 심각한 신체적 한계를 가진 학습자가 어떤 영역에서 비범한 능력을 가지고 있음을 발견하거나, (그런 일은 절대 없겠지만) 유능하고 의욕적이던 학습자가 무기력하고 의욕이 없는 학습자가 되었을 때 발생할 수 있는 일에 대처할 수 있어야 한다는 것이다. 이와 같이 학습과 관련된 무한한 도전 과제 가운데 몇 가지를 나열해 보는 것만으로도 고도로 제도화된 학습에 관한 정의를 이해하는 데 도움이 되며, 이는 일을 훨씬 단순하게 만든다. 프리드리치 엥겔스Friedrich Engels는 "사회주의의 문제는 집에서 보내는 즐거운 저녁 시간을 너무 많이 망치는 것"이라고 말했다. 신경 과학과 학습에 대해서도 똑같이 말할 수 있을 것이다. 신경 과학과 학습은 우리의 활기를 북돋아 주지만 편안함과는 거리가 멀다.

감사의 말

이 책의 출간을 계기로 믿기 힘든, 심지어는 불가능해 보이는 내 삶의 여정을 돌아보고 그 모든 것을 가능하게 해 준 이들에게 감사의 마음을 전하고자 한다.

나는 형제 디팍과 함께 인도 세쿤데라바드에 있는 성 패트릭 고등학교를 다녔다. 성 패트릭 학교는 중산층 가정을 위한 매우 전형적인 가톨릭 학교였는데, 약 70명의 학생을 500평방피트(약 47m²)의 교실에 몰아넣고 교사들은 일상적으로 체벌을 즐겼다. 교사들의 가르침은 아무리 좋게 평가하려 해도 엉망이었는데, 돌이켜 보면 대부분의 것들을 학생들이 스스로 해결해야 했으므로 학습자인 우리 입장에서는 아주 잘된 일이었는지도 모른다.

끈끈한 교우 관계, 사랑하는 가족, 산책, 친구들과의 놀이, 크리켓, 나무 타기, 수영과 같은 방과 후 활동들, 가끔 보는 제임스 본드 영화, 비틀즈, 그리고 손에 넣을 수 있는 모든 책과 함께 보낸 길고

덥고 나른하던 여름날까지, 그 모든 것들이 합쳐져 내 어린 시절을 매우 특별한 시간으로 만드는 기억의 콜라주를 만든다.

내 삶의 가장 분명한 테마는 인생에서 무언가를 이룬 그 어떤 사람도 혼자 힘으로 모든 것을 이루었다고 말할 수 없다는 겸손함이다. 나는 아버지로부터 장인 정신, 세부적인 것에 대한 관심, 문제에 대한 혁신적인 해결책 등이 주는 교훈을 배웠다. 또한 어머니의 친절, 포옹, 조직력을 기억한다. 특히 그녀가 정신없이 바쁜 일상을 보내는 와중에도 어떻게 우리에게 책을 읽어 줄 시간을 마련할 수 있었는지 놀라울 따름이다. 디팍은 어린 시절 나의 짓궂은 장난에도 성인군자와 같은 인내심으로 변함없이 함께해 준 동반자였다.

내 인생에서 중요한 의미를 지니는 시기는 인도에서 건축 교육을 받을 때이다. 이 대단한 모험의 과정 중에 만난 새로운 사람들(특히 바니타)은 내게 강렬한 흔적을 남겼고, 그것은 오늘날 나의 존재에 지속적으로 영향을 미치고 있다. 나를 인도한 멘토들의 이름을 일일이 열거하기에는 너무 많아 다 언급할 수 없지만 에드 커크브라이드와 그의 사랑스러운 아내 캐롤, 내 친구 스튜와 로즈는 특별히 언급하고 싶다.

내가 교육 건축가로서 20년 가까이 지금의 길을 걷는 데 가장 큰 역할을 한 사람은 나 자신보다 더 나를 믿어 준 아내 조디이다. 그녀가 나를 부추기지 않았다면 나는 여전히 뉴욕시 정부 관료로 살고 있을 것이다. 그녀가 한 모든 일과 한결같이 경이로운 힘을 보태 준 데 대한 고마운 마음은 이루 말할 수 없다.

멋진 사람으로 성장한 내 딸 델타와 말리카가 자랑스럽다. 예리한 지성을 지닌 아들 제이크는 내게 선생님 그 이상의 역할을 해주고 있다. 아이들에 대한 내 사랑은 내가 하는 모든 일에 영감을 준다. 그리고 그 사랑의 저수지는 내 손자 애셔에게까지 이어져 그를 볼 때마다 따라서 미소 짓게 되며 그의 창조적인 에너지가 내게 스며듦을 느낀다.

친구가 없는 삶은 살아도 사는 게 아닐 것이다. 재능 있고 혁신적인 건축가인 랜디 필딩은 단연 최고의 친구이다. 그는 처음 만난 20년 동안은 친구로서, 대부분의 시간들은 사업 파트너로서 나와 완벽한 호흡을 맞춰 오고 있다. 그의 탁월함은 이 책에서 많은 부분 빛을 발한다.

필딩 나이르 인터내셔널(이하 FNI)을 설립한 것은 나와 랜디이지만, 많은 사람들의 창의적인 노력 덕분에 오늘날까지 이어지고 있다. 우리의 파트너인 제이 리트먼, 아이작 윌리엄스와 제임스 시먼은 우리가 전 세계적으로 영향력을 확대할 수 있게 해 준 비밀 무기이다. 또한 지역 이사인 비핀 바드란을 포함한 다음의 모든 전문가들이 이들을 훌륭하게 지원해 주고 있다. 질 애커스-클레이튼, 마사 발라드, 마리사 보타이, 브라이언 조, 저스틴 디펠, 엘렌 더프, 미하일 피셔, 찰리 게이디카, 아널리제 겔링, 카리스마 고라디아, 라이언 그램, 크리스 헤이즐턴, 카린 히로세, 샘 호그, 게일 존슨, 제니퍼 라마 레이바, 아담 라루소, 킴벌리 라이트, 캐서린 마틴, 셀레스떼 마르티네스, 트래비스 페녹, 글로리아 라미레즈, 제시카 스틱클로-립슨, 탕 후이총, 블라드 쿠스코브스키, 데니얼 와이즈먼, 엘렌 우즈비, 마이크 에이저, 샐리 제스바우.

리처드 엘모어 교수는 오랫동안 나에게 엄청난 영감의 원천이 되어 주었다. 그의 아이디어는 내 생각을 형성했고 내 작업에 상당한 영향을 끼쳤다. 리처드는 자신의 아이디어를 아낌없이 나와 공유했으며 콜로라도주의 볼더 밸리 프로젝트와 같은 다수의 프로젝트에서 함께 일했다. 이 책의 공동 저자로 참여해 준 것에 대해서도 진심으로 감사한다.

인생은 놀라움으로 가득 차 있다. 내 인생에서 가장 놀라운 것 중 하나는 재능 있는 나의 공동 저자, 건축가 로니 짐머 닥터리이다. 이 책은 그녀의 아이디어였고 생활하기, 놀기, 참여하기, 창조하기의 구조를 제안한 것도 그녀였다. 로니는 원더 우먼이다! 네 자녀의 어머니이기도 한 그녀는 작업 중인 다양한 프로젝트들을 소화하기 위해 전국을 구석구석 누비고 해외 출장을 다니는 가운데 이 책의 출간과 FNI에서의 새로운 계획을 진행하기 위해 애썼다. 나는 그녀에게서 매일 새로운 것을 배우고 있다. 그녀를 내 친구라고 부르는 것이 자랑스럽다.

―프라카시 나이르

지금의 내가 있을 수 있게 기초를 닦아 주신 부모님이자 첫 번째 선생님이신 에이브너와 벨라 짐머에게 감사드린다. 두 분은 무한한 사랑과 함께 내게 필요한 자유와 잘 자라고 성장할 수 있는 환경을 주셨으며 오늘날의 자신감이 있는 내가 될 수 있도록 힘을 실어 주셨다. 나의 첫 번째 경쟁자이자 비평가였던 두 자매 아디와 아낫에게도 감사를 전한다. 그들은 내가 도전할 수 있게 용기를 북돋아 주고, 사랑하는 가족을 하나로 묶어 주는 개인의 만족과 자부심이라는 결실을 얻기 위해 헌신하고 투자하도록 격려해 준다.

이 책을 집필하는 데 지원과 격려를 아끼지 않고 도움을 준 네 자녀의 아버지이자 남편이자 동료인 메론에게 감사하다. 그는 내가 전문가의 길로 나아가고 새롭고 흥미로운 방향으로 배우고 발전하는 데 기울인 모든 노력을 전적으로 지지해 주었다. 무엇보다도, 가정의 안팎에서 아이들이 가야 할 길을 안내해 주고 가능한 한 모든 방법으로 아이들을 이끌어 주는 멋진 아빠가 되어 주어 고맙다. 두 교사의 아들로서 여러 해 동안 다양한 방식으로 학생들을 가르쳐 온 그는, 우리를 처음으로 만나게 해 준 관광 가이드라는 직업에서 나를 끌어다가 교사라는 도전적이고 즐거운 경험 속으로 넣어 주었다. 교단에 섰던 그 짧은 시간들은 내게 여전히 유익한 많은 통찰력을 주었다.

내 사랑스러운 아이들 말라카이, 리아, 다니엘, 쉬라에게도 고마운 마음을 전한다. 이 아이들은 내 삶에 많은 빛과 기쁨을 가져다주고, 17년 동안 매일 어떻게 하면 좋은 엄마가 되고 더 나은 사람이 될 수 있는지에 대한 가르침을 준다. 아이들이 세상을 떠맡을 자신감을 갖고 독립적으로 생각하는 사람으로 성장할 수 있도록 내가 부모가 되면서 받은 많은 축복과 큰 가치를 아이들에게 되돌려주고 싶다. 내 바람은 아이들이 좋은 사람들로 자라나 사회에 기여하고, 세대를 이어 세상에서 선을 행할 미래의 손주들에게 자애로운 부모가 되는 것이다. 가장 소중히 여기는 사람들을 향한 사랑은 우리로 하여금 지금보다 더 나은 사람이 되기 위해 끊임없이 노력하게 만든다. 나는 아이들 하나하나를 매우 사랑하며 이 사랑은 내 삶의 큰 원동력이 되고 있다.

일적으로나 개인적으로나 건축가 모니카 글레이트에게 감사를 표하고 싶다. 그녀는 학교 설계 작업으로 나를 처음 이끌어 주었으며 내게 헌신적이고 인내심 있는 선생님이 되어 주었다. 그녀의 전문적 능력, 수년간의 작업을 통해 축적한 지식과 경험, 그리고 항상 그녀와 함께하는 끊임없는 미소와 기쁨을 감사한 마음으로 소중히 생각한다.

엘레프벳 플래너(이하 ABT)의 CEO인 코비 보건에게도 감사의 마음을 전한다. 그리고 ABT를 개인 성장을 위한 인큐베이터로 만들고 내가 전문성을 개발할 수 있게 이끌어 준 조던 밸리 사무실의 대니 키다에게도 감사를 전한다. 그들은 내가 내딛는 모든 걸음을 관심 있게 지켜보며 큰 인내심을 보여 주었고, 그들이 할 수 있는 모든 방법으로 항상 나를 지원해 주었다. 그들 덕분에 나는 안정적이고 전국적으로 유명한 대형 건축 회사의 비호와 안락한 우산 안에서 FNI와 전문적인 협력 관계를 유지할 수 있었다.

이 책을 공동 집필한 내 파트너, 프라카시 나이르에게도 깊이 감사드린다. 함께 작업하는 동안 우리는 동료를 넘어 좋은 친구가 되었다. 비록 우리가 서로 다른 세계에서 왔음에도 불구하고, 프라카시와 나는 그 과정에서 시너지를 발휘할 수 있는 많은 영역을 발견했고 이를 통해 서로에게 힘이 되어 주는 멋진 관계를 형성할 수 있었다. 배경, 언어, 문화의 차이 그리고 우리를 갈라놓는 지리적인 거리에도 불구하고 이 너그럽고 인상적인 사람의 위대한 마음, 특별한 영혼과 소통하는 것은 어려운 일이 아니었다. 그의 정신은 나에게 빛을 비추어 주고 나를 새로운 차원으로 날게 할 만큼 강렬했다.

마지막으로, 이 책을 집 필하는 매혹적인 직업적 여정을 하는 동안 그리고 내 삶과 경력에 있어서 지금의 특별한 위치에 자리를 잡던 시기에 내가 만나 함께 일했던 모든 훌륭하고 똑똑하고 흥미로운 사람들에게 감사를 전하고 싶다. 유대인들의 율법서인 미시나(Avot 4:1)에는 "현명한 자는 누구인가? 그것은 바로 모든 이들로부터 배우는 사람이다."라고 쓰여 있다. 나는 운명(어쩌면 신의 손길)이 내 삶으로 이끌어 준 모든 훌륭한 사람들로부터 매일 새롭고 매혹적인 것들을 배우고 있다. 서로에게서 배우는 것은 학습의 가장 즐거운 방법 중 하나이다. 내게는 변치 않고 끊임없는 배움이 삶의 본질 그 자체이다. 우리의 세상에서 배우고, 성장하고, 선을 행하라. 그것이야말로 우리 모두가 이곳에 존재하는 이유라고 생각한다. 내가 이 책을 만드는 일에 뛰어든 것 또한 호기심 많은 학습자이기를 포기하지 않으면서도 작게나마 주어진 내 몫의 선함을 행하고 싶다는 정신에 이끌렸기 때문이다.

— 로니 짐머 닥터리

먼저 대럴 프레이저에게 감사드린다. 그는 호주 빅토리아주의 교육 및 유아 발달 부서의 전 차관으로, 내게 세계에서 가장 아름답고 혁신적인 학습 환경을 만든 놀랍도록 창의적이고 식견이 깊은 교육자와 건축가들을 소개해 주었다. 이러한 창의성의 폭발은 그의 리더십으로 가능했다. 또한 프라카시 나이르와 필딩 나이르 건축 사무소의 놀랍도록 창의적인 재능 덕분에 중요하고 혁신적인 프로젝트들에 함께하며 학습과 물리적 디자인 사이의 매혹적인 연관성을 배울 수 있었음에 감사드린다. 마지막으로, 나는 「학습의 지도자들Leaders of Learning」이라는 온라인 과정을 개발할 때 하버드 X 팀으로부터 엄청난 자유와 비할 데 없는 창의적인 지원을 받았는데, 그 덕분에 '학습 양식 프레임 워크'를 탄생시킬 수 있었다. 특히 사라 그리프먼의 특별한 재능은 나를 실제보다 훨씬 더 멋지게 보이게 해 주었다.

—리처드 엘모어

옮긴이의 말

　이 책은 배움의 근본적인 의미와 배움이 일어나는 방식을 다시금 생각하게 하고, '의도된 디자인'을 통해 학교가 진정한 배움을 실천하는 장소가 될 수 있게 돕는 '변화의 로드맵'이다. 프라카시 나이르와 로니 짐머 닥터리가 건축가로서의 영감과 전문적 경험을 모았고, 교육 분야 전문가인 리처드 엘모어 박사가 책 전반에 걸친 '전체론적 접근법holistic approach'의 이론적 근거를 제공했다.

　이 책의 독자들 중에는 원제 '러닝 바이 디자인'을 보며 존 듀이의 경험주의적 교육 철학 '러닝 바이 두잉(실천하며 배우다)'을 반갑게 떠올리는 이들이 있을 테다. 원제에는 디자인을 통해 배움의 변화를 실천하고자 하는 저자들의 메시지가 담겨 있으며, 한국어판 제목 '내일 학교'에는 이러한 원제의 의도를 한국의 현실에서 가장 효과적으로 전달하기 위한 고심이 담겨 있다.

　이 책은 크게 네 부분으로 나뉜다. 1~2장에서는 학교 공간의 변화를 위한 전제를 제시하고, 3~6장에서는 생활하고, 놀고, 참여하고, 창조하는 경험 기반의 프로그램과 공간의 필요충분조건을 이야기했다. 7~10장에서는 변화를 위한 체계적인 과정과 사례를 소개하고, 11장에서는 학습 이론과 디자인을 위한 명제, 다양한 학습 양식 등을 제시했다.

통찰의 향기가 가득한 이 책을 간단하게 정리하는 것이 쉽지 않으나 이 책에 담긴 근본적인 생각을 꼽자면 다음 세 가지이다. 첫째, '인간은 학습하는 유기체이며, 배움은 어디에나 있고 가르칠 필요 없이 체득하는 것'이라는 오래된 상식은 현재와 미래에 더욱 필요하다. 둘째, 현재 학교의 전형적인 공간 구조와 환경으로는 균질하고 규격화된 교육을 넘어서는 진정한 배움 중심의 교육을 실천하는 것이 불가능하다. 따라서 '의도된 디자인'을 통한 근본적인 전환이 필요하다. 셋째, '의도된 디자인'은 물리적 환경뿐만 아니라 교육 시설 공간 구조의 변화와 교육 과정의 변화가 결합된 것이다. 여기서 교육 과정의 변화는 학교 비전, 교사 협업, 교수법, 교육 과정, 커뮤니티, 일과 계획, 성과 관리, 리더십, 지원 체계 등을 포괄하는 교육 생태계 전반의 전환을 말한다.

원서가 출간된 2019년 이후 지난 몇 년간 세상은 무섭게 변화했다. "지식 기반은 성장하고 창의성은 존재하며, 미래는 불확실하다."라는 엘모어 교수의 말에 동감한다. 기후 위기는 더욱 가속화되었고 우주 시대는 성큼 다가왔으며 인공 지능AI은 예술 및 디자인 분야를 포함한 산업 전반에서 하루가 다르게 진화하고 있다. 전 세계는 코로나 19로 인한 팬데믹을 경험했고, 그에 따라 모든 학교 현장에서 온·오프라인 교육을 신축적으로 적용하면서 '블렌디드 교육' 등 미래형 교수법이 예상보다 빨리 정착되기도 했다. 나이르는 최근 자신의 블로그에서 "인류는 팬데믹을 경험함으로써 학교가 우리에게 필수적인 존재라는 사실을 재확인했다. 학생들이 자기 방 컴퓨터 앞에서는 경험할 수 없는 사회적 교류와 현장 중심의 배움 환경을 학교에서 접할 수 있도록 학교의 공간 구성과 디자인은 더더욱 변화해야 한다."라고 주장했다.

한국의 경우 최근 2022년 개정 교육 과정을 발표하고, 그 안에서 변화무쌍한 미래에 대응하기 위한 협력적 소통 역량과 자기 주도성, 디지털 문해력, 사회적 포용 등의 변혁적 역량을 강조했다. 중학교는 자유 학기제를 점차 정교화하고 있고, 고등학교는 2025년부터 전면 실행될 고교 학점제를 위해 다양한 변화를 시도하고 있다. 특히 교육부의 주도하에 2019년부터 학교공간혁신 프로젝트가, 2020년부터 노후화된 학교를 교육 혁신을 담는 공간으로 전환하는 그린스마트스쿨을 통한 학교 공간 재구조화가 전국에서 진행되고 있으며, 곳곳에서 점차 변화의 사례들이 등장하고 있다. 사실 교육부가 주도하기 전부터 교사 개인을 비롯해 교실과 학교, 마을에 이르기까지 수많은 교육 공동체들의 노력이 있어 왔고, 그 실천과 변화의 사례들이 현재 프로젝트들의 원천이 되었다는 것을 이 기회를 빌려 말하고 싶다.

최근 몇 년간의 급진적인 변화에도 불구하고 이 책에 담긴 학교에 대한 기본 철학과 제안들이 여전히 유효하다는 점에서 저자들의 혜안에 다시금 감탄하게 된다. 책에 담긴 제안들은 표현의 차이만 있을 뿐 우리나라 상황에도 적용할 수 있고, 그 변화의 과정과 체계 또한 우리나라에서 진행되는 프로세스와 크게 다르지 않다.

이 책의 매력은 배움에 대한 저자들의 개인적인 경험과 영감을 드러내는 동시에 전문성에 기반한 학술적인 근거와 실천적 사례가 이를 뒷받침한다는 것이다. 나는 이 책이 변화를 실천하기 위한 서로 다른 과정에 서 있는 다양한 주체들에게 공감과 재확인을 위한 안내서가 되기를 바란다. 구체적으로 교사와 교사 공동체는 공간 구성에 영향을 미치는 의사 결정 체계, 즉 교육 과정, 교수 활동과 교수법, 교사 협력 등을 복기할 수 있을 것이다. 학교 관리자는 학교 교육에 대한 비전을 수립하고 교육 생태계와 학교 공간의 변화를 계획하는 데 영감을 받을 것이다. 건축 전문가들은 학습과 공간의 긴밀한 상호 작용을 이해함으로써 학교 공간과 함께 변화되어야 할 교육 체계 전반을 이해하게 될 것이며, 교육 행정가는 관내 학교 및 교육 시설의 재배치, 학교 지원과 시설 환경에 대한 의사 결정 과정에서 보다 근본적인 부분을 고려하여 판단할 수 있게 될 것이다. 특히 학생과 학부모, 지역 주민은 학습자의 입장에서 배움을 새롭게 바라보고 학교 교육과 시설 환경에 대한 신선한 수요를 만들게 될 것이다.

저자들은 학교의 물리적 환경을 경험 및 행위와 통합하여 설명하기 위해 명사보다는 동적인 표현을 사용했다. 따라서 우리말로 옮길 때에도 그 의도를 살리고자 했으며, 저자들의 경험과 통찰에서 오는 유머러스한 비유와 문학적 표현의 특색을 가능한 한 그대로 전달하기 위해서 과도한 의역은 삼가도록 노력했다. 대표적으로 '러닝learning'은 문맥에 따라 '배움' 또는 '학습'으로 그때그때 다르게 옮겼으며, '러닝 커뮤니티learning community'와 같은 용어는 현장에서 고유 명사처럼 쓰는 경향이 있어 원어 그대로 두었다. 러닝 커뮤니티, 러닝 커먼스, 브레이크아웃 등 공간에 대한 보다 자세한 설명은 나이르 및 필딩 나이르 인터내셔널 홈페이지에서 살펴볼 수 있다.

세심하게 쓰인 책이니만큼 꼼꼼하게 번역하기 위해 애썼으나 내용에 따라 다소 어색한 부분이 있을 수 있다. 또한 학교급 간의 특성이나 학교 현장의 관행 등에 따라 얼마든지 다르게 해석할 부분도 있을 것이다. 전문가인 독자들께서 용어나 표현에 있어 다른 대안이 있다면 주저 말고 의견 주시기를 바란다. 기쁜 마음으로 보완하겠다.

이 책을 번역하는 긴 과정에서 학교 현장에서의 경험과 건축 설계 및 학교 공간에 관한 연구의 결과들이 내 안에서 통합되었다. 그리하여 학습자로서, 건축 교육자로서 이 책에서 받은 영감과 학습한 내용을 대학 건축 수업 현장에도 적용할 수 있었다. 내가 학생들을 믿고 주도권을 준 만큼 그들은 성장했으며 나에게 다시 영감을 주었다. 한편 힘을 모아 함께 해 나갈 여러 분야의 동료들도 얻었다. 내가 이 책과의 인연을 통해 성장한 것처럼 모쪼록 이 책을 통해 교육 공동체와 건축 전문가, 교육 행정가 들이 앞으로 나아갈 용기를 얻고 자신의 경험 속에서 다양한 방식으로 학생들을 위한 학교 현장의 변화를 실천할 수 있게 되기를 바란다.

나이르의 오랜 팬인 나에게 그의 신작을 번역할 수 있는 기회를 주고 예상보다 해를 훌쩍 넘긴 긴 기간을 믿고 기다려 준 창비교육과 세심한 안목으로 긴 여정을 함께 뛰어 주신 황수정 편집자님께 감사드린다. 학교 현장의 언어를 담을 수 있게 주요 용어를 감수해 주신 남한산초등학교 안현석 교감 선생님과 교육과정평가원의 홍

328

선주 박사님, 그리고 추천사를 써 주신 한국교육개발원 조진일 박사님께도 감사를 전한다. 책 작업의 전 과정에 걸쳐 든든한 동료가 되어 준 남편 김형수 씨에게도 고마움을 전한다.

끝으로, 내가 엉뚱하고 용감한 학습자로 살 수 있게 늘 응원해 주시는 두계연구실 이영수 교수님께 존경의 마음을 드리며 교육과 건축의 침투 면을 탐험하는 여정의 안내자가 되어 주신 고故 류호섭 교수님께 그리운 마음을 보낸다.

어디에나 친구가 있고 어디에나 선생님이 있으며 어디에나 배움이 있다. 이 책을 통해 누군가와 작은 조각의 영감을 공유할 수만 있다면 그간의 고생이 즐거움으로 변할 것이다.

2023년 2월

유명희

주

들어가며

1   이 책의 2부이자 『Learning and Design』(Dr. Richard F. Elmore, Prof. Emeritus, Harvard University)에서 발췌함.

2   **역자주** 이 책의 특징은 학교에서의 물리적 환경을 경험 및 행위와 통합하여 설명하고, 그 과정에서 은유적·함축적인 표현을 많이 사용했다는 것이다. Live, Play, Engage, Create라는 네 개의 주제어들은 동적인 행위를 기반으로 기술돼 있으나 본문에서는 이를 구현하는 공간적 환경의 조건을 다루고 있으므로 각각의 주제어들을 '활동'보다는 '장소'로 해석하는 것이 적절하다고 판단했다. 따라서 각각의 주제어들은 가능한 한 저자의 의도를 살려 역동성을 갖는 동(명)사의 형태로 옮겼으며, 구체적인 내용 또한 공간적 의미와 결합하여 옮기고자 노력했다.

3   Knowledge at Wharton, 「The Objective of Education Is Learning, Not Teaching」 University of Pennsylvania, August 20, 2008. http://knowledge.wharton.upenn.edu/article/the-objective-of-education-is-learning-not-teaching/

4   Ben Johnson, 「Great Teachers Don't Teach」 Edutopia, June 28, 2013.

https://www.edutopia.org/blog/great-teachers-do-not-teach-ben-johnson

5 Mike Colagrossi, 「Alan Watts: Why modern education is a hoax」, Big Think, 25 September, 2018.
   https://bigthink.com/personal-growth/alan-watts-education

6 같은 곳.

1장

1 Alex Grey, 「The 10 skills you need to thrive in the Fourth Industrial Revolution」, World Economic Forum.
   https://www.weforum.org/agenda/2016/01/the-10-skills-you-need-to-thrivein-the-fourth-industrial-revolution/

2 Carrie R. Leanna, 「The Missing Link in School Reform」, 『Stanford Social Innovation Review』, 2011.
   https://www2.ed.gov/programs/slcp/2011progdirmtg/mislinkinrfm.pdf

3 교사 주도 교육 모델에서 학생 주도 교육 모델로의 변화에 대한 당위성은 『Blueprint for Tomorrow: Redesigning Spaces for Student Centered Learning』(Prakash Nair, Harvard Education Press, 2014)에서 더 자세히 논하였다.

4 David Orr, 「What Is Education For? Six myths about the foundations of modern education, and six new principles to replace them」 (Originally published in Winter 1991 on page 52) '학습 혁명'이라는 제목 아래 실린 글 가운데 하나이다.

5 Heidi Hayes Jacobs, 「Interdisciplinary Curriculum, The Growing Need for Interdisciplinary Curriculum Content」 (그녀의 책 『Interdisciplinary Curriculum: Design and Implementation』(ASCD, 1989)에서 편집함.)
   Published online at: http://www.ascd.org/publications/ books/61189156/ chapters/The-Growing-Need-for-Interdisciplinary-Curriculum-Content.aspx

6 역자주 이동 및 교류에 장애가 되는 물리적 제한을 은유적으로 표현한 것으로 보인다.

7 Prakash Nair, 『Blueprint for Tomorrow: Redesigning Spaces for Student Centered Learning』, Harvard Education Press, 2014.

2장

1 Paul Lockhart, 「A Mathematician's Lament」

https://www.maa.org/external_archive/devlin/LockhartsLament.pdf

2 Mihaly Csikszentmihalyi, 「Flow: The Psychology of Optimal Experience」 Harper & Row, 1990.

3 Sugata Mitra, 「Kids Can Teach Themselves」(LIFT 2007, TED Talk)

https://www.ted.com/talks/sugata_mitra_shows_how_kids_teach_themselves?language=en

4 Carrie R. Leanna, 「The Missing Link in School Reform」 Stanford Social Innovation Review, 2011.

https://www2.ed.gov/programs/slcp/2011progdirmtg/mislinkinrfm.pdf

5 Prakash Nair, 『Blueprint for Tomorrow: Redesigning Spaces for Student Centered Learning』 Harvard Education Press, 2014.

3장

1 **역자주** 신경 과학 및 심리학에서 wandering mind와 mind wandering(마음 방황)은 혼용하여 쓰인다. 방황하는 마음은 즉각적인 환경과 연결되지 않은 생각, 즉 주어진 과제와 관련이 없는 생각의 발생을 나타낸다. 방황하는 마음은 집중해야 하는 정밀한 작업을 할 때 때로 좋지 않은 영향을 끼칠 수도 있으나 놀이와 같은 창의적이고 자발적인 활동의 자연스러운 구성 요소가 된다.

2 Carl Zimmer, 「Stop Paying Attention: Zoning Out is a Crucial Mental State」 『Discover Magazine』 July-August, 2009.

3 「Daily Meditation: A Bold Approach to Reducing Student Stress」(『Edutopia』) 학생들의 긴장을 풀어 주고, 행복에 대한 감정을 일깨우고, 보다 긍정적인 상호작용을 촉진할 수 있도록 명상 기법을 시행하자 학생들의 문제 행동이 개선되었다.

https://www.edutopia.org/stw-student-stress-meditation

4 Prakash Nair, Randall Fielding and Jeffrey Lackney, 『The Language of School Design』(Third Edition), Designshare, 2013.

5   Urban Seedling, Montreal, CA.

     https://www.urbanseedling.com/about/

6   http://www.growingtogetherproject.org/

7   「Physical inactivity a leading cause of disease and disability, warns WHO」World Health Organization.

     http://www.who.int/mediacentre/news/releases/release23/en/

8   「Why is Community Service Important?」Florida National University, 2013.

     https://www.fnu.edu/community-service-important/

4장

1   Social Gaming. Wikipedia.

     https://en.wikipedia.org/wiki/Social_gaming

2   같은 곳.

3   「Play idea: Manipulative play - Mahi ā-ringa」Education.Govt.NZ.

     https://education.govt.nz/early-childhood/teaching-and-learning/learning-toolsand-resources/play-ideas/manipulative-play/

4   「Play idea: Manipulative play - Mahi ā-ringa」Education.Govt.NZ.

     https://www.education.govt.nz/early-childhood/teaching-and-learning/learning-ideas/manipulative-play/#sh-Mahi%20%C4%81-ringa

5   게임에 기반한 학습의 여섯 가지 효과

     https://teachthought.com/technology/6-basic-benefits-of-game-based-learning/

6   「Is Minecraft the Future of Social Networking?」『Fast Company』

     https://www.fastcompany.com/3026146/is-minecraft-the-future-of-social-networking

7   「Why Our Children Need to Get Outside and Engage with Nature」『The Guardian』

     https://www.theguardian.com/lifeandstyle/2010/aug/16/childrenature-outside-play-health

8 같은 곳.

5장

1 Lana Winter-Hébert, 「10 Benefits of Reading: Why You Should Read Every Day」, Lifehack.
https://www.lifehack.org/articles/lifestyle/10-benefits-reading-why-you-should-read-everyday.html

2 Leann Zarah, 「7 Reasons Why Research Is Important」, Owlcation.
https://owlcation.com/academia/Why-Research-is-Important-Withinand-Beyond-the-Academe

3 Cooperative Learning. Wikipedia.
https://en.wikipedia.org/wiki/Cooperative_learning

4 Florina Rodov and Sabrina Truong, 「Why Schools Should Teach Entrepreneurship」, Entrepreneur.
https://www.entrepreneur.com/article/245038

5 같은 곳.

6 George Torok, 「Why Are Presentation Skills Important」
http://www.torok.com/articles/presentation/WhyArePresentationSkillsImportant.html

7 베가 학교에 관한 자세한 내용은 제10장을 참조할 것.

8 Beth Braccio Hering, CareerBuilder.com, 「Why are internships so important?」, April 14, 2010.
http://www.cnn.com/2010/LIVING/worklife/04/14/cb.why.internships.important/index.html

9 「Why Is Project-Based Learning Important? - The many merits of using project-based learning in the classroom」, EDUTOPIA, OCTOBER 19, 2007.
https://www.edutopia.org/project-based-learning-guide-importance

6장

1   Laura Lewis Brown, 「The Benefits of Music Education」, PBS Parents.
    http://www.pbs.org/parents/education/music-arts/the-benefits-of-music-education/

2   「20 Important Benefits of Music in Our Schools. National Association for Music
    Education」, National Association for Music Education.
    https://nafme.org/20-important-benefits-of-music-in-our-schools/#comments

3   「The importance of Drama and Performing Arts in Education」, Bishop Tyrell
    Anglican College in Wallsend, Australia.
    http://www.btac.nsw.edu.au/2016/10/importance-drama-performing-artseducation/

4   Bob Bryant, 「The importance of Fine Arts Education. KATY Independent School
    District.
    http://www.katyisd.org/dept/finearts/Pages/The-Importance-of-Fine-Arts-Education-.aspx

5   「Cooking with Kids in Schools - Why it is Important」, Extension.org, Feb 2017.
    http://articles.extension.org/pages/73371/cooking-with-kids-in-schools:-why-it-is-important

6   「How Technology is Moving Arts Education Beyond the Classroom」, Remake
    Learning.
    https://remakelearning.org/blog/2013/08/21/how-technology-is-moving-arts-education-beyond-the-classroom/

7   같은 곳.

8   Molly A. Marshall, 「Emerging Technologies in Art Education」, Masters Thesis,
    Western Michigan University.
    https://scholarworks.wmich.edu/cgi/viewcontent.cgi?referer=https://www.bing.com/&httpsredir=1&article=1539&context=masters_theses

9   같은 곳. Molly A. Marshall 논문에서 인용함. S. E. K, Smith. (November 1, 2012).
    Working in the Space Between: Understanding Collaboration in Contemporary
    Artistic Practice. Reviews in Cultural Theory, volume 3. Retrieved from http://

www.reviewsinculture.com/?r=97

10   E. Tompkins, Gail, 「Seven Reasons Why Children Should Write Stories」, Language Arts, 1982.

11   「Creative writing boosts kids' confidence and creativity」, The University of Sydney, Oct, 2015.
https://sydney.edu.au/news-opinion/news/2015/10/20/creative-writing-boosts-kids-confidence-and-creativity.html

12   Vicki Davis, 「How the Maker Movement Is Moving Into Classrooms」, Edutopia 2014.
https://www.edutopia.org/blog/maker-movement-moving-into-classrooms-vicki-davi

13   Gary Stager, 「What's the Maker Movement and Why Should I Care?」, Scholastic.
http://www.scholastic.com/browse/article.jsp?id=3758336

7장

1   Michael Edwards, 「Valuing What We Can Measure or Measuring What We Value?」, February 06, 2012. PHILANTOPIC Philanthrophy News Digest
http://pndblog.typepad.com/pndblog/2012/02/valuing-what-we-can-measure-or-measuring-what-we-value.html

2   Prakash Nair, 『Blueprint for Tomorrow: Redesigning Spaces for Student Centered Learning』, Harvard Education Press, 2014.

3   Jim Collins, 「Good to Great: Why Some Companies Make the Leap. And Others Don't.」

4   같은 곳.

5   리처드 엘모어가 쓴 이 책의 제2부.

6   Hayes Mizell, 「Why Professional Development Matters」, Learning Forward, 2010.
https://learningforward.org/docs/default-source/pdf/why_pd_matters_web.pdf

7   시 심스Sy Syms가 1959년에 설립한 프랜차이즈 소매 의류 할인 판매점인 심스코프Syms Corp(심스라고 불림.)가 1980년대에 텔레비전 광고에 사용했었던 슬로건.

336

8   Prakash Nair, 『Blueprint for Tomorrow: Redesigning Spaces for Student Centered Learning』 Harvard Education Press, 2014.

8장

1   뉴욕주 채퍼콰에 있는 호러스 그릴리 고등학교 혁신 연구실인 아이랩의 사례.

2   **역자주** 이 책의 여러 곳에 제시되는 '러닝 스위트learning suite'는 러닝 커뮤니티의 중요한 공간적 요소로, 진정성 있고 협력적인 학습 경험을 촉진하는 다양한 공간이다. 두 개 이상의 교실을 연계해 교사에게 다양한 교육적 자원 및 경험, 동료와 협력할 수 있는 기회 등을 제공하는 복합적인 공간을 의미한다. 이를 적확하게 담을 마땅한 우리말이 없어 이 책에서는 '러닝 커뮤니티', '러닝 커먼스' 등의 주요 장소에 대한 표현과 동등하게 '러닝 스위트'라고 옮겼다.

https://fieldingintl.com/design-patterns/designs/learning-suite/에서 도해와 함께 상세한 설명을 참조할 수 있다.

3   이 전환은 공간, 스케줄, 교수법, 교사 협력에 관한 것이다.

4   「Why Flexible Learning Environments?」 Singapore American School Perspectives Blog 'Teacher Perspective'.

9장

1   이 글을 쓰는 데 기여하거나 도움을 준 BVSD 스태프들에게 특별히 고마움과 감사의 말을 전한다.

2   메도라크 학교: Cuningham Group, 에메랄드 학교: RB +B, 크리크사이드 학교: Bennet, Wagner, Grody, 더글라스 학교: RTA, 서밋 학교: Cunningham Group, 켄타우루스 학교: GKK Works.

3   Prakash Nair, 『Blueprint for Tomorrow: Redesigning Spaces for Student Centered Learning』 Harvard Education Press, 2014.

4   Samara Williams, Francine Eufemia, Jon Wolfer, Brent Caldwell, Sennen Knauer, Adam Galvin, Cece Davis, and Dan Ryan의 리더십과 열정에 감사를 표한다.

5 역자주 사회학, 조직학, 상담 심리학 등에서 활용하는 변화 이론에 따르면 일차적 변화
   는 체계 자체 혹은 체계의 상호 작용 구조의 변화가 없는 상태에서의 특정 하위 체계나
   부분의 변화를 가리키며, 이차적 변화는 부분의 변화가 아닌 체계 자체의 보다 근본적
   인 변화를 가리킨다.
   『상담학 사전』(김춘경, 학지사, 2016)의 '변화 이론' 항목을 참고함.

6 보다 자세한 내용은 LearningByDesign.co를 참조할 것.

7 교사들이 새로운 공간에 쉽게 적응할 수 있었던 이유는 대다수의 교사들이 여러 차례
   의 강좌 및 스터디 행사 등에 참여해 자신들의 전문성을 개발했기 때문이다.

8 BVSD의 혁신 작업에 관한 자세한 내용은 bvsdinnovation.org를 참조할 것.

10장

1 「High School 2022 - A Day in the Life」 Albemarle County Public Schools.
   https://www.youtube.com/watch?v=sst80ikBc4w&feature=youtu.be

2 이 글을 쓸 당시, 최초의 고등학교 센터와 기존 학교의 현대화는 설계 단계에 있었다.

3 「Why Schools Should Teach Entrepreneurship」 Entrepreneur.
   https://www.entrepreneur.com/article/245038

4 같은 곳.

5 왜 학교에서 요리를 하는가. 학교에서 먹는 음식은 중요하다.
   https://www.schoolfoodmatters.org/why-school-food-matters/why-cooking-
   schools

6 https://www.learninggate.org/environment/conservation/

7 https://www.learninggate.org/environment/environmental-education/

8 「Ballarat Grammar's Mt Rowan Farm Campus gives a taste of the real world」
   『Weekly Times』.
   https://www.weeklytimesnow.com.au/country-living/education/secondary/
   ballarat-grammars-mt-rowan-farm-campus-gives-a-taste-of-the-realworld/
   news-story/f443d0e27d2b44d9e02f06faf8c73e7e

9 https://www.bartonmalow.com/projects/bowers-farm

10 Carrie R. Leanna, 「The Missing Link in School Reform」 Stanford Social Innovation

Review.

https://ssir.org/articles/entry/the_missing_link_in_school_reform

11 베가 학교의 몰입 학습. https://www.vega.edu.in/immersive-learning

12 https://www.vega.edu.in/board-and-mentors

13 Tim Brown, 「Design Thinking」 Harvard Business Review, 2008.

14 아시아 게임 체인저상.

https://asiasociety.org/asia-game-changers/kiran-bir-sethi

15 Carol S. Dweck, 「Mindset : The New Psychology of Success Paperback」,
December 26, 2007.

16 Kiran Bir Sethi, 「Kids, Take Charge」 TED TALK, 2009.

https://www.ted.com/talks/kiran_bir_sethi_teaches_kids_to_take_
charge?language=en

17 Speaker Profile, World Government Summit, Dubai, UAE.

11장

1 리처드 엘모어는 하버드 대학교 교육대학원의 연구 교수이다.

2 데이비드David 티액Tyack은 개혁과 학교 교육의 문법으로 특성화한 것(깊이 박힌 구조와
규범) 사이의 관계를 분석했다. (티액, 1997)

3 **역자주** 학습의 신경 과학은 중추 신경계, 학습 및 행동 간의 관계에 중점을 둔다. 신경
과학의 관점에서 학습은 정보의 사용과 수신을 통해 신경망의 조직이 어떻게 변화하
는지에 초점을 맞춘다.

4 조직 형태와 환경 간의 관계 연구에 대한 고찰은 「조직의 변경과 재설계Organizational
Change and Redesign」(국립 연구 위원회, 1997) 11~38쪽을 참조할 것.

5 이 프레임 워크는 원래 하버드 X 온라인 강좌인 「학습의 리더들Leaders of Learning」을
위해 개발되었다.

6 학습 분야의 전문가들이 '기능적 정의'라고 부르는 것으로, 이는 시간에 따른 행동
의 변화로 나타나는 학습을 강조한다는 것을 의미한다. 드 하워De Houwer, 반스-홈
스Barnes-Holmes, 무어Moors, 2013을 참조할 것.

7 다음과 같은 예를 참조하라. 로버트 비오르크Robert Bjork의 강의 「배움의 친구로서의

망각: 교육 및 자율적 학습에 미치는 영향Forgetting as a Friend of Learning: Implications for Teaching and Self-Regulated Learning」

https://hilt.harvard.edu/event/dr-robert-bjork-ucla.

8　신경 가소성neural plasticity은 두뇌의 정상적인 발달에 필수적인 능력으로, 외부 환경에서의 사건들에 대응해 인접한 뉴런 간 연결을 발전 및 정교화하고 우리를 개개인으로 만드는 회로의 차이를 만드는 것이다. (카스Kaas, 2001)

9　자의식적 성장과 인지적·정서적 능력의 수정을 위한 인간의 능력이 어떻게 발전하고 진화했는지에 대한 흥미진진한 설명은 다마시오Damasio, 2010을 참조할 것.

10　체화된 인지의 신경 과학에 대한 토론은 클랙스턴Claxton, 2015를 참조할 것.

11　성취 모델의 비용과 그 모델에서 실패한 인간의 남다른 회복력에 대한 놀라운 실증은 학교에서 실패를 경험했으나 성인으로서 성공적으로 생활하고 있는 아이들을 대상으로 한 마크 캐츠Mark Katz의 연구이다. (캐츠, 2016) 임상 심리학자인 캐츠는 학교에서의 실패를 극복하고 학습자로서의 능력과 능동적인 삶의 주체로서의 능력을 개발하기 위해 클라이언트가 개발한 다양한 전략들을 문서화한다.

12　그 비율은 커뮤니티 대학 입학자의 4분의 3과 주립 대학 입학자의 약 40%, 그리고 엘리트 캘리포니아 대학 캠퍼스 입학자의 약 4분의 1이다.

13　역자주 의사 결정 과정을 단순화하여 만든 지침. 완벽한 의사 결정을 하려는 것이 아니라 이용 가능한 정보를 활용하여 실현 가능한 결정을 하려는 것이 목적이다.

14　다음을 참고할 것. http://www.corestandards.org/Math/Content/3/introduction/

15　역자주 고도의 훈련 없이 단순화된 경험을 통해 소프트웨어 개발, 인공 지능 분석 등의 기술 전문 지식이나 세일즈, 경제 분석 등 사업 전문 지식을 활용하는 패러다임을 말한다. 가트너는 2023년까지 데이터 분석의 민주화, 개발의 민주화, 설계의 민주화, 지식의 민주화가 일어날 것이라고 예상했다.

16　역자주 독일의 사회 심리학자이자 사회 실천가인 쿠르트 레빈Kurt Lewin의 이론에서 조직 변화는 해빙unfreezing, 변화changing, 그리고 재동결refreezing의 3단계를 거쳐 이루어진다. 첫 단계인 해빙은 변화의 필요성을 인지하는 단계로, 조직 내 변화의 필요성과 동기를 유발시키고 개인 또는 집단이 변화를 위해 준비하며 개인이 갖고 있는 힘을 재편성해 변화를 준비하는 과정을 말한다. 본문에서는 제도화된 학습의 경직성을 인지하고 변화를 준비하는 과정을 표현한 것으로 보인다. 본문에서 레빈을 직접적으로 언급하지는 않았으나 맥락상 학교 교육과 환경의 변화 과정에서도 이 준비 과정은 필수적이라 판단되어 역자주로 다루게 되었다.

참고 문헌

Britzman, Deborah. 2009. The Very Thought of Education: Psychoanalysis and the Impossible Professions. Albany, NY: State University of New York Press.

Claxton, Guy. 2015. Intelligence in the Flesh: Why Your Mind Needs Your Body Much More Than it Thinks. New Haven, CT: Yale University Press.]

Damasio, Antonio. 2010. Self Comes to Mind: Constructing the Conscious Brain. New York: Random House/Vintage.

De Houwer, Jan, Barnes-Holmes, Dermot, and Moors, Agnes. "What is Learning? On the Nature and Merits of a Functional Definition of Learning." Psychonomic Bulletin Review, https://ppw.kuleuven.be/okp/_pdf/DeHouwer2013WILOT.pdf.

Ellis, Robert and Goodyear, Peter, eds. 2018. Spaces of Teaching and Learning: Integrating Perspectives on Research and Practice. Singapore: Springer.

Ellis, Robert, Goodyear, Peter, and Marmot, Alexi. 2018a. "Spaces of Teaching and Learning: An Orientation." In Ellis and Goodyear 2018, 1-12.

Ellis, Robert, Goodyear, Peter, and Marmot, Alexi. 2018b. "Learning Spaces Research: Framing Actionable Knowledge." In Ellis and Goodyear 2018, 221-238.

Elmore, Richard. 2018. "Design as Learning, Learning as Design." In Ellis and Goodyear 2018, 47-62.

Elmore, Richard. 2015-present. Leaders of Learning. An online course sponsored by Harvard X: https://www.edx.org/course/leaders-learning-harvardx-gse2x-2.

Gopnik, Alison. 2017. The Gardner and The Carpenter: What The New Science of Child Development Tells Us About the Relationship Between Children and Parents. New York: Farrar, Straus, and Giroux.

Hill, Heather, Blazer, Daniel and Lynch Kathleen. 2015. "Examining Personal and Institutional Predictors of High Quality Instruction."
http://journals.sagepub.com/doi/full/10.1177/2332858415617703.

Honig, Meredith, ed. 2006. New Directions in Education Policy Implementation. Albany, NY: State University of New York Press

Kaas, J.H. 2001. "Neural Plasticity." In International Encyclopedia of the Social and Behavioral Sciences. London: Elsevier. 10542-10546.

Kandel, Eric. 2006. In Search of Memory: The Emergence of a New Science of Mind. New York: Norton.

Katz, Mark. 2016. Children Who Fail at School and Succeed in Life: Lessons from Lives Well-Lived. New York: Norton.

Lakoff, George and Johnson, Mark. 1980/2003. Metaphors We Live By. Chicago: University of Chicago Press.

Legislative Analyst's Office, State of California. March 2017. Overview of Remedial Education at the State's Higher Education Segments.
http://www.lao.ca.gov/handouts/education/2017/Overview-Remedial-Education-State-Public-Higher-Education-Segments-030117.pdf

National Research Council. 1997. Enhancing Organizational Performance. Washington, D.C. National Academies Press.

National Research Council. 2000. How People Learn: Brain, Mind, Experience, and School: Expanded Edition. Washington, DC: The National Academies Press.

Schacter, Daniel. 2001. The Seven Sins of Memory: How the Mind Forgets and Remembers. New York/Boston: Houghton Mifflin.

Senge, Peter. 1990/2006. The Fifth Discipline: The Art and Practice of the Learning Organization. New York: Doubleday.

Tyack, David, 1997. Tinkering Toward Utopia: A Century of Public School Reform. Cambridge, MA: Harvard University Press.

이 책에 소개된 프로젝트 정보

이 책에 소개된 프로젝트들은 아래에 제시된 놀랍도록 재능 있는 건축가, 디자이너, 설계자들에 의해 성사될 수 있었다. 프로젝트 정보는 책에 나오는 순서에 따라 제시하였다.

Shorecrest Prep School, Early Childhood Center. Fielding Nair International. Prakash Nair, Principal, Jennifer Lamar Leyva, Sr. Interior Designer.

Meadowlark School, Erie, Colorado. Boulder Valley School District. Design Architect: Fielding Nair International, Prakash Nair and Isaac Williams, Principals; Architect of Record: Cuningham Group.

Centaurus High School. Boulder Valley School District. Design Architect: Fielding Nair International, Prakash Nair and Jay Litman, Principals; Architect of Record: GKK Works.

Hillel School of Tampa, Florida. Design Architect: Fielding Nair International. Prakash Nair, Principal, Jennifer Lamar Leyva, Sr. Interior Designer.

Academy of the Holy Names, Tampa, Florida. Design Architect: Fielding Nair International. Jay Litman, Principal, Jennifer Lamar Leyva, Sr. Interior Designer.

Kevin Bartlett High School, International School of Brussels, Belgium. Design Architect: Fielding Nair International. Randall Fielding, Principal; Architect of Record: Guy Melviez Architecte.

American School of Bombay. Design Architect: Fielding Nair International. Prakash Nair and Jay Litman, Principals; Architect of Record: Education Design Architects.

PK Yonge Developmental Research School at the University of Florida, Gainesville. Design Architect: Fielding Nair International. Prakash Nair, Principal, Jennifer Lamar Leyva, Sr. Interior Designer; Architect of Record: BRPH.

Summit Middle School. Boulder Valley School District. Colorado. Design Architect: Fielding Nair International. Prakash Nair and James Seaman, Principals; Architect of Record: Cuningham Group.

Anne Frank Inspire Academy, San Antonio, Texas. Design Architect: Fielding Nair International. Prakash Nair, Randall Fielding and Isaac Williams Principals and Jennifer Lamar Leyva, Sr. Interior Designer; Architect of Record: RVK Architects.

Hillel School of Detroit. Design Architect and Architect of Record: Fielding Nair International. James Seaman, Principal.

Norma Rose Point School, Vancouver, Canada. Design Architect: Fielding Nair International. Randall Fielding, Principal; Architect of Record: Think Space.

International School of Dusseldorf. Design Architect: Fielding Nair International. Prakash Nair and Isaac Williams, Principals.

High School for Recording Arts. Design Architect: Fielding Nair International. Randall Fielding, Principal.

Bloomfield Hills High School, Michigan. Design Architect: Fielding Nair International. Prakash Nair, Randall Fielding, James Seaman and Isaac Williams, Principals; Architect of Record: Stantec.

Creekside Elementary School. Boulder Valley School District. Design Architect: Fielding Nair International. Prakash Nair and James Seaman, Principals; Architect of Record: Bennet, Wagner, Grody, Douglass.

Col.legi Montserrat, Barcelona, Spain. Design Architect: Fielding Nair International. Jay Litman, Principal and Jennifer Lamar Leyva, Sr. Interior Designer.

VEGA School, New Delhi, India. Design Architect: Fielding Nair International. Prakash Nair, Principal; Architect of Record: Education Design Architects. Mugdha Thakurdesai, Sr. Architect.

American Embassy School, New Delhi, India. Design Architect: Fielding Nair International with Education Design Architects; Architect of Record: Education Design Architects. Avinash Gautam, Sr. Architect.

Yew Chung International School of Chongqing. China. Fielding Nair International. Design Architect: Fielding Nair International; Local Design Institute: Chongqing Jintai State-owned Asset Management Co., Ltd.

Horace Greeley High School, Chappaqua, New York. Design Architect: Fielding Nair International. Jay Litman, Principal.

Singapore American School. Master Planner and Design Architect: Fielding Nair International. Prakash Nair and Isaac Williams, Principals.

Emerald School. Boulder Valley School District. Design Architect: Fielding Nair International. Prakash Nair and Isaac Williams, Principals; Architect of Record: RB+B.

Ballarat Grammar School. Victoria, Australia. Master Planner and Design Architect: Fielding Nair International. Prakash Nair and Isaac Williams, Principals.

GOGYA Professional Development Center. Ra'anana, Israel. Design Architect: Fielding Nair International. Prakash Nair and James Seaman, Principals; Architect of Record: Alefbet Planners.

Fisher STEAM Middle School, Greenville, South Carolina. Design Architect: Fielding Nair International. Randall Fielding and Isaac Williams, Principals; Architect of Record: McMillan Pazdan Smith.

내일 학교
교육을 바꾸는 디자인의 힘

초판 1쇄 발행 • 2023년 2월 28일

지은이 • 프라카시 나이르, 로니 짐머 닥터리, 리처드 엘모어
옮긴이 • 유명희
펴낸이 • 강일우
편집 • 황수정
조판 • 이주니
펴낸곳 • (주)창비교육
등록 • 2014년 6월 20일 제2014-000183호
주소 • 04004 서울특별시 마포구 월드컵로12길 7
전화 • 1833-7247
팩스 • 영업 070-4838-4938 / 편집 02-6949-0953
홈페이지 • www.changbiedu.com
전자우편 • contents@changbi.com

한국어판 ⓒ (주)창비교육 2023
ISBN 979-11-6570-180-2   03370